जयपुरनामा

दुनिया के सबसे बड़े
साहित्यिक जलसे के नाम
एक प्रेमपत्र

अग्रिम प्रशंसा

'किताबों से बहुत अधिक जीवन में होता है', नमिता गोखले के रोचक उपन्यास का एक किरदार कहता है। और लेखिका प्रेम और विरह, चाहत और निराशा की अनेक कहानियों के माध्यम से वही दिखाती हैं, जिसके कथानक की पृष्ठभूमि में जयपुर लिटरेचर फ़ेस्टिवल है। दिलचस्प, अन्तर्दृष्टि से परिपूर्ण, व्यंग्यात्मक *जयपुरनामा* एक ऐसे लेखक की किताब है जिसकी अपने शिल्प पर ग़ज़ब की पकड़ है। विशुद्ध आनन्द।

—**शशि थरूर**, *लेखक तथा तिरुअनन्तपुरम से सांसद*

ऐसी साहित्यिक कृति जिसको पढ़कर हँसते—हँसते पेट फूल जाता है। इसके प्रकाशन के बाद किताबों की दुनिया में इसके किरदारों को पहचानने की होड़ मच जायेगी।

—**मीना कांडासामी**, *लेखक और अनुवादक*

'धरती पर साहित्य के सबसे बड़े आयोजन' जयपुर लिटरेचर फ़ेस्टिवल के बारे में एक इनसाइडर की समझ के साथ लिखा गया है। *जयपुरनामा* बहुत सुस्पष्ट, रोचक उपन्यास है। इसमें बहुत मर्मस्पर्शी तरीक़े से साहित्यिक महत्त्वाकांक्षाओं और पहचान की तड़प की कथा कही गयी है। आप पन्ने पलटने के लिए मजबूर हो जायेंगे और अन्त तक आते—आते आपको अपने लेखन के प्रति लेखकों के समर्पण, निराशा, असफलता और सफलता को लेकर कुछ बहुत ज़रूरी बातें पता चलेंगी। —**विक्रम चन्द्रा**, *लेखक*

इससे अधिक जादुई कोई ऐसा आयोजन नहीं है जिसमें बड़ी तादाद में पुस्तक प्रेमी आते हैं, लेखकों से मिलते हैं, आपस में एक—दूसरे से मिलते हैं। जयपुर लिटेररी फ़ेस्टिवल का यही जादू इस किताब में है। ऐसे लोगों को यह किताब ज़रूर पढ़नी चाहिए जो किताबों को शिद्दत से प्यार करते हैं।

—**ग्लोरिया स्टाइनम**, *पत्रकार, सामाजिक—राजनीतिक कार्यकर्ता*

मुझे इस बात से बेहद ख़ुशी महसूस हो रही है कि नमिता गोखले के नये उपन्यास *जयपुरनामा* में मैं भी एक किरदार हूँ। उपन्यास की पृष्ठभूमि शानदार जयपुर लिटरेचर फ़ेस्टिवल है। इस बाँध कर रखने वाले कथानक से मैं बहुत प्रभावित हुआ और इसमें मेरी कविता का उपयोग मुझे बहुत सही लगा। इसमें लेखकों की अन्दरूनी दुनिया के बारे में जिस तरह से कहानियों के भीतर कहानियाँ बनी हुई हैं वह बहुत प्रभावित करने वाली हैं।

—**जावेद अख़्तर**, *कवि, गीतकार और पटकथा लेखक*

जयपुरनामा

दुनिया के सबसे बड़े
साहित्यिक जलसे के नाम
एक प्रेमपत्र

नमिता गोखले

अनुवाद
पुष्पेश पन्त
प्रभात रंजन

वाणी प्रकाशन

वाणी प्रकाशन

4695, 21-ए, दरियागंज, नयी दिल्ली 110 002

फ़ोन : +91 11 23273167 फ़ैक्स : +91 11 23275710

शाखाएँ

अशोक राजपथ, पटना 800 004, बिहार

कॉफ़ी हाउस कैम्पस, महात्मा गांधी मार्ग, इलाहाबाद 211 001, उत्तर प्रदेश

महात्मा गांधी अन्तरराष्ट्रीय हिन्दी विश्वविद्यालय, वर्धा 442 001, महाराष्ट्र

www.vaniprakashan.com
marketing@vaniprakashan.in
sales@vaniprakashan.in

Jaipurnama
by Namita Gokhale
Translated by Pushpesh Pant & Prabhat Ranjan

ISBN : 978-93-5518-872-4
Novel

प्रथम संस्करण 2023

मूल्य : ₹ 699

आर. टेक ऑफ़सेट प्रिंटर्स, दिल्ली-110 032 में मुद्रित

वाणी प्रकाशन का लोगो मक़बूल फ़िदा हुसेन की कूची से

जयपुर लिटरेचर फ़ेस्टिवल
और
विश्व की समस्त अनकही
कहानियों को समर्पित

जयपुर की ओर। जनवरी

ट्रेन से जयपुर के लिए रवाना।

जयपुर जाने वाली ट्रेन पटरी पर दौड़ती जा रही थी। बारह साल की अनुरा अपने सामने बैठी औरत को ग़ौर से देख रही थी। वह औरत जितनी बूढ़ी थी अनुरा उतनी ही बच्ची। देखते–देखते उसको नींद आ गयी और उसका सिर एक तरफ़ लटक गया, ऐसा लग रहा था जैसे उसका सिर धड़ से जुदा होने ही वाला हो, जैसे कोई सरकटी गुड़िया हो या कोई टूटा लैम्पशेड।

वह खर्राटे ले रही थी और खर्राटे की आवाज़ धीमी सीटी जैसी निकल रही थी। उसने लम्बे बालों का ढीला–ढाला जूड़ा बनाया था और जूड़े को बाँधने के लिए शायद बुनाई वाली सलाई खोंस ली थी। सामने ट्रेन की मेज़ थी। एक मेज़ चार सवारियों के लिए होती है, उसके ऊपर दोनों तरफ़ दो–दो बैग रखे हुए थे, चमड़े का एक बड़ा–सा पर्स और कैनवस का एक बैग उसके बगल में रखा हुआ था।

बाहर, सरसों के खेतों में पौ फट रही थी। पहाड़ियाँ दूर से ऊँट के कूबड़ जैसी दिखाई दे रही थी, प्राचीन साँड़ों जैसी, सुबह के आसमान से फूटती पहली रौशनी में उनके साये बुतों जैसे लग रहे थे।

बूढ़ी औरत बाथरूम जाने के लिए उठी। पहले उसने अपने दोनों बैग उठाये, फिर उनको मेज़ पर रख दिया। कुछ देर तक वह अनुरा को टकटकी लगाये देखती रही और फिर हैरान कर देने वाली जोशीली आवाज़ में उससे बोली। 'मेरे बैग का ध्यान रखोगी प्लीज़? मेरे लिए बहुत बेशक़ीमती बैग है लेकिन इसको लेकर बाथरूम में तो नहीं जा सकती न।'

अनुरा ने जवाब में कुछ कहा नहीं, बस हाँ में सिर हिला दिया। शब्दों को ज़रूरी बातों के लिए बचाकर रखना उसको अच्छा लगता था। वह उस औरत को लड़खड़ाते हुए बाथरूम की तरफ़ जाते हुए देखती रही। उसके पैर अपने बैंगनी शॉल में उलझ गये लेकिन उसने जल्दी ही अपने को सँभाल लिया।

अनुरा खिड़की से बाहर की ओर देख रही थी कि वह अजीब औरत वापस लौट आयी। 'बहुत शुक्रिया बच्ची' कहते हुए वह अपने कैनवस बैग को टटोलने लगी मानो इस बात की तसल्ली कर लेना चाहती हो कि अन्दर की चीज़ें महफ़ूज़ थीं या नहीं।

'आपका स्वागत है मैम', अनुरा ने बड़ी विनम्रता से जवाब दिया।

'तुम जयपुर किस सिलसिले में जा रही हो?' बातचीत को आगे बढ़ाते हुए उस औरत ने पूछा। 'अकेली सफ़र कर रही हो क्या?'

'मैम स्कूल की ट्रिप पर जा रही हूँ, इस डिब्बे में मेरे दोस्त भी साथ हैं', अनुरा ने जवाब दिया। उसका अपना सलीक़ा है, वह उत्सुक लोगों को ख़ास बढ़ावा नहीं देती, और बड़े–बुज़ुर्गों के गैर–ज़रूरी सवालों के जवाब देने से बचने की कोशिश करती। वैसे उसका नाम अनुराधा था लेकिन उसने उसको अनुरा बना लिया था। वह स्कूल ट्रिप पर थी, लेकिन वह महज़ स्कूल ट्रिप नहीं था। उसको और उसके दोस्त फरहान को इस धरती के सबसे बड़े लिटरेरी फ़ेस्टिवल में किशोरों के एक सत्र में बोलने के लिए चुना गया था। वह अपनी किताब के एक चैप्टर को पढ़ने वाली थी। चैप्टर बहुत छोटा था, जो उसके डिस्टोपियाई उपन्यास का हिस्सा था।

उपन्यास उसने अमेज़ॉन पर सेल्फ़ पब्लिश किया था। उपन्यास की एक कहानी स्कूल के अध्यापक की थी जो पागल हो गया था। उपन्यास का अन्त बेहद चौंकाने वाला था और अनुरा ने तय कर लिया था कि किताब के अंश का पाठ करते हुए वह उस बारे में कुछ नहीं बतायेगी। अनुरा कभी किसी को यूँ ही कुछ देने में यक़ीन नहीं करती।

उसका दोस्त फरहान उसी के स्कूल में पढ़ता था लेकिन वह उससे दो साल छोटा था। उसने ब्लॉगिंग की एक प्रतियोगिता जीती थी, और वे एक अध्यापक तथा छह और बच्चों के साथ किताबों और लेखकों को जानने की यात्रा पर थे।

वह सोचने लगी कि आख़िर इस कैनवस बैग में क्या होगा। शायद इसमें तस्करी का कोई सामान हो? उसके दिमाग़ में इस बैग को लेकर तरह–तरह के ख़याल आने लगे। कुछ तो ऐसे जिनकी कल्पना भी नहीं की जा सकती थी। उसका उपन्यासकार दिमाग़ इस बात को समझता था कि कहानी को वास्तविक बनाने के लिए उसमें फन्तासी का पुट डालना ज़रूरी होता है, और यह कि अतिसाधारण होना हमेशा विश्वसनीय होना नहीं होता।

वह इस नतीजे पर पहुँची कि इस बैग में ज़रूर साँप होगा, किसी दुर्लभ क़िस्म का ज़हरीला साँप, जिसके दाँत उखाड़ दिये गये होंगे। यह बूढ़ी औरत साँप को अपने भतीजे के लिए लेकर जा रही होगी जो जयपुर में रहता हो, जो साँपों और आर्टिफिशियल इंटेलिजेंस के ऊपर शोध कर रहा हो। साँपों, ख़ासकर नाग की स्मृति फ़ोटोग्राफिक होती है, और हो सकता है कि उसके भतीजे को अपनी प्रयोगशाला के लिए उसकी ज़रूरत हो। लकड़ी के हैंडल वाले कैनवस बैग में एक कोबरा हो या शायद दो, जिसको हो सकता है कि इस औरत ने चिड़ियाघर से चुराया हो। शायद एक साँप के दाँत भी ठीक से नहीं निकाले गये थे।

यह कहानी जिस तरह से बनती जा रही थी अनुरा को उससे मज़ा आ रह था। वह बैग को ध्यान से देखने लगी कि उसके अन्दर

किसी तरह की हलचल हो रही थी या नहीं, अगर हो रही होती तो उसका अनुमान सही निकलता, लेकिन किसी तरह की कोई हलचल हो नहीं रही थी।

ट्रेन अपनी लय में चली जा रही थी और इसकी वजह से उसको एक बार फिर से नींद आ गयी। जब उसकी नींद टूटी तो उसको पता चला कि वह जयपुर जंक्शन पर पहुँच गयी थी। फ़रहान उसके पीछे खड़ा होकर उसको जगा रहा था। सामने बैठी औरत अपने शॉल, अपने हैंडबैग और अपने कैनवस वाले बैग को सँभालने की कोशिश कर रही थी।

'मैं आपका सामान उठाने में कुछ मदद करूँ मैम', अनुरा ने बड़े अदब से पूछा और कैनवस बैग उठा लिया। वह ऐसा नहीं सोच रही थी कि उसकी कहानी सही हो सकती थी, लेकिन उस कहानी का रोमांच जैसे उसके अन्दर तक भर गया था।

बैग भारी था, लेकिन उसके अन्दर किसी तरह की कोई हरकत भी नहीं हो रही थी। मुसाफ़िरों की धक्कामुक्की में मुझे बैग के अन्दर झाँकने का मौक़ा मिल गया। उसमें काग़ज़ का एक मोटा–सा बण्डल था, स्पाइरल बाइंडिंग में। उसको जितनी ख़ुशी हो रही थी उतना ही अफ़सोस भी हो रहा था। कोई लेखक थी क्या?

प्लेटफ़ॉर्म पर कुलियों की भीड़ थी। लोगों की आवाजाही का शोर था। अनुरा कैनवस बैग वाली उस औरत को भूल गयी और उसको लेकर बनायी अपनी कहानी को भी, लेकिन एक दिन वह सब याद करेगी और एक बार फिर उसके चेहरे को पहचान लेगी।

जयपुर। जनवरी। गुरुवार

उसके आसपास लिट्रेचर फ़ेस्टिवल का शोर था, माइक की खड़खड़ाती आवाज़ें और तेज़ क़दमों से आते–जाते लोग और बीच–बीच में तालियों की गड़गड़ाहटें। उसके दिल में तेज़ाबी ज़हर। उसके भारी–भरकम बैग में उसकी अप्रकाशित लेकिन उसकी सबसे अच्छी किताब थी जिसके ऊपर अंग्रेज़ी में बड़े–बड़े अक्षरों में लिखा था अनसबमिटेड यानी जिसको प्रकाशन के लिए प्रकाशक के पास जमा नहीं किया गया है। इसीलिए वह उसको अनसबमिटेड कहती थी।

रुद्राणी राणा बड़ी मेहनत से नोट्स ले रही थी। बीच–बीच में उसके हाथ काँपने लगते थे। उसने आज पहली बार एक शब्द सुना था। वह शब्दों और उनके अर्थों के बारे में ख़ूब जानती थी– अंग्रेज़ी भाषा के शब्द, वह खिचड़ी भाषा के शब्दों की बात नहीं कर रही। वैसे ऐसे लफ़्ज़ों से उसका सामना कभी हुआ नहीं था।

'मैं कोई ट्रोग्लोडाइट नहीं हूँ!' शशि थरूर ने अपने सत्र में कहा, जो ज़ाहिर है कि इस फ़ेस्टिवल में अब तक का ऐसा सत्र था जिसमें सबसे ज़्यादा भीड़–भाड़ थी। रुद्राणी को प्रेस टैरेस के पास बैठने की जगह मिल गयी थी– उसकी उम्र से जुड़े कुछ फ़ायदों

में एक यह भी था, जिसको वे कहते हैं न वरिष्ठ नागरिक, उसके फ़ायदों में एक।

'ट्रोग्लोडाइट।' इस शब्द का क्या मतलब हो सकता था? थरूर ने इसका मतलब समझाने की कोशिश की थी लेकिन शोर-शराबे और तालियों की गड़गड़ाहट के बीच उसकी आवाज़ जैसे खो गयी थी।

'रुद्राणी चलती-फिरती शब्दकोश है, दो पैरों वाली थिसारस!' उसके स्कूल की टीचर, उसकी गुरु स्टेला मर्क ने उस ज़माने में यह घोषणा की थी जब वह कमसिन थी। जब उसकी मौज-मस्ती के दिन थे।

रुद्राणी की नसों में सूजन हो रही थी और और उसके पैरों में दर्द होने लगा था। ट्रोग्लोडाइट- इस शब्द ने उसको परेशान कर रखा था। वह अपने दूसरे बैग में कुछ खोजने लगी, बड़े वाले कैनवस बैग में, अपनी जेबी डिक्शनरी को।

ट्रोग्लोडाइट : संज्ञा। (विशेष रूप से प्रागैतिहासिक काल में)
-कोई ऐसा आदमी जो गुफ़ा में रहता हो।
-साधू।
-कोई ऐसा आदमी जो जान-बूझकर अनजान बना रहता है या पुराने ढंग का।

'हम्म', उसने अपने आप से कहा। उसको इस तरह अपने आप से कहना अच्छा लगता था। इसमें थोड़ी विडम्बना भी थी और कुछ अपना उपहास उड़ाने का भाव भी, और इससे उसको अपने उस जीवन की नाउम्मीदी का सामना करने में भी मदद मिलती थी जो वह जी रही थी।

'हम्म, गोश' जैसे अंग्रेज़ी के शब्द उसने देहरादून के बोर्डिंग स्कूल में पढ़ने के दौरान सीखे थे। वह वेवर्ली गर्ल्स स्कूल में डे स्कॉलर थी। कहने का मतलब यह कि स्कूल के होस्टल में नहीं रहती थी, रोज़ाना बाहर से स्कूल आती थी। स्कूल में नहीं रहने के

अपने नुक़सान थे, और इस तरह के शब्द उसने बोर्डिंग स्कूल को आधार बनाकर लिखे गये उपन्यासों से सीखे थे जिनको वह राजपुर रोड की लाइब्रेरी से पढ़ने के लिए लाती थी। इन उपन्यासों में से एक में स्कूल में पढ़ने वाली एक लड़की थी जिसकी आदत थी 'हुर्रा एंड जॉली हॉकी स्टिक्स' (यह उत्साह में आकर बोला जाने वाला एक मुहावरा है। उसी तरह से जिस तरह से अंग्रेज़ी में ओ माई गॉड बोला जाता है)। तेरह साल की रुद्राणी राणा इस मुहावरे से मन्त्रमुग्ध हो गयी थी। 'हुर्रा एंड जॉली हॉकी स्टिक्स!' वह आईने के सामने खड़ी होकर इस मुहावरे का अभ्यास करती थी, या कई बार मन–ही–मन बुदबुदाती थी। वह न तो हॉकी खेलती थी न उससे मिलता–जुलता खेल लाक्रोस, जो और भी अधिक रहस्यमय और लुभावना लगता था। वह स्कूल की खो–खो टीम में थी, जो साफ़ था कि उस तरह से खेलों में नहीं था।

उसको इस बात का फ़ायदा था कि उसकी माँ स्कूल में मेट्रन थी; इसका मतलब यह था कि उनको स्कूल में फ़ीस नहीं देनी पड़ती थी, और वह स्टाफ क्वार्टर में रह सकती थी। लेकिन इसी वजह से वह बदनाम थी, जबकि उसकी दयालु, अपने काम में माहिर माँ जूनियर और सीनियर क्लास के बच्चों में समान रूप से लोकप्रिय थी।

मिसेज़ राणा अपने आपमें संस्थान की तरह थीं लेकिन उनकी बेटी रुद्राणी को अजीब समझा जाता था। यह गाली जैसी बात थी उसके लिए और वह इससे बाहर कभी नहीं निकल पायी। 'अजीब रुडी' वह इसी रूप में जानी जाती थी। ख़ैर, महान लेखकों से यह अपेक्षा की जाती है कि वे कुछ सनकी हों, नहीं?

एक सौ पैंतीस हज़ार शब्द, हाथ से लिखे तिरछे हर्फ़ों में। बैंगनी रंग के बैग में एक पेन ड्राइव में पड़ा हुआ था।

द फेस बाई द विंडो, लेखक रुद्राणी राणा। प्रकाशन के लिए नहीं दिया गया। न किसी का देखा, न पढ़ा हुआ। सत्रह ड्राफ्ट के बाद। बहुत निर्ममता से किये गये संशोधन। रद्द किये गये अध्याय;

किरदारों का निर्वासन; उनके बारे में नये सिरे से लेखन; अन्त में बदलाव।

उसने उपन्यास को समर्पित किया था एलिस वाकर और उनके उपन्यास कलर पर्पल को। उसने किताब लिखने के पहले फ़िल्म देखी थी। सेलीन। ओपरा विनफ्रे। हूपी गोल्डबर्ग। ज़माना बीत गया। यह किताब उसको अपने किसी पुराने दोस्त की तरह लगती थी, एक ऐसी पेनफ्रेंड जिससे उसको अब जाकर मिलने का मौक़ा हो। 'मुझे लगता है कि अगर आप जामुनी रंग के सामने से कहीं भी गुज़रें और उसको बिना देखे गुज़र जायें तो देवता नाराज़ हो जाते हैं।' इस फ़िल्म ने, किताब ने, एलिस वाकर ने उसको ग्लानि के उस बोझ से मुक्त कर दिया था, उस दर्द से जो कुंडली मारे उसके दिल में और उसकी कोख में बैठा हुआ था।

किताब के हाशिए पर उसने नोट्स लिख रखे थे, जिनको वह बार–बार पढ़ती थी, तब तक पढ़ती रही जब तक कि उसकी जिल्द ख़राब नहीं हो गयी। रुद्राणी ने फिर से जिल्द चढ़वाई, किताब के बिखरे पन्नों को एक साथ रखने के लिए।

कलर पर्पल। फ़िल्म देखने के बाद वह हमेशा कुछ जामुनी पहनती थी। हमेशा। ओपरा विनफ्रे से मिलने का लोभ जी उसको पहली बार जयपुर लिट्रेचर फ़ेस्टिवल में खींच लाया था, साल 2012 में। वह तीसरी बार आयी थी, और वह वहाँ भीड़ में जगह बनाना जानती थी, किस तरह से सीट खोजकर उस पर बैठा जाता है, वह जानती थी कि वक्ताओं से किस तरह वह अपने ख़याल रखती थी, किस तरह से उनके घमण्ड को चूर कर उनको वापस धरातल पर ले आती थी।

ओपरा रुद्राणी की उम्मीदों पर पूरी तरह से खरी उतरी थी, जबकि वहाँ पगलाई भीड़ में उसके पैर कुचल गये थे। जब उससे भारत के बारे में उसकी पहली प्रतिक्रिया पूछी गयी, तो ओपरा का जवाब था, '–ऐसा लगता है जैसे बहुत अराजकता हो– लेकिन सतह के नीचे सब शान्त है, शान्त प्रवाह।'

उसके उपन्यास के साथ भी यही था, जिसको वह अनसबमिटेड कहती थी। तब वह उपन्यास को आठवीं या नौवीं बार लिख चुकी थी। अराजकता थी, इसमें कोई शक नहीं कि बहुत अराजकता थी, लेकिन उसमें अन्तर्निहित शान्ति थी और प्रवाह। रुद्राणी को ऐसा लगा जैसे ओपरा ने उसकी किताब का सार पकड़ लिया हो, जब उसने बरखा दत्त से ये शब्द कहे तो इसको ऐसा लगा जैसे वह उसकी ही किताब के बारे में बोल रही हो।

आने वाले सालों में उपन्यास के सत्रहवें ड्राफ्ट से उसके अन्तिम ड्राफ्ट के दौरान उसने ओपरा विनफ्रे के शब्दों को मन्त्र की तरह अपनाये रखा। 'यह कुछ अराजक है, लेकिन अन्तर्निहित शान्ति है, शान्त प्रवाह।' इसी अन्तर्निहित प्रवाह को वह कम करने के लिए लिखने की कोशिश कर रही थी, इसीलिए बार–बार लिख रही थी। क्या जो शब्द उसने लिखा था वही सबसे अच्छा था, सबसे उपयुक्त? क्या यह विशेषण कुछ ज़्यादा तो नहीं हो गया? क्या उसको पाठकों को और खुला छोड़ना चाहिए, और अधिक नज़रिया, जिससे कि वह उसकी कहानी को अपने ही तरीक़े से समझे?

इसलिए यह साल–दर–साल चलता रहा। वही कहानी कही जाती रही, बार–बार बुनी जाती रही, किरदारों के नाम बदलते रहे, लिंग बदलते रहे, कहानी के कालखंड में किरदारों की उम्र आड़े आ जाती थी, रुद्राणी उनकी पहचान छिपाती रही, उनको आज़ाद करती रही, कई बार उसने उन किरदारों को मार डाला, और कई बार उनको वापस ज़िन्दा कर दिया।

जिन लोगों से वह रोज़मर्रा के जीवन में मिलती रही वे दूर से दिखाई देने वाली छायाओं की तरह से थे, जिनको झीने पर्दे से देख रही थी। वे मंच की आकृतियों जैसे थे, एक अनकहे प्लॉट के किरदारों जैसे, लिखी जा रही कहानी के पात्रों जैसे।

वह किताब जिसको उसने अनसबमिटेड नाम दिया था उसके दूसरे बड़े बैग में पड़ी थी। जिसका शीर्षक था द फेस बाई द विंडो। उसने अपनी कहानी कही थी, उसने अपना काम पूरा कर लिया था, अब जो भी था वह उन भीड़ भरे पन्नों के अन्दर था।

उसकी पहली लाइन में किसी तरह का कोई फेरबदल किया था– मेरा शरीर किसी भुतहे मकान की तरह रह गया है।

रुद्राणी राणा से अनजान एक दाढ़ी वाला नौजवान प्रेस के टैरेस में बैठा था, वहाँ की भीड़ में वह नौजवान रुद्राणी को बहुत ध्यान से देख रहा था। वह अपने नोट्स को देख रही थी और वह नौजवान उसको ग़ौर से देखे जा रहा था, वह 'ट्रोग्लोडाइट' शब्द का अर्थ समझने की कोशिश कर रही थी।

उसने झटपट में पूरी निर्मम ईमानदारी के साथ उसका स्केच बनाया था– नैन–नक्श बहुत अच्छे बनाये थे, हल्की–सी कूबड़, बिखरा हुआ जूड़ा, गिरती हुई शाल। उसने ग़ौर से देखा था और दो हैंड बैग भी बनाये थे, एक रोजमर्रा के उपयोग वाली पर्स और दूसरा कैनवस बैग जिसमें अनसबमिटेड पड़ा हुआ था।

अनिर्बन एम की एक बुजुर्ग आंटी रहती थीं कोलकाता में जो उनकी तरह दिखती थी। अचानक अनिर्बन के दिल में उनके लिए बहुत करुणा उमड़ आयी। उसने उनके साथ सहृदयता से पेश आने का फ़ैसला किया।

'मेरा नाम अनिर्बन एम है', वह बोला। 'और मैं ग्राफ़िक कलाकार हूँ। मैंने आपका रेखाचित्र बनाया है, क्या आप उसके ऊपर दस्तख़त कर सकती हैं।'

'सच्ची में?' उसने जवाब दिया, किसी के साथ सच में बातचीत करते हुए वह बहुत हड़बड़ाई हुई लग रही थीं। 'मुझे यह समझ नहीं आ रहा है कि क्या कहना चाहिए! मैं तो महज़ एक बूढ़ी बैरागन क़िस्म की इन्सान हूँ।'

अनिर्बन ने अपनी आँखें उठायीं और मुस्कुराने लगा, मानो वे कोई चुटकुला साझा कर रहे हों।

उसके अन्दर कुछ पिघलने लगा, उसकी मुस्कुराहट की ऊष्मा से जैसे बर्फ़ पिघलने लगी। 'मेरा नाम रुद्राणी राणा है' वह बोली,

'और मैं एक असफल उपन्यासकार हूँ। मैं गुमनाम चिट्ठियाँ लिखती हूँ। दुनिया को यह जताने के लिए कि मैं क्या सोच रही थी। अपनी बात को रखने के लिए।'

अनिर्बन यह सुनकर हैरान रह गया, इसको यह बात बहुत दिलचस्प लगी। इस औरत में बड़ी दिलेरी थी, यह हैरान कर सकती थी।

'क्या आप इसके ऊपर साइन कर देंगी बूढ़ी बैरागन?' उसने पूछा।

'इतनी जानकारी फ़िलहाल के लिए काफ़ी है नौजवान–' होंठों पर रहस्यमय मुस्कान के साथ उसने कहा। 'इस दुनिया में आपके सिवा इस बात को कोई नहीं जानता।'

जवाब में अनिर्बन भी मुस्कुराने लगा, उसके दाँत एक पंक्ति में दिखाई दे रहे थे, जिनके ऊपर सिगरेट पीने के कारण दाग़ पड़ा गया था और मुस्कुराने के कारण उसके बायीं गाल पर डिम्पल पड़े हुए थे। 'अच्छा मुझे ऐसा लगता है कि मैं एक तरह से जासूस भी हूँ', उसने घोषणा की, उसकी आँखें शरारत से चमक रही थीं। 'मैं लिखता हूँ– और न्यू दिल्ली टाइम्स में रेखाचित्र बनाता हूँ। आपने शायद देखा हो। मेरे स्तम्भ का नाम है आई स्पाई। मैं यहाँ वक्ता के रूप में आया हूँ, लेकिन मैं हर समय ऐसी कहानियों की तलाश में रहता हूँ जो आम लोगों की आँखों से छिपी रह जाती हैं।'

'देखो! एक–एक गुप्त बात को साझा करते हैं!' उसने जवाब दिया। 'तुमसे मिलकर बहुत अच्छा लगा अनिर्बन एम. इसमें कोई शक नहीं कि हम एक–दूसरे से फिर टकरायेंगे। और अगर तुमने मेरा राज़ किसी को बताने की कोशिश की तो मैं इस बातचीत से ही इनकार कर दूँगी।'

वह अपने शॉल, अपने बालों, अपने बैग को सँभालने लगी, और बड़े शाही अन्दाज़ में वहाँ से चल दी, मानो उसका कोई मक़सद हो।

अनिर्बन एम उसको उस नाटकीय अन्दाज़ से जाते हुए देख रहा था, उसके लड़खड़ाते क़दमों में एक तरह की त्रासद नाटकीयता दिखाई दे रही थी। वह कभी–कभार 'आई स्पाई' नाम से जो स्तम्भ लिखता था उसमें उसका जिन चीज़ों से वास्ता पड़ता था उनके बारे में व्यंग्य लिखा करता था। रुद्राणी राणा अजनबी भी थीं। वह इस बात को समझता था और इस बात की क़द्र भी करता था।

अनिर्बन एम का जन्म अनिर्बन मुखर्जी के रूप में हुआ था। वह एक संयुक्त परिवार में पला–बढ़ा। उसका परिवार पटना में रहता था, बाँकीपुर क्लब के पास एक तिनमंज़िले मकान में, जज कोर्ट रोड पर। वह तीसरी माले पर अपनी विधवा माँ के साथ रहता था, उस माले से दूर गंगा दिखाई देती थी, कीचड़ सने किनारों तथा जर्जर घाटों पर बलखाती हुई गंगा।

उसमें जो कुछ भी था, वह जिन चीज़ों में यक़ीन करता था, उसने जिन चीज़ों के ख़िलाफ़ विद्रोह किया, जिन चीज़ों को उसने ख़ारिज किया, सबकी जड़ें उसी घर में थीं, उसी कमरे में, उन्हीं दिनों में। 'संयुक्त परिवार भारतीय मानसिकता के लिए बहुत स्वाभाविक–सी चीज़ है', उसने अपने कॉलेज की मैगज़ीन में जवानी के जोश से भरपूर लेख में यह घोषणा की थी।

उसके संयुक्त परिवार में 18 लोग थे जो एक साथ रहते थे, साथ खाते थे और उस परिवार के मुखिया उसकी माँ के चाचा थे। उसकी माँ अपने समय की विद्रोही थीं, उन्होंने अपने एक सहपाठी के साथ घर से भागकर प्रेम विवाह किया था। चूँकि अनिर्बन के पिता ब्राह्मण थे इसलिए यह कहा जा सकता था कि उसकी माँ ने जाति के बन्धनों को चुनौती नहीं दी थी, इसी वजह से उसके परिवार वालों ने इस झटके को किसी तरह से बर्दाश्त कर लिया था।

अनिर्बन जब दो साल का था तो उसके पिता की मृत्यु हो गयी थी। वह एक बस में यात्रा कर रहे थे और वह बस पुल से नीचे बाढ़ से उफनती गंगा नदी में गिर गयी। लाश का कभी पता नहीं चल पाया।

इस विपत्ति की हालत में उसकी माँ अपने माता–पिता के घर आ गयी, और उनको रहने के लिए तीसरी मंज़िल पर एक छोटा–सा कमरा दिया गया जहाँ से दूर गंगा दिखाई देती थी। पास के स्कूल में उनको पढ़ाने का काम मिल गया, और वह पूरी तरह से अपने बेटे की देखभाल में लग गयी, इस दौरान वह उन तानों और निष्ठुरता को भी नज़रअन्दाज़ करती रहती थी जो संयुक्त परिवार में रहने के कारण उसको स्वाभाविक रूप से झेलने पड़ते थे।

अनिर्बन के लिए वह नदी बहुत मायने रखती थी, वह पावन नदी जिसने उसके पिता को लील लिया और उसको कीचड़–कादो भरे तट पर छोड़ दिया। एक तरह से वह घर ख़ुशहाल था, ख़ूब भोज आयोजित किये जाते, पर्व–त्योहार मनाये जाते, घर हमेशा बाहर से आये मेहमानों से भरा रहता था। उसकी माँ के चाचा बहुत क़ामयाब वक़ील थे। अनिर्बन को लेकर उनके मन में दया का भाव था और अपने व्यस्त जीवन में उनको जितना समय मिल पाता था वे उसका ध्यान भी रखते थे।

लेकिन अनिर्बन अपने आपको हमेशा अलग–थलग समझता था, बाहरी। जब वह स्कूल में पढ़ता था तब भी वह छोटी–मोटी हरकतें करता रहता था, इस बात को जताने के लिए कि वह जानबूझकर इस तरह से अलग–थलग रहता था, उसने अपने आपको इस तरह से बना रखा था।

एक बार तो उसने अपने बाल मुँडवा लिए और यहाँ तक कि अपनी चुटिया भी काट ली, जो ब्राह्मण होने की निशानी मानी जाती थी। वह तब स्कूल में पढ़ता था, ग्यारहवीं कक्षा में। घर में उसकी माँ ने यह कहते हुए उसका बचाव किया कि उसके घुँघराले बाल में जूँ पड़ गये थे। 'एक बदमाश लड़का है, बहुत गन्दा और बड़ी गन्दी परवरिश हुई है उसकी, वह लड़का क्लास में इसके बगल में बैठता है।' अनिर्बन की माँ ने अपने चाचा को बताया। 'हम लोगों को इसके बाल मुँडवाने पड़े क्योंकि इसके बालों में जूँ बहुत हो गये थे। क्लास टीचर से मैंने कहा है कि वह इसकी सीट बदल दें।'

लेकिन अकेले में माँ ने अनिर्बन को ख़ूब झाड़ पिलाई, और उसकी इस बदमाशी पर ख़ूब रोयी, ख़ामोशी के आँसू जिनको वह उससे कभी नहीं छिपाती थी।

कोलकाता से आयी उसकी मौसी ने उसको समझाने–बुझाने का काम किया। वह पटना में आती थी तो जजेज कोर्ट रोड और बाँकीपुर क्लब के पास वाले उस घर में तीसरी मंज़िल पर उनके कमरे में ही ठहरती थी।

असल में वह उसके चाचा की रिश्ते की बहन थी और माँ की रिश्ते में मौसी लगती थी, लेकिन अनिर्बन को हमेशा लगता रहा कि वह उसकी मौसी माँ थी। वह जितनी महिलाओं को जानता था उनमें वह सबसे लम्बी थी और बेहद दुबली। वह सूती साड़ियाँ पहनती थी जिनको वह ऊपर से बाँध लेती थी और जो उनके टख़ने तक ही जाती थी; वे साड़ियाँ क़द में छोटी और साधारण स्त्रियों को ध्यान में रखकर बनायी गयी होती थीं। उनके कानों में सीप के आकार के बुन्दे रहते थे, हाथ में एक घिसी–पुरानी घड़ी, सोने की दो पतली चूड़ियाँ। और कोई आभूषण नहीं : न माथे पर बिन्दी, न गले में मंगलसूत्र। वह भी उसकी माँ की तरह ही विधवा थीं, लेकिन वह कुछ मज़बूत क़िस्म की महिला थीं।

'लोग तुम्हारे साथ उसी तरह से बर्ताव करते हैं जिस तरह से तुम उनको करने देते हो' मौसी माँ ने उससे एक बार कहा था। 'अपने आसपास ऐसा लबादा बनाओ जिसको कोई भेद न पाये, मिस्टर इंडिया फ़िल्म के नायक की तरह। हमेशा याद रखो कि यह सब खेल है। थोड़ा–सा पीछे हट जाओगे तो वे अपने आप तुम्हारे रास्ते से हट जायेंगे।' उन्होंने उससे यूँ ही यह बात कह दी थी, कहने के पीछे कोई ख़ास सन्दर्भ नहीं था, लेकिन इस बात को उसने गुरु मन्त्र की तरह से ग्रहण किया, मानो देवताओं की ओर से मिला आदेश हो जिसको उसने बड़ी श्रद्धा के साथ ग्रहण किया।

उसके बाद से सब कुछ सही हो गया। बर्लिन जाने का स्कॉलरशिप, पुरस्कार, ग्राफ़िक बुक, जैसे ही उसने एक क़दम पीछे

किया सब कुछ सहज भाव से बिना अधिक परेशानी के घटित होने लगा, जैसे वह संसार को खिड़की के शीशे के पीछे से देख रहा हो।

रुद्राणी राणा में उसको जैसे मौसी माँ की झलक दिखाई दी थी। वह उसकी संवेदनशीलता को समझ गया था, उसने उसकी तकलीफ़ को पहचान लिया था, उसकी शक्ति के लिए पूरा आदर भी था।

वह उसके बारे में क्या लिखेगा? वह भी एक तरह से अजनबी थी, बड़ी उम्मीद से वह मशहूर हस्तियों के उस जमावड़े को देख रही थी, सफलता के उस जुलूस को। वह उसके उपन्यास के बारे में सोच रहा था और उन ज़हर बुझे ख़तों के बारे में जिनके राज को रुद्राणी ने उससे साझा किया था, और इस बारे में कि आख़िर किस वजह से वह महिला उससे उसके बारे में छिपा रही थी। और आख़िर किस वजह से उसने अपनी पहचान उसके साथ साझा की थी जिसको वह जल्दी किसी के साथ साझा नहीं करता था?

वह अगले सत्र के लिए निकल गया जिसके ऊपर उसने अपने कार्यक्रम की सूची में फ्लोरेसेंट पेन से निशान लगा रखा था, उस सत्र में आइसलैंड के एक लेखक को अपने उपन्यास के अंश का पाठ करना था और 'नोर्डिक न्वायर एंड इनवायरनमेंटल क्राइम' विषय पर चर्चा में हिस्सा लेना था। उसके बाद दो प्रकाशकों की पार्टियाँ थीं, उसके बाद एक आकर्षक पत्रकार ने उसको खुल्लमखुल्ला आमन्त्रण दिया था, जो अपने उन्मुक्त स्वभाव के बारे में साफ़–साफ़ घोषणा करती थी। वह अब महिलाओं को लेकर सावधान हो गया था इसलिए उसने उस आमन्त्रण को रहने दिया।

रुद्राणी राणा पास के अपने गेस्ट हाउस में ठहरी थी जो साफ़–सुथरा था और बहुत शान्त। उसने पहले योजना बनायी थी कि अनसबमिटेड को एक बार फिर पढ़ेगी लेकिन फिर उसने अपना इरादा त्याग दिया।

'सुधारने का काम बहुत अधिक हो गया', उसने मन–ही–मन अपने आपसे कहा। 'यह एक तरह से ऐसे कमरे जैसा हो गया था जिसमें प्रतिध्वनियाँ गूँज रही थीं।'

इसके बजाय उसने दूसरे लेखकों को पढ़ने पर ध्यान लगाया, यह उसकी आदत थी, एक समय में दो किताबें पढ़ना : अगाथा क्रिस्टी का द मूविंग फिंगर और मुरियल स्पार्क की द *प्राइम ऑफ़ मिस ज्याँ ब्रोडी*। द मूविंग फिंगर में उसने कई लाइनों को अंडरलाइन कर रखा था और किताब के कई पन्नों के हाशिए पर उसने अपनी टिप्पणियाँ भी दर्ज कर रखी थीं। हमेशा पेंसिल से, किताब में वह पेन से कभी नहीं लिखती थी।

'कुत्ते बड़े होशियार होते हैं', वह ज़ोर से पढ़ने लगी। 'वह किसी शान्त कोने में चुपचाप घुस जाते हैं और तब तक वापस दुनिया का हिस्सा नहीं बनते जब तक कि वह एक बार फिर से उसके लिए तैयार नहीं हो जाते।' उसने एक बार फिर से पन्ने के हाशिए पर निशान लगाया, इस बात को रेखांकित करने के लिए कि यह कितनी सच्ची बात थी।

रुद्राणी अपने जाने–पहचाने पन्नों को पलट रही थी। 'हर आदमी के जीवन में कुछ ऐसे गुप्त अध्याय होते हैं जिनके बारे में वे दुआ करते रहते हैं कि उनके बारे में कभी कोई जान न पाये।'

उसने ऐसा क्यों लिखा होगा?

उसने अपनी सारी ज़िन्दगी इस कहानी के बारे में सोचते हुए क्यों बिता दी, इसमें जोड़ते–घटाते हुए, उसको इस तरह से रखते हुए कि वह उसकी जैसी पहचानी जाये। सिवाय इसके मूल रूप के, सिवाय उसके विस्तार के, जबकि उसने अपने आपको छिपाने की पूरी कोशिश की, तरह–तरह की आवाज़ों, तरह–तरह के स्तर पर कहने की कोशिश की।

एक्स तो पक्का उसकी माँ थी, उसके दाँत निकले हुए थे और हँसी ठहाकेदार। उसकी माँ मिसेज़ राणा वेवर्ली गर्ल्स स्कूल की मेट्रन थीं और जिनको सब प्यार करते थे, उनके दाँत ऊपर की

ओर चढ़े हुए थे, जिसकी वजह से वह विनम्र और सुसंस्कृत दिखाई देती थीं। उसकी माँ वैसे तो बहुत कम हँसती थीं लेकिन जब हँसती थीं तो ऐसे लगता था मानो वह अपनी हँसी को दबा रही हों। जब वह बोलती थीं तो वह एक ख़ास अन्दाज़ में अपनी ठुड्डी को अपनी गर्दन से लगा लेती थीं, जिससे कि अल्फ़ाज़ उनके ऊबड़–खाबड़ दाँतों में फँसे नहीं– वह किसी तरह खाँसते हुए उन शब्दों को आज़ाद कर देती थीं।

इसके विपरीत एक्स का किरदार रुद्राणी ने अपने लेखन से रचा था, जिसके दाँत ऊँचे थे और ज़ोरदार हँसी। उसको ऐसा लगता था कि इतना ही काफ़ी था, जिससे वह दुनिया से इस बात को छिपा सकती थी कि एक्स असल में उसकी माँ थी। बहुत ग़ौर से पढ़ने वाला पाठक भी इस फ़र्क़ को नहीं समझ सकता था। वैसे भी कोई भी पाठक, चाहे वह ग़ौर से पढ़ रहा हो या नहीं इस बात को किसी तरह से नहीं समझ सकता था कि एक्स असल में उसकी माँ मिसेज़ राणा थी।

उसकी माँ को मरे कई दशक बीत चुके थे। उनको जलाया गया था, न कि दफ़नाया गया था क्योंकि वह एक हिन्दू पत्नी थीं। उनके जाने के बाद उनकी निशानी स्टील का वह बक्सा रह गया था जिसके ऊपर उनका नाम लिखा हुआ था, जिसके भीतर कुछ काग़ज़ थे जिनमें फफूँद लग गयी थी और कुछ तस्वीरें। और एक लम्बा काले रंग का कार्डिगन, जिसको रुद्राणी अभी भी बिना भावुक हुए पहनती थी। फिर भी एक्स उसकी माँ ही थी, और उसके–ऊँचे दाँत और ज़ोरदार हँसी महज़ ध्यान भटकाने के लिए थे।

और वाई? वाई रूपर्ट मर्क था, जो वास्तविक जीवन के बेहद क़रीब रचा गया था। उसके किरदार में उपन्यास में किसी तरह की आज़ादी नहीं ली गयी थी। उसने उसके किरदार को बिना किसी आडम्बर के रचा था, अपने दिल से रचा था। अपने टूटे हुए दिल से उसने उसकी कहानी को बार–बार लिखा था। उसकी कहानी जैसे एक पपड़ी जैसी थी, अतीत और भविष्य के दर्द से बचाव की तरह।

अनसबमिटेड उपन्यास में वह उस आदमी का दिल तोड़ देती है। रूपर्ट पानी के जहाज़ से ऑस्ट्रेलिया निकल गया, उस सबको पीछे छोड़ते हुए, जिसको वह प्यार करता था, जिसकी परवाह करता था, वह अपनी नयी ज़िन्दगी बनाने के लिए निकल गया। कहानी के अन्त में पाठकों का उससे सामना होता है, अभी भी वैसा ही सुन्दर था लेकिन वह कुछ झुक गया था, उदास रहने लगा था, उसके बाल सफ़ेद हो गये थे, लेकिन अभी भी लम्बे और घुँघराले थे जिस तरह से वह उसको याद रखती थी।

रूपर्ट अनसबमिटेड का नायक नहीं है न ही वह इसका खलनायक था। वह मज़बूत था और कमज़ोर भी। और रुद्राणी का अन्तिम निष्कर्ष उसके बारे में था कि वह दयनीय था। एक आदमी जो अपनी माँ से डरता था।

उसकी माँ, रूपर्ट की माँ– हालाँकि वाई इस उपन्यास में रूपर्ट नहीं था– वाई की माँ विरोधाभासी थी, जो सीमाओं को तोड़कर अलग–अलग नस्लों की जीवन कथा की सबसे प्रमुख किरदार बन जाती है। जेड स्टेला मर्क के ऊपर आधारित किरदार थी जिसको गढ़ा तो उपेक्षा और अरुचि के भाव से गया था लेकिन वह कहानी की एक तरह से मुख्य किरदार हो गयी, जिसकी अपनी ज़िन्दगी विजेता की तरह थी।

और रुद्राणी राणा? वह हर पंक्ति की छाया में थी, हर विवादित सवाल, हर उम्मीद, हर निराशा और हर सान्त्वना की छाया में।

मेरा शरीर एक भुतहा मकान की तरह रह गया है।

अगर उसकी किताब प्रकाशित हो गयी तो क्या होगा? और अगर पढ़ी गयी तो? उसके बारे में सब कुछ पता चल जायेगा, उसको नंगा कर देगा। नहीं, उसने अपने आपको दिलासा दिया। अनसबमिटेड इसी तरह से रहेगा, उसका अपना मास्टरपीस, इतना मूल्यवान कि वह दुनिया से छिपा ही रह जायेगा।

क्वेंटीन क्रिप्स को छींक आयी। छींक इतनी लम्बी और ज़ोरदार थी कि वह हिल गया। लम्बी–लम्बी फ्लाइट का असर उसके शरीर पर दिखाई दे रहा था। न्यू यॉर्क से हिथ्रो से मुम्बई से जयपुर। वह अपनी नीली चेक वाली रुमाल को खोजने लगा जो कहीं नहीं दिखी।

उन लोगों ने उसको यहाँ किसलिए बुलाया था, इस मेले में, वाल्ट डिज़्नी के बारे में बोलने के लिए? मिकी माउस दुनिया भर में घूम चुका था और मिकी माउस का इतिहास हिन्दी अनुवाद में भी मौजूद था लेकिन उसको यह समझ नहीं आ रहा था कि अपनी बातचीत का आधार वह किसको बनाये। उससे एक भारतीय महिला बातचीत करने वाली थी जिसका नाम लेने में उसको मुश्किल हो रही थी, एक ग्राफ़िक आर्टिस्ट थी जो लोकप्रिय संस्कृति पर लिखती थी।

ग्रीन रूम ऊपर की तरफ़ कुछ खुला हुआ था, रंग–बिरंगे कपड़ों से उसको ढँका गया था। उसमें अस्वाभाविक–सी गन्ध भरी हुई थी, अगरबत्ती की, गेंदे के फूलों की और तेज़ कॉफ़ी की। उसको अपना रुमाल मिल गया, रुमाल आई पैड के केस में था– उसने रुमाल में अपना नाक ज़ोर से सुड़क लिया।

ज़ोया मनकोटिया अपने नोट्स पढ़ रही थी, अपने सत्र के लिए तैयारी कर रही थी। वह चौकन्नी होती हुई उसकी दिशा में मुड़ी। 'आप ठीक तो हैं न?' उसने पूछा। वह कीटाणुओं से संक्रमित होना नहीं चाहती थी।

वह एक बार फिर छींका, लेकिन इस बार उतनी ज़ोर से नहीं। 'माफ़ कीजिएगा', उसने कहा। 'फ्लाइट में ही किसी से पट गया होगा। शायद मुझे कुछ देर के लिए धूप में जाकर बैठना चाहिए।' वह लेखकों के लाउंज से निकल कर बाहर जाड़े की धूप में जाकर बैठ गया, और बैठकर मसाला चाय पीने लगा। इलायची, काली मिर्च और अदरक के स्वाद ने उसके नाक और गले के ऊपर जादुई प्रभाव डाला। चाय ताँबे के एक बड़े से भगोने में उबल रही थी, और उसको स्टील की एक लम्बी छन्नी से मिट्टी के कप में डाला जा रहा था। सब बहुत रहस्यमय लग रहा था।

जो आदमी चाय छान रहा था उसकी मूँछ कड़क थी। उसने मूँछों को ऊपर की तरफ़ मोड़ रखा था। लाल और पीली पगड़ी में वह किसी वीर योद्धा जैसा लग रहा था। न्यू यॉर्क और समरसेट से कितना अलग था यह सब। लेकिन अजीब बात थी कि क्वेंटीन बहुत सहज महसूस कर रहा था, इतना सहज तो उसने दुनिया में कहीं महसूस नहीं किया था।

वह गिनती कर रहा था कि पैंतालीस साल के दौरान वह दुनिया के कितने शहरों में रहा था। समरसेट। पोकिप्सी। नेपाल। बैंकाक। श्रीलंका। सोमालिया। न्यू यॉर्क, जाम्बिया। पाकिस्तान, लन्दन। आयरलैंड, जहाँ एक साल रहकर उसने अपना पहला उपन्यास पूरा करने की कोशिश की थी। वह उपन्यास जो कभी लिखा ही नहीं गया।

तीन पिता, जिनमें से दो ने उसको गोद लिया था। दो माँएँ, जिनमें से एक माँ ने उसको जन्म दिया था। शान्ति सेना और युद्ध पत्रकार के रूप में वह ग्यारह देशों की यात्रा कर चुका था। यह एक दूसरे से भिन्न, खण्डित स्मृतियों वाली स्क्रैप बुक में रहने जैसा था। यादें जिनको एक साथ जोड़ा नहीं जा सकता था। फिर भी उसको यहाँ अपना जैसा महसूस हो रहा था, अजनबियों के इस जनसमुद्र में वह सहज महसूस कर रहा था, लोग जो तरह–तरह की भाषाएँ बोल रहे थे, जिनको वह समझ भी पा रहा था नहीं भी समझ पा रहा था, असंख्य लोग न जाने किस चीज़ की तलाश में थे।

उसके जीवन का सफ़र बहुत असम्भव–सा रहा, अपने पिताओं और अभिभावक पिताओं के सिद्धान्तों और अपनी भावुकताओं और निराशाओं के बीच। उसके जीवन में कुछ भी, उसके जीवन का कोई दौर या कोई पहलू कभी तार्किक रूप से एक से दूसरे में हो गया था।

और अब वह भारत में था, वाल्ट डिज़्नी पर किताब पेश कर रहा था। *वाल्ट डिज़्नी एंड अमेरिकन ड्रीम*।

वाल्ट एलियास डिज़्नी। जन्म 5 दिसम्बर 1901, हर्मोसा शिकागो में। उसने वाल्ट डिज़्नी की जीवनी लिखी थी जो बेहद सफल हुई थी,

उस आदमी की जो अपने युग का प्रतिनिधि चेहरा था, जिसकी उद्यमशीलता फोर्ड और एडिसन जैसी थी, अमेरिका के कौशल, कल्पनाशीलता और मुक्त उद्यम की पहचान था।

बाक़ी तमाम चीज़ों की तरह वाल्ट डिज़्नी भी उसके जीवन में दुर्घटनावश आ गया था। क्वेंटीन सेजोविया गया था, कुछ तो इस कारण से कि वह एक साहित्यिक पत्रिका के लिए लिखे जा रहे अपने लेख के लिए शोध करने के लिए गया था। वह प्रसिद्ध लेखक अर्नेस्ट हेमिंग्वे और नॉर्थ अमेरिकन न्यूज़पेपर एलायंस की तरफ़ से गृहयुद्ध की रिपोर्टिंग करने के लिए उनकी स्पेन यात्राओं को लेकर था। तीन साल बाद उन्होंने *फॉर हूम द बेल टोल्स* नामक उपन्यास लिखा था।

क्वेंटीन सिएरा दे गुआदरमा की यात्रा कर रहा था, वहाँ बंकरों, ख़दकों और खाइयों के जो अवशेष थे उनको देखने गया था। जब वह सेजोविया पहुँचा तो उसको उस शहर से प्यार हो गया, वहाँ की रोमन जल प्रणाली से और एक लड़की से जिससे उसकी वहाँ मुलाक़ात हुई। यह शायद महज़ संयोग नहीं था कि उसका नाम मारिया था।

सेजोविया में रहते–रहते क्वेंटीन क्रिप्स डिज़्नी तक पहुँच गया। अलकाजार दे सेजोविया के स्याह स्लेटी बुर्ज जिसके ऊपर जादूगरनियों की टोपी जैसी छत थी, यही डिज़्नी की परिकथाओं की प्रेरणाभूमि थी, इसी क़िले में सिन्ड्रेला और स्नो व्हाइट और रपुनजेल की कहानियाँ आधारित थीं। इसी जगह पर क्वेंटीन ने मारिया को पहली बार चूमा था, गर्मी की एक गर्म दोपहर में। इसका एक और बल्कि और अधिक महत्त्वपूर्ण प्रभाव पड़ा और अधिक बेहतर परिणाम सामने आया। हल्के–फुल्के ढंग से उसने वाल्ट डिज़्नी की जीवनी लिखने की शुरुआत की, वह उसकी ज़िन्दगी की पहली और एकमात्र बड़ी सफलता थी।

अर्नेस्ट हेमिंग्वे का जन्म शिकागो के पश्चिम की तरफ़ इलिनायस के ओक पार्क में 21 जुलाई, 1899 को हुआ था, वाल्ट डिज़्नी के जन्म से डेढ़ साल पहले, और फिर भी दोनों के बीच एक शताब्दी का फ़ासला था।

क्वेंटीन सूरज की गर्मी को सेंक रहा था। उसकी छींक थम गयी थी। उसने एक कप मसाला चाय और ली और अपने आसपास अंग्रेज़ी, हिन्दी, स्पेनिश और थोड़ी–सी नेपाली भाषा की आवाज़ों को सुनने लगा। भाषा जब ध्वनियों में रह जाती है तो राहत देने वाली लगती है, जब शब्द अपने अर्थ को खो देते हैं और बस उसकी कम्पन रह जाती है।

वह अपने सत्र के ऊपर ध्यान केन्द्रित करने की कोशिश करने लगा। वह जयपुर की मिली–जुली भीड़ के सामने किस तरह से बोलेगा? 'इसकी शुरुआत एक चूहे से हुई' : वह आमतौर पर अपनी बातचीत की शुरुआत इसी तरह से करता था, जिसके बाद वह एक वीडियो क्लिप दिखाता जिसमें आकर्षक वाल्ट डिज़्नी इस कहानी को सुना रहा होता था। वह इस बारे में सोचने लगा कि वह भारत से इसको किस तरह से जोड़े, उस महिला के साथ बातचीत के दौरान जिसका लम्बा नाम वह भूल गया था।

उसके ऊपर जेटलैग ने असर दिखाना शुरू कर दिया था, और उसको कुछ महसूस नहीं हो रहा था। वह एक कुर्सी पर बैठ गया और सामने लॉन में चल रहे सत्र पर ध्यान एकाग्र करने की कोशिश करने लगा। एक फ्रेंच आदमी फ्रांसीसी लहजे में बोल रहा था और कुछ महिलाएँ उसके साथ किसी बात पर बहस कर रही थीं। उसने उनमें से एक को पहचान लिया जो उसको लेखकों के लाउंज में मिली थी, खिचड़ी बालों वाली वह आकर्षक महिला जिसने उससे पूछा था कि वह ठीक तो है न।

वह फ़ेस्टिवल के ब्रोशर में देखने लगा। उस सत्र का शीर्षक था 'द सेकेंड सेक्स', और उसमें वक्ताओं का पैनल स्त्रीवाद को लेकर बहस कर रहा था। वह स्त्री–पुरुष के विषय पर आयोजित इस सत्र से ऊब–सा गया था– बल्कि छोटे–बड़े अनेक कारणों से वह इससे चिढ़ गया था। वह न तो समलैंगिकों से नफ़रत करता था न ही वह स्त्रियों से नफ़रत करने वाला था, उसने अपने आपसे कहा। न ही वह यह मानता था कि सेक्स ही सब कुछ निर्धारित करता था।

उसको यह सोचना अच्छा लगता था कि वह स्त्रियों की ज़रूरतों को लेकर संवेदनशील था। लेकिन वह पुरुषवादी था। वह अपनी मर्दानगी को बहुत महत्त्व देता था– इसी वजह से उसका झुकाव हेमिंग्वे की तरफ़ हुआ।

क्वेंटीन किसी वक्ता के ऊपर ध्यान नहीं दे रहा था। उसका ध्यान अपने दिमाग़ में चल रही उधेड़बुन की तरफ़ था।

दुनिया को क्या हो गया है? कामनाओं की तरह–तरह की शब्दावलियों से वह उलझन में पड़ जाता था, उससे वह डरता था। सेक्सुअलिटी बर्फ़ की चट्टान जैसी थी जिसका बस नौवाँ हिस्सा पानी के ऊपर रहता था। कितने सारे शब्द आ गये हैं– पैन सेक्सुअल, बाई सेक्सुअल, जेंडर फ्लुइड, नॉन बाइनरी, इंटर सेक्स। उसे शायद सिसजेंडर कहा जाता, उसने सोचा, सिसजेंडर यानी जन्म के समय जो लिंग निर्धारित किया गया था उसी लिंग की पहचान के साथ जीना। और ऑनलाइन गुस्साये एकल लोग, एकल लोगों का संसार। कितने सारे शब्द, कितनी पहचानें। अब तक ये लोग कहाँ थे, क्या नजाकत चली गयी है?

और फिर बाहरी लोगों के बीच भी बाहरी के रूप में। दिक् को डाइक कहने वाले। ये सारे शब्द उसके सिर में ऐसे नाच रहे थे जैसे परेशान मधुमक्खी। समय के साथ रहने के लिए कितनी मशक़्क़त करनी पड़ती थी। सब कुछ कितना अराजक हो गया है। मधुमक्खी का छत्ता।

यहाँ एक ऐसे गोरे आदमी के लिए क्या जगह थी जो सेक्स के मामले में विषमलिंगी हो और जिसका दिल टूटा हुआ हो? वह बस इतना चाहता था कि वह अपनी स्त्री को थाम ले और वह स्त्री उसको प्यार करे। क्या इसके लिए भी कोई जटिल शब्द है?

वहाँ जो सुनने वाले आये थे उनकी उम्र कम थी, अब तक उसने जितने भी फ़ेस्टिवल में हिस्सा लिया था सुनने आने वालों की औसत आयु से बहुत कम। उसके बगल में एक बुज़ुर्ग महिला बैठी। वह सवाल पूछने की कोशिश कर रही थी, वह गुस्से में अपने हाथ

उठाये हुए थी ताकि मंच के लोगों का ध्यान उसकी तरफ़ जाये। उसके सफ़ेद बालों का जूड़ा खुल गया था और बाल उसके चेहरे पर फैल गये थे।

वह यह सब और नहीं झेल सकता था, और वह भीड़ से बचता–बचाता अपने होटल वापस लौट गया।

सेकेंड सेक्स पर पैनल चर्चा ज़ोर–शोर से चल रही थी। एक फ्रेंच–अल्जीरियाई लेखक, एक अतिवादी जेंडर फ़्लुइड प्रवासी लेखक, सेक्स अधिकारों से जुड़ा एक कार्यकर्ता, फ्रेंच बुक ऑफ़िस के एक महानुभाव। कोलकाता की एक बुजुर्ग महिला भी पैनल का हिस्सा थी जिसने सिमोन द बुआ की किताब का बांग्ला में अनुवाद किया था, लेकिन उसको अभी तक बोलने का मौक़ा नहीं मिल पाया था। 'औरत पैदा नहीं होती बनायी जाती है', मोंसियर डिडेरो रोडैन ने ख़ास फ्रांसीसी अन्दाज़ में कन्धे उचकाते हुए अपनी बात पूरी की। वह दूसरे वक्ताओं की तरफ़ मुड़ा। उसका काम था वक्ताओं का परिचय करवाना और समय का ध्यान रखना।

ज़ोया मनकोटिया को लैप माइक लगाया जा चुका था लेकिन उसने हाथ में माइक उठाया। उसके नये उपन्यास *क्विलट* ने तहलका मचा रखा था, एक तरफ़ उसको लेकर ख़ूब हल्ला भी हुआ था तो दूसरी तरफ़ ख़ूब प्रशंसा भी हुई थी। ज़ोया के बोलने में कई तरह के लहजे सुनाई दे रहे थे, और वह कुछ हद तक बनावटी भी लग रहा था।

'मैं मूलतः उपन्यासकार हूँ', उसने घोषणा की, 'मैं विधाओं की आवाजाही में वैसे ही यक़ीन करता हूँ जैसे कि लिंग पहचानों की आवाजाही में। मैं किसी तरह की सीमा को नहीं मानता और लिंगों के आधार पर भेदभाव को नहीं मानती, और मैं अपने लेखन, अपने मक़सद, अपनी पत्नी को लेकर भी उतना ही समर्पित हूँ।

हम वही हो सकते हैं जो हम होते हैं, और जो अच्छा लगता है वह लिखते हैं। लैंगिकता कथा रूप में उन्मुक्त बहती नदी जैसी होती है।'

उसने जिस तरह से अपना परिचय दिया उससे असहज क़िस्म की हँसी फैल गयी। गीता गोपालन ने चुनौती स्वीकार की। 'मैं भी मैडम सिमोन द बुआ का उद्धरण दे सकती हूँ', उसने अपने मुँह के बहुत क़रीब माइक ले जाते हुए ज़ोर से कहा। वह बोलती जा रही थी उसकी मधुर आवाज़ गूँज रही थी। स्त्रियों में 'काम सुख', जैसा कि मैंने कहा, 'जादुई होता है, यह पूरी तरह से समर्पण चाहता है, अगर शब्द या किसी तरह की हरकत इस प्रेम स्पर्श के विपरीत होती है तो यह जादू टूट जाता है।' अपनी बात का असर देखने के लिए वह कुछ रुकी। गहरी साँस लेते हुए उसने एक बार फिर से माइक थाम लिया, उसको अपने मुँह के बहुत पास ले आयी। उस पुरुष से अधिक स्त्रियों को लेकर अधिक अभिमानी, अधिक आक्रामक और अधिक अपमानजनक कोई नहीं हो सकता है जो अपनी मर्दानगी लेकर चिन्तित रहता है। उसने एक बार फिर से गहरी साँस ली, जिसका असर दर्शकों पर ताज़ा हवा जैसा हुआ। 'प्रेम शब्द का अर्थ औरत और मर्द के लिए एक ही नहीं होता है, और दोनों के बीच गहरी ग़लतफ़हमी का एक कारण यह होता है जो उनके बीच खाई पैदा कर देता है।'

सिमोन द बुआ की बांग्ला अनुवादक सोनाली सेन ने माइक लेने की कोशिश की। वह अपनी साड़ी को ठीक करने लगी और अपने कार्डिगन की बाँह को ऊपर चढ़ा रही थी कि लीला नफ़ीसी ने बातचीत का सिरा सँभाल लिया।

'मैं आपसे यह पूछना चाहती हूँ कि–' वह बोली, 'मैं आपसे यह पूछना चाहती हूँ कि हम लोगों में से कितनों को सिमोन द बुआ की बीज पुस्तक द *एथिक्स ऑफ़ एम्बिगुइटी* के बारे में याद है।

ज़ोया मनकोटिया ने लीला नफ़ीसी के हाथ से माइक छीन लिया। 'मैं यह माँग करती हूँ कि आप अपने शब्द वापस लीजिए!'

उसने ज़ोरदार आवाज़ में कहा। 'मैं आपसे यह माँग करती हूँ कि आप इस शब्द को वापस लीजिए क्योंकि आपने असंवेदनशील और ग़लत तरीक़े से बीज शब्द का प्रयोग किया है! शब्दों की सत्ता होती है। उनकी ज़िम्मेदारी होती है। उनके अर्थ होते हैं।'

नफ़ीसी ने उसके ऊपर ध्यान नहीं दिया और साहस के साथ अपनी बात कहती रही, लेकिन उसकी आवाज़ में हल्की कंपन आ गया था। 'सिमोन द बुआ की बीज पुस्तक द *एथिक्स ऑफ एम्बिगुइटी* असल में द *सेकेंड सेक्स* की असाधारण सफलता के पीछे दब कर रह गयी, दार्शनिक जगत के स्वरूप के बहुत अधिक पितृसत्तात्मक होने के कारण, और इस वजह से भी कि उनको महज़ ज्याँ पॉल सार्त्र की सहचरी के रूप में देखा गया।'

ज़ोया मनकोटिया के मुँह से झाग निकल रहा था, उसके भूरे–काले बालों से क्लिप की पकड़ ढीली पड़ गयी थी। 'मैं आपसे आग्रह करती हूँ कि आप बीज शब्द को वापस लीजिए?' उसने अपने ऊपर क़ाबू करते हुए कहा।

लीला नफ़ीसी ने धीरे–से उसको घूरा। 'मुझे समझ नहीं आ रहा है मैडम मनकोटिया', वह बोली। 'एक तरफ़ आप लैंगिक उन्मुक्तता के बारे में इतने विश्वास के साथ बात कर रही हैं, ऐसे में आप मुझे इस शब्द के प्रयोग से कैसे रोक सकती हैं, यह चंचल शब्द, मासूम बीज?'

सोनाली सेन एक बार फिर से इस बहस में शामिल हुई। उसकी आवाज़ स्पष्ट थी और मुखर भी। अंग्रेज़ी के सेमिनल शब्द के लिए बांग्ला में शब्द है बीर्य। हिन्दी में इसको वीर्य कहते हैं। फ्रेंच में इसको स्पर्म कहते हैं, जबकि अंग्रेज़ी का सेमिनल शब्द सेमिनल ही रहता है। इस शब्द के बहुत सारे अर्थ हैं, अलग–अलग ध्वनियाँ हैं– इसलिए आपसे मेरा आग्रह है कि आप गुस्सा मत होइए।'

अफरा–तफरी का माहौल हो गया था। डिडेरोट रोडैन ने टाइमर की तरफ़ ध्यान दिया। दस मिनट का समय और रह गया था। ऑस्ट्रेलियाई मूल की बेहद आकर्षक मंच निर्देशिका ने इशारा किया कि अब समय है दर्शकों के सवाल लेने का।

'बहुत कम समय रह गया है', वह बोला। 'काश यह बहस ऐसे ही चलती रहती, क्योंकि यहाँ एक ज़रूरी बहस जीव विज्ञान, लैंगिक पहचान और भाषा के प्रयोगों को लेकर चल रही है। आप लोगों को सवाल करना चाहें?' उसने दर्शकों की तरफ़ इशारा करते हुए कहा।

पहली पंक्ति से दो हाथ उठे। स्कूल ड्रेस में एक लड़की थी। एक बुज़ुर्ग महिला जिसने अपने अस्तव्यस्त खिचड़ी बालों को किसी तरह से सिर के ऊपर जूड़े की तरह बाँध रखा था। उनके चेहरे की आभा बता रही थी कि एक ज़माने में वह बहुत सुन्दर रही होंगी।

'मैम! मैम!' उस लड़की ने माइक लेते हुए कहा, उसकी आवाज़ से लग रहा था कि वह बहुत जल्दबाज़ी में थी। 'मेरा सवाल मासिक धर्म की राजनीति को लेकर है। समाज हमसे यह उम्मीद क्यों रखता है कि रक्तस्राव की इस जैवीय घटना को लेकर हम ग्लानि महसूस करें?'

'पितृसत्ता को लेकर यह एक ज़रूरी बात है–पितृसत्ता को लेकर बहुत ज़रूरी बात–' साउंड सिस्टम से खर्र--खर्र की आवाज़ हुई और उसकी आवाज़ बन्द हो गयी। वह लागातार बोले जा रही थी। लेकिन दर्शकों को उसकी आवाज़ सुनायी नहीं दे रही थी।

'आपकी आवाज़ नहीं आ रही', दर्शकों की आवाज़ें आने लगीं। स्कूल ड्रेस वाली लड़की बड़े सब्र के साथ सुनने की कोशिश कर रही थी, लेकिन उसके चेहरे की मुस्कान फीकी पड़ती जा रही थी।

एक आवाज़ के साथ साउंड सिस्टम फिर से बोलने लगा। '–सैनिटरी पैड की राजनीति', ज़ोया गम्भीरता से बोल रही थी, और एक बार फिर से साउंड सिस्टम खड़–खड़ की आवाज़ के साथ बन्द हो गया, ऊपर मंच पर यह तो दिखाई दे रहा था कि उसका मुँह खुल रहा था, बन्द हो रहा था लेकिन आवाज़ नहीं आ रही थी।

एक तोता उड़कर ऐसे मंच के पार निकल गया हो जैसे सर्कस का मँजा हुआ कलाकार हो। आम के पेड़ की नीचे की शाखा पर बैठे एक मोर ने आवाज़ लगाई। पीले रंग की एक पतंग आम के पेड़ में फँसी हुई थी, दोपहर की भीनी हवा में पतंग फड़फड़ाने लगी।

और उसके बाद एक बन्दर नज़र आया, जो कूद कर मंच के पास की सबसे ऊँची बालकनी पर आ गया, और फिर एक तरह से मंच पर ही गया।

देखने वाले इन नज़ारों के मज़े ले रहे थे। ज़ोया मनकोटिया अभी भी बोल रही थी लेकिन किसी को कुछ सुनायी नहीं दे रहा था। क्या उसको इस बात का पता था कि उसकी आवाज़ किसी को सुनायी नहीं दे रही थी?

स्टेज मैनेजर हाथ के इशारे से सेशन को समाप्त करने के लिए कह रही थी। तभी अचानक साउंड सिस्टम से आवाज़ आने लगी।

'बस मुझे इतना ही कहना था', ज़ोया मनकोटिया ने मज़बूती के साथ कहा।

डिडेरोट पोडियम पर थे। 'इस सत्र में भागीदारी के लिए आप लोगों का बहुत–बहुत धन्यवाद, फ्रांस की अपने ढंग की अकेली विदुषी सिमोन द बुआ के ऊपर आयोजित इस सत्र में', उसने कहा। 'इस सत्र के समापन के पहले मैं इस लड़की के बेहद सार्थक सवाल का जवाब देना चाहूँगा। मैं पुरुष हूँ और मेरा रक्तस्राव नहीं होता, लेकिन मैं सिमोन द बुआ का उद्धरण देना चाहूँगा, 'जबसे पितृसत्ता है तभी से स्त्रियों की योनि से प्रवाहित होने वाले द्रव को हानिकारक माना जाता रहा है।'

मंच संचालक ने पोडियम सँभाला और वहाँ मौजूद दर्शकों को सम्बोधित करने लगी, 'शी पत्रिका और तमाम अन्य प्रायोजकों की तरफ़ से हम मिस गीता गोपालन, मिस लीला नफ़ीसी, मिस ज़ोया मनकोटिया, मिस सोनाली सेन और हमारे योग्य मॉडरेटर श्री डिडेरोट रोडैन का शुक्रिया अदा करते हैं।'

इस सम्मानित पैनल के सभी भागीदार उठ खड़े हुए, विनम्रता से मुस्कुराते हुए अपने बैग, कागज़ समेटकर नीचे जाने लगे। सब चले गये सिवाय ज़ोया मनकोटिया के, जो माइक के पास गयी और बोलने लगी।

'मैं मंच से नहीं उतरूँगी–'' उसने घोषणा की। 'जब तक यह वाहियात फ़्रांसीसी इन्सान मेरी माहवारी के बारे में, मेरी जीवन शक्ति के बारे में बोलने के लिए मुझे उकसाने के लिए माफ़ी नहीं माँग लेता और अपने मर्दवादी नज़रिये को मेरे ऊपर थोपने के लिए भी!'

डिडेरोट रोडैन ने माहौल को अच्छी तरह से भाँप लिया। 'मैडम ज़ोया, मैं आपसे माफ़ी माँगता हूँ। मैं तो किसी और महिला को उद्धृत कर रहा था, जिस महिला का मैं बहुत आदर करता हूँ, लेकिन आपकी आपत्ति है तो मैं अपनी बात वापस लेता हूँ।'

उस बुजुर्ग महिला ने अभी भी अपने हाथ उठा रखे थे। वह एक सवाल पूछना चाहती थी। लेकिन सब मंच छोड़कर नीचे जा चुके थे, सोनाली सेन को छोड़कर सभी, वही जिसने सिमोन द बुआ का बांग्ला भाषा में अनुवाद किया था। 'मुझे भी अन्त में कुछ कहना है', कहते हुए वह माइक की तरफ़ बढ़ गयी।

'जैविकता तो कई बार भाग्य की बात होती है। महाश्वेता देवी की महान किताब *स्तन कहानियाँ* में स्तन रूपक है–'

लेकिन अगले सत्र के वक्ता मंच की दिशा में बढ़ने लगे थे, और दर्शकों से आ–जा कर रहे थे। 'महिलाओं का स्तन रूपक से अधिक है– वास्तव में यह प्रतीक है इस उत्पीड़क सामाजिक व्यवस्था का!' उसने जैसे किसी विजेता की तरह से अपनी बात समाप्त की। जब वह जा रही थी साड़ी में उसका पैर फँस गया और अगर किसी ने उसको सहारा नहीं दिया होता तो वह गिर गयी होती।

लेखकों के लाउंज में भी उन महिलाओं की बातचीत जारी थी। 'उस आदमी की हिम्मत तो देखो–' ज़ोया मनकोटिया ने कहा।

लीला नफ़ीसी ने सोनाली सेन की कुर्सी के लिए जगह बनायी और सोनाली सेन भी उस बातचीत में शामिल हो गयी। उसने आगे झुककर एक बुजुर्ग महिला की बाटिक की साड़ी की तारीफ़ की।

'छह गज़ के सिल्क की साड़ी पहनकर चलना आसान होता है क्या?' उसने उत्सुकता से पूछा।

वहाँ का माहौल काफ़ी महिलामय हो गया।

'मैं तो अक्सर साड़ी पहनती हूँ', ज़ोया बोली। 'हैंडलूम और सूती साड़ी। मेरी पत्नी भी वही साड़ियाँ पहनती है, हालाँकि वह भारतवंशी नहीं है। आज उसने खादी का सफ़ेद कुर्ता नीली बंडी के साथ पहन रखा था।'

'मुझे तो साड़ी में ही सहज लगता है', गीता गोपालन ने टिप्पणी की। 'हालाँकि जब मैं अमेरिका आती हूँ तो वहाँ पैंट पहनती हूँ।'

गोलाकार चेहरे और गहरी चमकदार आँखों वाली एक वोलंटियर उन लोगों के सामने आयी और सब लोगों को सम्बोधित करते हुए उसने कहा, 'माफ़ कीजिएगा लेकिन आप लोगों में ज़ोया मनकोटिया कौन हैं?'

ज़ोया ने अपने खिचड़ी होते बालों को सँभालते हुए और अपनी भौंहों को सवालिया ढंग से चढ़ाते हुए पूछा। 'आप मेरे बारे में पूछ रही हैं?' उसने लड़कियों वाले नखरे और खिलन्दड़े अन्दाज़ में पूछा।

'आपका एक प्रशंसक आपका इन्तज़ार कर रहा था– आपके लिए वह इस कार्ड को छोड़ गया है, वह चाहता था कि मैं इसको दे दूँ।' सहज चेहरे वाली उस वोलंटियर ने कहा। 'और मैं आपको बताना चाहती हूँ कि मैं भी आपकी बहुत बड़ी प्रशंसिका हूँ– मैं चाहती हूँ कि आप मेरे लिए द *क्विल्ट* उपन्यास की एक प्रति पर दस्तख़त कर दें।'

उसने एक हल्के बैंगनी रंग का लिफ़ाफ़ा बढ़ाया, जिसके ऊपर बैंगनी रंग के मार्कर से घुमावदार अक्षरों में ज़ोया मनकोटिया लिखा हुआ था। उसके अन्दर एक कार्ड था जिसमें एक बिल्ली ने गले में बैंगनी रंग का रिबन पहन रखा था।

सन्देश अंग्रेज़ी के कैपिटल अक्षरों में बैंगनी रंग से लिखा गया था। बात बहुत संक्षिप्त थी लेकिन उतनी ही क्रूर। उसने लिखा था, 'म्याऊँ मिस मनकोटिया। मैं तुमको अच्छे से समझता हूँ। तुम एक

बेवफा कुतिया हो, मैं जानता हूँ कि तुम किस फिराक में हो, कितनी औरतों को तुमने धोखा दिया है। तुम्हारे बौद्धिक पाखंड से मैं अवाक् रह गया! और तुम्हारा उपन्यास द *क्विल्ट* असल में पूरी तरह से इस्मत चुग़ताई के लिहाफ़ की नक़ल है। तुम नकलची लेखिका हो, पॉर्न लिखने वाली– तुम्हारा समय अब पूरा हो चुका है।'

पढ़ते हुए ज़ोया के चेहरे के भाव में किसी तरह का बदलाव नहीं आया, हालाँकि उसके भिंचे हुए जबड़े दिखाई दे रहे थे। उसने कार्ड को वापस बैंगनी रंग के उस लिफ़ाफ़े में डाला और बिना कुछ कहे गीता गोपालन की दिशा में बढ़ा दिया।

'यह रहस्यमय प्रशंसक कौन है?' गीता ने अपनी चहकती, गूँजती आवाज़ में पूछा। 'क्या मैं पढ़ सकती हूँ?'

ज़ोया ने हामी भरी। गीता गोपालन ने लिफ़ाफ़ा खोला, 'यह सब क्या है?' उसने हैरान होते हुए पूछा।

'यह एक गुमनाम चिट्ठी है', ज़ोया ने अपनी पलकों को झपकाते हुए जवाब दिया। 'या एक गुमनाम कार्ड, बल्कि सही में कहें तो कड़वी आलोचना से भरपूर एक सुन्दर कार्ड जिसके ऊपर बिल्ली की फ़ोटो बनी हुई है।'

'पुराने ज़माने की बक़वास वाली बात', गीता गोपालन ने जवाब दिया। 'सोचो कि यह आदमी कितना बदमाश होगा!'

'वह औरत भी तो हो सकती है', सोनाली सेन बोली। कार्ड उसको और लीला नफ़ीसी की ओर भी बढ़ाया गया था।

'मैं इस बात को कभी नहीं समझ पायी कि मर्द औरतों से अधिक नफ़रत करते हैं या औरतें ख़ुद ही करती हैं', ज़ोया मनकोटिया ने कहा।

'वैसे बैंगनी रंग तो औरतों का रंग होता है', गीता गोपालन ने सोच–विचार करते हुए कहा।

'ओह! अब इस तरह की घिसी–पिटी बातें तो मत करो जिनको अलग–अलग लिंग के आधार पर गढ़ा गया है', ज़ोया झट से बोली, उसकी आवाज़ ने उदासी में थी और गुस्सा भी।

लीला नफ़ीसी इस दौरान ख़ामोश बैठी रही। उसने अपनी उँगलियों को फैला दिया ताकि सब देख लें जिसके ऊपर उसने बैंगनी रंग की नेल पोलिश लगाई थी। उसके हाथ बहुत सुन्दर थे, उसकी सभी उँगलियों में चाँदी की अँगूठियाँ थीं जिनमें अलग–अलग पत्थर जड़े हुए थे– फ़ीरोजा, पन्ना, पुखराज, नीलम। 'बैंगनी रंग', वह बोली। 'वैसे मुझे इस बात का भरोसा नहीं हो रहा है कि जिसकी हैंडराइटिंग इतनी अच्छी हो वह स्पेलिंग की ऐसी ग़लती भी कर सकता है–मुझे तो लग रहा है कि किसी ने जान–बूझकर ऐसी ग़लती की है।

डिडेरोट रोडैन उस समूह के पास आया। 'बहुत शुक्रिया आप लोगों का इतने अच्छे सत्र के लिए!' वह बहुत जोश में आते हुए बोला।

उन महिलाओं ने उसको वह कार्ड दिखाया। 'लेकिन यह तो भयानक बात है', उसने गुस्से में आते हुए कहा। 'आप लोगों ने आयोजकों को इस बारे में तो बता ही दिया होगा?'

'हम आयोजकों से इसकी जाँच करने के लिए कहेंगे', गीता गोपालन ने जवाब दिया। 'लेकिन पहले उस लड़की को ढूँढ़ते हैं जिसने यह कार्ड लाकर दिया था।'

समय अगले सत्र का हो चुका था। लेखक और वक्तागण कमरे में आ–जा रहे थे। शब्दों और मुहावरों की गूँज सुनाई देने लगी। 'विमर्शों' मतलब यह है कि– 'नागरिकता का सार्वभौम अधिकार', 'यथास्थिति के विरुद्ध युद्ध।'

ज़ोया मनकोटिया ने उस लिफ़ाफ़े को उठाया और उसको कुछ सोचते हुए अपने बैग में रख लिया। वह धीरे–धीरे बोल रही थी : *'मेरी बहनें माँगें आज़ादी!'*

कोई कड़वी बातें लिखकर उसको नहीं तोड़ सकता था– ज़ोया मनकोटिया को झुकाने के लिए इससे अधिक कुछ की ज़रूरत थी।

फिर भी। फिर भी। ज़ोया को इस बात की आदत पड़ चुकी थी, लोग उसको पसन्द नहीं करते थे, ग़लत समझ लेते थे लेकिन फिर भी अजीब बात थी कि इस कार्ड की नफ़रती जुबान से वह बहुत दुखी हो गयी थी, उस तिरछी लिखावट से जैसे सड़ी हुई बदबू आ रही थी।

जब वह छोटी थी तो लड़कों को लेकर उसकी कोई निश्चित राय नहीं बन पाती थी। लड़के जिस तरह से बात करते थे वह उनको सन्देह की निगाह से देखती थी, उनके प्रति उसकी भावना अच्छी नहीं रहती थी, जिस तरह वे चलते थे, जिस तरह से उनके शरीर से गन्ध आती थी, उसको कुछ भी अच्छा नहीं लगता था। वह एक रूढ़िवादी भारतीय परिवार में बड़ी हो रही थी और इस वजह से उसके इस तरह के व्यवहार को न समझ में आने वाले भाव से देखा जाता था। वह अपने पापा और अपने भाई को प्यार करती थी, और उसके इंजीनियर पिता उसकी इच्छाओं को पूरा करते थे लेकिन उसकी माँ उसको झाड़ पिलाती थी। 'जब तुम्हारी शादी होगी तो तुमको अपने पति को प्यार और सम्मान देना पड़ेगा', वह कहती थीं।

उनके अमेरिका जाने के बाद भी हालात में बहुत बदलाव नहीं हुए। ज़ोया चौदह साल की विद्रोही लड़की थी, और इस नये माहौल में वह अलग–थलग महसूस करने लगी। लड़कियों की तरफ़ उसका झुकाव होने लगा और लड़कियों के ऊपर उसका दिल आने लगा। उसकी चमड़ी के रंग और अकादमिक उपलब्धियों के कारण भी उसका यह संघर्ष और बढ़ता गया।

बाद में कॉलेज जाने के बाद उसने कुछ लड़कों के साथ डेट किया, लेकिन उनकी ऊर्जा– उनका ऊँचा दर्जा और उनके स्वाभाविक अहंकार के कारण वह परेशान हो जाती थी।

कॉलेज के दिनों तक वह अपने असली रूप में नहीं आ पायी। उसके अन्दर पुरुषों को लेकर जो स्वाभाविक पूर्वग्रह था वह धीरे–धीरे उसके स्त्रीवाद का आधार बना, एक ऐसा आधार जिसने उसकी ज़िन्दगी को एक रूप दिया, एक अर्थ दिया

ज़ोया प्यार में पड़ती रही, अक्सर और पूरे दिल से। उसने सप्फो की शैली में कविताएँ लिखीं। उसने द *क्विल्ट* लिखी। जिस दायरे से मतलब था उस दायरे में वह किताब अच्छी चली, और उसको समलैंगिक समाज में बहुत प्रशंसा मिली, उसकी अच्छी समीक्षाएँ की गयीं। उसने शादी कर ली और अपनी पत्नी के साथ पारिवारिक जीवन बिताने लगी, लेकिन उसको दूसरी लड़कियों से भी प्यार होते रहे। उसके अन्दर जो विद्रोही थी उसको प्राणशक्ति ही हवा के ख़िलाफ़ चलने में मिलती थी। बैंगनी रंग से लिखी इस बकवास का उसकी चेतना के ऊपर कोई असर नहीं पड़ना चाहिए था। लेकिन उसने असर डाला था।

चोर इधर–उधर भटक रहा था, अपने आसपास के नज़ारों और आवाज़ों को महसूस कर रहा था। जब वह जयपुर के लिए ट्रेन में सवार हुआ तो उसके दो मक़सद थे। एक मक़सद था भारत के सबसे बड़े शायर जनाब जावेद अख़्तर से मिलना, दूसरा था मौक़ा मिलते ही लम्बा हाथ मारना जिससे उसके आने जाने का ख़र्च तो निकल ही जाये और थोड़े–बहुत पैसे भी बच जायें।

राजू श्रीवास्तव का जन्म बिजनौर में हुआ था, एक ऐसे टेलर मास्टर का बेटा था जो अपने पेशे में क़ामयाब नहीं हो पाया था। शुरू में कुछ दिन उसने अपने पिता के साथ काम किया और कपड़े सिलने के काम को सीखा। उसके पिता इस काम को कला मानते थे, वे हाथ से इतनी बारीक़ सिलाई करते थे कि चींटियाँ भी उतनी महीन लाइन नहीं बनाकर चल सकती थीं, वह कपड़ों की कटाई बहुत बारीक़ी से करते थे, पहले कपड़े की क़िस्म को महसूस करते थे और फिर उसकी कटाई करते। उनके सिले कपड़ों में कभी चुन्नट नहीं पड़ती थी, और हाथ से बाई वे जैसी महीन सिलाई कर देते थे कि उसका कोई जवाब नहीं था। लेकिन उनकी सिलाई की बहुत

बड़ी कमी यह थी कि उनकी सिलाई हमेशा, हमेशा चुस्त होती थी। उसके पिता महिन्दर मास्टरजी कपड़ों की कटाई इतनी चुस्त करते थे कि बाद में उसको ढीला करने की किसी तरह की गुंजाइश नहीं रह ज़ाती थी। राजू श्रीवास्तव का बचपन ऐसे ग्राहकों के गुस्से को शान्त करने या शान्त करने की कोशिश में बीता जिनके कपड़े उनके शरीर में तंग हो जाते थे। वे बाप–बेटे को धमकियाँ देते, हंगामा खड़ा कर देते, और अक्सर बिना भुगतान किये चले जाते।

महिन्दर मास्टर जी ऐसी घटनाओं को लेकर दार्शनिक हो जाते थे और सन्तों जैसा भाव बनाये रहते थे। उनका बेटा राहुल ग़ुस्से में रहता था, अपने पिता से अपने ग्राहकों से, उन कपड़ों से जो फिट नहीं होते थे। उसने उसके कारण वैर–भाव को दिल पर ले लिया। ग्राहकों की बद्दुआयें उसके दिल पर धक से लगती थीं, बाप–बेटे के लगातार हो रहे अपमान में जैसे जैकेट बंडी सब शामिल थे।

राजू श्रीवास्तव ने कवि बनने का फ़ैसला किया। उसने बहुत सारे कवियों को पढ़ा, निराला, मुक्तिबोध, फ़िराक़ गोरखपुरी और फ़ैज़ अहमद फ़ैज़। वह लिखने लगा। उसकी पसन्दीदा शैली ग़ज़ल थी, किसी अहले ज़ुबान की तरह से ग़ज़ल को उसने स्वाभाविक रूप से अपनाया। सात शेर और अन्त में मकता। वह ग़ज़ल की विधा को समझता था, उसके मीटर को समझता था। जिस समय वह सिलाई मशीन पर काम कर रहा होता था तब अपने पैरों और पेडल की आवाज़ के संगीत पर शेर उसके ऊपर अपने आप उतरते थे।

और यहाँ उसके सामने जावेद साहब थे, न जाने कितनों के दिल पर राज करने वाले, उर्दू शायरी की महान शख़्सियत। वह ग़ज़ल, नज़्म और गीत के बीच के फ़र्क़ को समझा रहे थे। 'ग़ज़ल ऐसे होता है जैसे तरह–तरह के बिस्कुटों का डिब्बा होता है', वह बोला। 'उसका हर शेर अपने आप में पूरी कविता जैसा होता है। इनको एक साथ छन्द और मीटर के हिसाब से एक माले में पिरोया जाता है।'

राजू श्रीवास्तव ध्यान से सुन रहा था, एक–एक शब्द को, अपने हीरो के एक–एक हावभाव को। उसका तख़ल्लुस 'बेताब' था। और वह सच में बेताब था– जीवन में सब कुछ हासिल करने के लिए बेताब, वह सफलता के लिए बेताब था, चाहे जिस तरह से हो। लेकिन उस वक़्त वह बेताब नहीं था– वह जावेद साहब की आवाज़ के जादू में खोया हुआ था, और कविता की बदलकर रख देने वाली दुनिया में।

उसके बगल में एक आदमी बैठा था जो कवि की तरह लग रहा था। वह सुन्दर आदमी था, सहज सुन्दर सलीक़े वाला, वह गलमुच्छा था और उसने अपने गाल के बालों को अच्छी तरह से तराश रखा था, उसके घुँघराले और बहुत क़रीने से सँवारे गये बाल बड़े कलात्मक तरीक़े से उसके माथे पर गिरे हुए थे, इसके कारण उसका व्यक्तित्व अलग तरह का दिखाई दे रहा था। वह आगे की तरफ़ झुका हुआ बड़े ध्यान से जावेद साहब की ज्ञान भरी बातें सुन रहा था। नीचे की धूल सनी घास में उसका बटुआ गिर गया। राजू श्रीवास्तव 'बेताब' ने झुककर उस बटुए को उठा लिया, वह अपनी भावहीन आँखों से चारों तरफ़ यह भी देख रहा था कि उसको ऐसा करते कोई देख तो नहीं रहा। कुछ देर तो उसने उस बटुए को यूँ ही पकड़े रखा ताकि सही मौक़ा पाते ही बटुए को जेब का रास्ता दिखाया जा सके। लेकिन उसकी छठी इन्द्रिय, जिसने उसको अभी तक सिर्फ़ एक बार धोखा दिया था उससे यह कह रही थी कि कोई उसको देख रहा था, उसके ऊपर किसी की नज़र थी, कि वह पकड़ा जा सकता था।

उसने उस नौजवान को घुटने पर टहोका मारा और उसको उसका बटुआ वापस दे दिया। 'बहुत आभार ब्रो!' उस नौजवान ने कहा, और अचानक से उसने उसको गले से लगा लिया। राजू ने उसके कपड़ों से आती कोलोन की ख़ुशबू को पहचान लिया था। उस नौजवान आदमी ने अपने बटुए में हाथ डाला और एक विजिटिंग कार्ड निकाल कर उसको दिया, और कहा, 'यह मैं हूँ!'

बेताब कोई पाकेटमार नहीं था। वह अपनी कला के ऊपर बहुत गर्व करता था। वह अकेले काम करता था और किसी को बन्धक नहीं बनाता था। इंडियन एक्सप्रेस ने उसके बारे में लिखा था कि वह दिल्ली का सबसे चालाक कार लुटेरा था। वह इस उपाधि का हकदार भी था। उसको देने के लिए उसके पास किसी तरह का कोई विजिटिंग कार्ड नहीं था। 'दोस्त, मैं शायर हूँ', जवाब में उसने इतना कहा। उस आदमी ने जवाब दिया, 'मैं भी एक कवि हूँ और जावेद साहब का फैन। मैं भी उर्दू में शायरी करता हूँ। मेरा लेखक नाम बेताब है।'

अब वह महान शायर को नज़्म सुना रहा था, अपनी हिन्दुस्तानी जुबान में। यह एक लम्बी कविता थी, गाँव में लगने वाले मेले के बारे में।

बाप की उँगली थामे
इक नन्हा–सा बच्चा
पहले–पहल मेले में गया तो
अपनी भोली–भाली
कंचों जैसी आँखों से
इक दुनिया देखी
ये क्या है और वो क्या है
सब उसने पूछा
बाप ने झुक कर
कितनी सारी चीज़ों और खेलों का
उसको नाम बताया
नट का
बाजीगर का
जादूगर का
उसको काम बताया
फिर वो घर की जानिब लौटे
गोद के झूले में

बच्चे ने बाप के कन्धे पर सर रक्खा
बाप ने पूछा
नींद आती है
वक़्त भी एक परिन्दा है
उड़ता रहता है
गाँव में फिर इक मेला आया
बूढ़े बाप ने काँपते हाथों से
बेटे की बाँह को थामा
और बेटे ने
ये क्या है और वो क्या है
जितना भी बन पाया
समझाया
बाप ने बेटे के कन्धे पर सर रक्खा
बेटे ने पूछा
नींद आती है
बाप ने मुड़ के
याद की पगडंडी पर चलते
बीते हुए
सब अच्छे बुरे
और कड़वे मीठे
लम्हों के पैरों से उड़ती
धूल को देखा
फिर
अपने बेटे को देखा
होंटों पर
इक हल्की–सी मुस्कान आयी
हौले से बोला
हाँ!
मुझको अब नींद आती है (साभार : रेख़ता)

नज़्म ख़त्म होते ही दर्शक ज़ोरदार तालियाँ बजाने लगे। बेताब ने पाया कि वह फूट–फूट कर रोये जा रहा था। उस नज़्म ने उसके अन्दर के एक ऐसे घाव को उधेड़ दिया था जो कभी भरा ही नहीं था। वह नौजवान उसको चिन्ता से देख रहा था। वहाँ बाक़ी जनता इस सबसे बेख़बर थी।

उसके पिता, उनको फेफड़े का कैंसर हो गया था। इलाज के लिए पैसा नहीं था। महिन्दर मास्टर जी, उसके पापा बीमारी के कारण बहुत दुबले हो गये थे और यह उनके परिवार के लिए चिन्ता का सबब था। उसी समय बेताब ने पहली बार चोरी की। वे लखनऊ में रहते थे और वहाँ गाँधी मेमोरियल हॉस्पिटल में उसके पापा को रोज़ाना कीमोथेरेपी की जाती थी। वे क़ैसरबाग़ में पापा के रिश्ते के एक भाई के घर में ठहरे हुए थे और बहुत दिनों तक वहीं रहने के कारण वे बोझ बने हुए थे। राजू ने सीतापुर रोड में एक बहुमंज़िला इमारत को निशाना बनाया। वहाँ की बसावट नयी थी, वहाँ रहने वाले अभी आ ही रहे थे। बिल्डिंग का जो सुरक्षा गार्ड था वह शराब के नशे में रहता था और गोरखपुर का रहने वाला था। बढ़ई का रूप बनाकर वह फ़्लैट 322 के ऊपर और नीचे के फ़्लैटों में गया, और वहाँ चलते हुए उसने अँधेरे में एक एक क़दम को अच्छी तरह से समझ लिया। वह फ़्लैट एक लॉटरी बेचने वाले का था, और उसको पक्का लग रहा था कि उस आदमी के घर में ख़ूब नगदी पड़ी होगी। परिवार किसी मल्टीपलेक्स में फ़िल्म देखने के लिए गया था, और घर का नौकर नीचे गार्ड के पास बैठकर चाट खा रहा था, बीड़ी पी रहा था।

राजू के हाथ ग्यारह लाख रुपये लगे, यह उन दिनों की बात है जब एक लाख रुपये बहुत होते थे। तब न तो नोटबन्दी हुई थी न ही जीएसटी आया था। वह अपनी माँ को एक तीन सितारा होटल में लेकर गया; वह बहुत घबरा गयी थीं लेकिन विरोध नहीं कर पायी। उसके बाद उसने उन लोगों के लिए एक छोटा–सा फ़्लैट किराये पर ले दिया, और घर में काम करने के लिए एक ठीक–ठाक सहायक को ढूँढ़ दिया।

उसने अपने माता–पिता के प्रति अपने कर्तव्य को पूरा कर दिया, और जब एक साल के बाद उनका देहान्त हुआ, दोनों का देहान्त कुछ सप्ताहों के अन्तराल पर हो गया, तो उसने उनकी याद में एक अनाथालय को एक लाख रुपये दान में दे दिये। हाँ, उसने अपने कर्तव्य को पूरा कर दिया था, महिन्दर मास्टर जी के प्रति अपने क़र्तव्यों को पूरा किया, और अपने बाक़ी ऋणों का भी उसने निपटारा कर दिया। और अगर जावेद साहब की कविता को सुनकर वह रो पड़ा था तो यह कविता की ताक़त थी और इन्सान के दिल की नज़ाकत को दर्शाती थी।

भोपा पत्नी के रूप में अपने आश्रयदाताओं की वंशावली का गुणगान कर रहा था, उसकी पत्नी भोपी ने हाथ में एक लालटेन पकड़ रखी थी जिससे रौशनी उस फड़ पर पड़ रही थी जो बाँस के दो खम्भों के बीच टँगी हुई थी। उसने महाकाव्य काव्य वाचन शुरू किया, उसकी आवाज़ बहुत तेज़ थी, उसको मेगाफ़ोन की कोई ज़रूरत नहीं लग रही थी।

जयपुर लिट्रेचर फ़ेस्टिवल में जब शाम ढली तो वहाँ मौजूद भीड़ फ़ोटोग्राफर में बदल जाती। साड़ी पहने एक स्त्री ने अमेरिकी लहजे में भोपा से कहा कि वह राजस्थान की मौखिक विरासत के बारे में कुछ बताये। 'भाड़ मदन भोपा घूमन्तु नायक जनजाति का था और वह शेखावटी लहजे में पाबूजी का गुणगान करते थे, जो बलुई रेगिस्तान के देवता थे।'

फड़ की उस मौखिक कहानी को समझाने के लिए उसकी भौतिक संरचना के ऊपर ख़ास ध्यान दिया जाता था। दस फ़ीट लम्बे पर्दे को कई छोटी–छोटी इकाइयों में बाँट दिया गया था, हर कहानी में पाबूजी के किसी–न–किसी तरह के पराक्रम का वर्णन होता। यह भोपा के ऊपर निर्भर करता था कि वह किस कहानी का चुनाव करे।

इसलिए यह वाचन अपने आप में ख़ास होता था और वह उस ख़ास वाचक के अनुसार होता था, जो हर बार फड़ के सामने उपासना जैसा होता है।

रुद्राणी राणा ने अपने आसपास के माहौल को भावुक होते हुए देखा और उसको थकान होने लगी। यहाँ बहुत सारे शब्द थे, बहुत सारी भाषाएँ, बहुत सारे काल। वह अपने कमरे में वापस जाना चाहती थी, अपने बिस्तर पर जाकर बिस्तर के पास लगे लैम्प की मद्धिम रौशनी में किताब पढ़ना चाहती थी।

'वीरता की इन कहानियों का सम्बन्ध मध्यकालीन राजपूत नायकों से था, और यह राजस्थान की सांस्कृतिक विरासत का हिस्सा था', उस औरत ने अपनी बात पूरी की।

भोपा अपने साफ़े, चोगा और कमर में पेटी बाँधे उदास दिखाई दे रहा था। पारम्परिक आयोजन के इस भव्य आयोजन में अपनी प्रस्तुति देने के बाद वह थक गया था। वह थका हुआ, उदास दिखाई दे रहा था और रुद्राणी के दिल में उसके लिए करुणा उमड़ रही थी।

वक्ता ने उसको चिढ़ा दिया था। रुद्राणी इस नतीजे पर पहुँची कि वह जिस वर्ग से आती थी, जो सुविधाएँ उसको हासिल थीं, उसका आकर्षक रूप रंग और अमेरिकी ग्रीन कार्ड के कारण वह यह मानकर चलती थी कि बौद्धिक कहलाना उसका अधिकार हो।

उसने सूची में वक्ता का नाम देखा। 'गायत्री स्मिथ गाँधी। इतिहासकार और सांस्कृतिक नृतत्त्वशास्त्री।' रुद्राणी को बदहजमी महसूस हो रही थी। उसने कुछ देर पहले डोनट और कॉफ़ी लिया था उसका स्वाद उसके गले तक आ रहा था। कुछ कहने के लिए वह बेचैन थी और उसकी उँगलियाँ काँप रही थीं। लेकिन उसने अपने ऊपर क़ाबू किया। वह वापस घर जाने तक कुछ बोलना नहीं चाहती थी।

उसने स्ट्रॉबेरी के स्वाद वाली एक एंटासिड की गोली अपने बैग से निकाली, उसने मुँह में गोली रखी, अपने आपको शान्त किया और फिर वापस की यात्रा के लिए ऑटो की तलाश में निकल पड़ी।

रात में रोटी, सब्ज़ी का हल्का खाना खाया और फिर अपने सूटकेस में सही कार्ड की तलाश करने लगी जो उस समय के उसके मूड के मुताबिक़ हो। उसको एक कार्ड मिल गया जिसमें एक बिल्ली बैंगनी रंग के ऊन के गोले के साथ खेल रही थी जो उसको वह अपने मूड के मुताबिक़ लगा। बाद में, वह बिस्तर पर बैठकर चिट्ठी लिखने लगी। उसमें ज्ञान और गालियों का उचित अनुपात होना चाहिए था।

'अरी कुतिया', उसने अपने प्रिय सम्बोधन से चिट्ठी की शुरुआत की। 'तुम एक नक़लची लेखिका हो। तुम्हारी सोच औपनिवेशिक है। क्या तुमने कभी सोचा है कि तुम उन्हीं लोक कलाकारों और संगीतकारों के ऊपर निर्भर हो जिनके बारे में तुम अभी चटर--पटर बोल रही थी? पता नहीं वे तुम्हारे बारे में क्या सोचते होंगे। तुमको यह लग सकता है कि तुम बहुत बड़ी जानकार हो लेकिन तुमको कुछ पता नहीं है!'

अन्तिम पंक्ति से रुद्राणी ख़ास तौर पर प्रभावित हुई। वह आज कल की शब्दावली में लिखने की पूरी कोशिश करती रहती थी। उसने अंग्रेज़ी का नया शब्द वोक सीखा था और इस बात से बहुत ख़ुश थी।

वोक

क्रिया।

विशेषण– समाज में अन्याय के ख़िलाफ़ जाग्रत, ख़ासकर नस्लवाद के ख़िलाफ़।

'हम लोगों को गुस्से में बने रहना है और जाग्रत भी।'

वह यही थी। एक जाग्रत एकान्तजीवी। उसने कार्ड अपने बैग में रख लिया, और कुछ देर किताब पढ़ने के बाद सो गयी।

जयपुर। जनवरी। शुक्रवार

रुद्राणी जब जागी तो बहुत रहस्यमय तरीक़े से तरोताज़ा महसूस कर रही थी। उसके पैरों में दर्द नहीं हो रहा था और वह उम्मीद से भरी लग रही थी। उसने तय किया कि वह सारा दिन घूमेगी और उसने पुराने शहर में घूमने जाने का फ़ैसला किया, दिमाग़ में किसी ख़ास जगह जाने का ध्यान करके नहीं। वह संकेतों को देखते हुए अपना मुक़ाम तय करेगी।

भीड़ भरी पटरी पर एक आदमी पिंजरे में एक तोते को लिए पालथी मारे बैठा हुआ था। 'भूत, वर्तमान और भविष्य। कहा और अनकहा', उसके सामने लिखा हुआ था। वह नीचे झुककर तोते की घूरती आँखों को देखने लगा। उस आदमी ने भविष्य बाँचने के लिए 200 रुपये की माँग की। बात डेढ़ सौ पर तय हुई।

उसने कार्ड पसार दिये और रुद्राणी से कहा कि वह एक–एक करके उनको छुए, अपने दायें हाथ की अनामिका उँगली से, और किसी उँगली से नहीं।

'क्यों?' उसने पूछा।

'इस बात को कभी मत भूलिए माता जी कि आपका सौभाग्य कहाँ रहता है', उसने रुद्राणी से कहा।

पिंजरे के बाहर सुनहरे अक्षरों में 'तोता टैरो कार्ड' लिखा हुआ था। तोता लोहे के नीचे पिंजरे से बाहर निकला। वह बेपरवाही से टहलने लगा और फिर जाकर एक कार्ड के ऊपर बार–बार चोंच मारने लगा।

'यह सही कार्ड है तोता राजा?' उस आदमी ने पूछा। तोते ने अपने पंख फड़फड़ा दिये और तेज़ आवाज़ में बोला, और उसने उस कार्ड को उठा लिया जिसकी तरफ़ तोते ने इशारा किया था।

'आपका नाम अंग्रेज़ी के आर अक्षर से शुरू होता है', उसने घोषणा की। 'आपका नाम क्या है बहन?'

'मेरा नाम रुद्राणी है', उसने जवाब दिया।

'कई सालों से आप बहुत अकेली हैं और बहुत दुखी भी।'

वह क्या कह सकती थी?

तोते ने दूसरे कार्ड पर चोंच रखा। ज्योतिषी मोबाइल फ़ोन पर बातें करने लगा, बात करते हुए वह अपनी बाँह भी खुजाता जा रहा था।

'इस साल आपको ख़ुशी मिलेगी', उसने फ़ोन पर बात समाप्त करते हुए घोषणा की। 'बुरा समय बीत चुका है। अच्छा समय अब शुरू हुआ है। प्रसिद्धि, सौभाग्य और सफलता।'

तोता उसको देखने लगा।

'राम राम!' उसने अजीब–सी मर्दाना आवाज़ में कहा। 'शुभ शुभ' उसने फिर से आवाज़ लगाई। 'स्टे ब्लेस्ड!' तोते ने अंग्रेज़ी में कहा।

'स्टे ब्लेस्ड' तोते ने अमेरिकी लहजे में बोला था, एक महिला की आवाज़ में। उसके बाद तोता बोले जा रहा था– स्टे ब्लेस्ड! स्टे ब्लेस्ड! वह चुप ही नहीं हो रहा था।

'बस दो कार्ड। अब मेरी फ़ीस दे दीजिए', राम ने बड़ी विनम्रता से कहा।

उसके पैरों में दर्द हो रहा था। उसको ज़मीन पर इस तरह से उकड़ूँ बैठने की आदत नहीं थी। वह बूढ़ी, थकी हुई और पस्त

महसूस कर रही थी। उसने अपने दोनों बैग उठाये और फ़ेस्टिवल की ओर जाने के लिए अपने क़दम बढ़ा दिये।

गायत्री स्मिथ गाँधी, उम्र 52 साल, एकल, तलाक़शुदा, विश्व नागरिक। अकादमिक और उपन्यास लिखने की महत्त्वाकांक्षा। अदरक वाली गर्मागर्म चाय पीते हुए वह सुबह के आकाश को शानदार नीले रंग में बदलते हुए देख रही थी, नीम के पेड़ों से आती तोते की आवाज़ों को सुन रही थी, अपने बचपन को याद कर रही थी जो उसने भारत में सेना के अलग-अलग ठिकानों पर बिताये थे। हमेशा की तरह इस बात के ऊपर विचार कर रही थी कि उसका उपन्यास किस तरह का होगा। सवालों के घेरे में आकर कथानक और उपन्यास की संरचना चरमरा जाते थे। वह जानती थी फँस गयी थी और उससे लिखा नहीं जा रहा था।

वह हर साल घर ऐसे आती जैसे तीर्थयात्रा पर आयी हो और वह अपने आपको भारत और पश्चिम के आत्म के बीच में फँसी हुई पाती। गायत्री के पिता ब्रिगेडियर गाँधी कुछ साल से जयपुर में रहने लगे थे। वह वहाँ रह चुकी थी, वहाँ से उसने पढ़ाई की थी, ग्यारह से तेरह साल की आयु के बीच। वह कुछ हद तक अपने को जयपुरिया समझती थी। इस बार की यात्रा ने उसको कुछ दिया था, उसको यह महसूस करवाया था कि वह भारतीय जीवन के अराजक कोहराम का हिस्सा थी।

उसने यह योजना बनायी थी कि वह अपने उपन्यास की रूपरेखा के ऊपर काम करेगी। कुछ सम्मोहक अनुच्छेदों में उपन्यास के प्लॉट को लिखेगी। गायत्री अपने नोट्स पढ़ने लगी। 'उपन्यास का एक प्रमुख किरदार भारतीय मिथकों से लिया गया है। मृत्यु का देवता यम जो भाग्य का मालिक भी है और नौकर भी। मिथक से लिया गया दूसरा किरदार है उपन्यास में कामदेव, प्रेम के देवता।

उसको उसी तरह से दिखाया गया है जिस तरह से प्राचीन शास्त्रों में उसके बारे में बताया गया है, एक सुन्दर किशोर, जो अक्सर बिना किसी भेदभाव के काम के बाण छोड़ता रहता है।' उसने इन वाक्यों की मन–ही–मन प्रशंसा की, उसको इस बात से अपने ऊपर गर्व महसूस हुआ कि उसने कितनी आसानी से मिथकीय यथार्थ की अस्पष्टता को कितनी अच्छी तरह से समकालीन साँचे में ढाला था।

गायत्री डिग्गी पैलेस की मैदान में फ़ेस्टिवल की दिशा में चल पड़ी। भीड़ मशहूर हस्तियों के बुख़ार और अदब के जुनून में दिखाई दे रही थी। उसने शॉर्ट कट लिया, जिसको उसने मंच के पीछे से वक्ताओं के लाउंज में जाने के दौरान ढूँढ़ा था और वहाँ कमरे में किसी को ढूँढ़ने लगी जिसके साथ वह बैठ सके। एक प्रसिद्ध अफ़्रीकन–अमेरिकी लेखक, जिसका नाम बड़े समय से नोबेल पुरस्कार के लिए चल रहा था। वह बुरी तरह से छींक रहा था, और फ़ेस्टिवल आयोजन से जुड़ा एक वोलंटियर उसको टिश्यु का बॉक्स दे रहा था। रंगबिरंगी पगड़ी पहने एक राजस्थानी लेखक अपने प्रशंसकों से घिरा हुआ था। कुछ और जाने–अनजाने चेहरे थे। और फिर जैसे उसके दिल की धड़कन बन्द हो गयी, उसकी नज़र उसके ऊपर पड़ी, अपने पहले प्यार के ऊपर, वह उन तीन पुरुषों में पहला था जिन्होंने बारी–बारी से उसका दिल तोड़ा था।

सुमेध कुमार की निगाह उसके ऊपर नहीं पड़ी थी। वह लाल बालों वाली किसी महिला के साथ बातचीत में मशगूल था। गायत्री ने उसको पहचान लिया, वह उसकी दूसरी पत्नी थी। उसकी पहली पत्नी किसी ज़माने में रुद्राणी की सबसे अच्छी दोस्त थी, अनिता हुसैन जो समाजशास्त्री थी और बाद में यात्रा वृत्तान्त लिखने लगी। कुछ साल पहले इसने उसको छोड़ दिया था। जिस तरह से उसने उसको छोड़ दिया था।

दिल के अपने–अपने कारण होते हैं। उसने यह तय पाया कि उसके रास्ते में पड़ेगी ही नहीं, उससे आँखें नहीं मिलायेगी, ऐसे जतायेगी मानो उसने उसको पहचाना ही नहीं। अगले कुछ दिनों में

वे एक–दूसरे से टकराने ही वाले थे लेकिन उसने दूरी बनाये रखना ही सही समझा।

एक दुबली–सी महिला जिसके चेहरे पर निर्बाध शान्ति दिखाई दे रही थी उसके बगल में बैठी हुई थी। उसने बाँधनी का लम्बा–सा घाघरा पहन रखा था और ऊपर कढ़ाई वाली ऊनी चोली। उसकी कलाई पर गुदा हुआ था। उसकी आँखें बन्द थीं और वह धीरे–धीरे साँस ले रही थी। देखने से तो वह साफ़ अमेरिकी लग रही थी लेकिन वह पालथी मारे पद्मासन की मुद्रा में तनकर बैठी हुई थी, योग की बिल्कुल सही मुद्रा में।

उस औरत ने अपनी आँखें खोलीं और मुस्कुराने लगी। उसके चेहरे पर झुर्रियाँ थीं और आँखें यौवन से ऐसी भरपूर थीं जैसी गायत्री ने कभी नहीं देखी थीं। 'यहाँ करने के लिए माफ़ी', वह बोली। 'मैं अपने आपको एकाग्र करने की कोशिश कर रही थी। यह फ़ेस्टिवल जिसको मैं बहुत प्यार करती हूँ, कभी–कभी इसकी आभा आपको पूरी तरह से अपने वश में कर लेती है, आपको बहुत अधिक प्रभावित कर देती है। मुझे बहुत अधिक उत्तेजना महसूस हो रही है।'

'मैं एक अरसे के बाद भारत लौटी हूँ', वह बोले जा रही थी। 'शाश्वत भारत। यह बदला तो है लेकिन फिर भी नहीं बदला है। मेरे ख़याल से बाक़ी दूसरी चीज़ों की तरह। मेरा नाम है अन्ना वाइल्ड और मैं ध्यान क्रिया पर अपनी नयी किताब के साथ यहाँ आयी हूँ। किताब का नाम है *द थर्ड वे*। असल में तो यह पुरानी किताब है लेकिन एक तरह से इसका पुनर्जन्म हुआ है। वह और मेरा यात्रा वृत्तान्त *द इनर वे*, जो मैंने इस किताब से पहले लिखी थी।'

गायत्री अचानक भावुक हो गयी। अन्ना वाइल्ड। यह नाम उसको कुछ सुना हुआ लग रहा था। वह उन किताबों को जानती थी, उसने अन्ना वाइल्ड का नाम सुना था और यह भी जानती थी कि बीट कवियों के साथ उनका जुड़ाव रहा था– एलेन गिंसबर्ग के साथ। उसको हल्की–सी स्मृति इस बात की थी कि उसने कॉलेज के दिनों में *इनर आई* पढ़ी थी।

'आपसे मिलकर बहुत ख़ुशी हुई, बहुत सम्मानित महसूस कर रही हूँ! मेरा नाम है गायत्री स्मिथ गाँधी। पेशे से मैं ऐंथ्रोपोलोजिस्ट हूँ।'

आँखों के एक कोने से गायत्री ने देखा कि सुमेध कमरे से जा रहा था। उसकी पत्नी उसके साथ–साथ नहीं जा रही थी : वह लेखक लाउंज में ही बैठी रही, फ़ेस्टिवल से मिले झोले में कुछ ढूँढ़ रही थी, उसके बाद वह दूसरे दरवाज़े से बाहर निकल गयी।

'मैं यूनिवर्सिटी ऑफ़ कोलोराडो में धर्मशास्त्र पढ़ाती हूँ', अन्ना ने एकदम शुद्ध हिन्दी में कहा। 'मुझे लगता है कि तुम मुझे धर्म और कर्म दोनों से हिन्दू मान सकती हो। छह साल मैं बनारस में गंगा के किनारे रही, धर्मग्रन्थों को पढ़ती रही और अपने गुरु से सीखती रही। उसके बाद मैं अपने सपने से जागी और अपने देश वापस चली गयी।'

गायत्री ने पाया कि वह अन्ना को अपने उपन्यास के बारे में बताने लगी, उसके जटिल कथानक के बारे में, यम के आह्वान के बारे में, कामदेव के आह्वान के बारे में। उसने इस बारे में कभी किसी को बताया नहीं था और उसको ख़ुद भी इस बात पर हैरानी महसूस हो रही थी कि उसने कैसे सब कुछ बता दिया।

अन्ना ऐसे सिर हिला रही थी मानो वह उपन्यास के कथानक को पूरी तरह से समझ गयी हो। 'मुझे ख़ुशी हो रही है कि कोई मृत्यु के देवता को इतनी इज़्ज़त दे रहा है। इस संसार में बहुत सारे लोग उसके अस्तित्व को ही भूल गये हैं, वे तो यह भी नहीं जानते हैं कि वह हमारे जीवन पर राज करता है। जहाँ तक मेरी बात है तो मैं उनकी बाँहों में रही हूँ, उनकी सेवा में, अपने अघोर गुरु के साथ– काशी के घाट पर जलती चिताओं की राख के बीच!'

जैसे ही उसने इतना बड़ा खुलासा किया दो घटनाएँ घटित हुईं। एक कबूतर ऊपर की बालकनी से उड़ा और उसने गायत्री की बाँह पर बीट कर दी। और क़रीब उसी पल सुमेध कुमार को कमरे में चक्कर आया और बेहोश होकर गिर पड़ा।

गायत्री अपनी बाँह की बीट को साफ़ करने के लिए वाशरूम में जा सकती थी, लेकिन वह उस तरफ़ भागी जिस तरफ़ सुमेध कुमार बेहोश पड़ा हुआ था।

एक वोलंटियर किसी आदमी के साथ आया जो शायद डॉक्टर लग रहा था। वे उसको साथ लगे कमरे में लेकर गये जिसमें चारपाई और काउच लगा हुआ था। मुँहासे वाला वह लड़का सुमेध के मुँह पर पानी के छींटे मार रहा था, जबकि डॉक्टर नब्ज़ देख रहा था।

सुमेध कुमार की आँखें खुलीं। वह अपने आसपास देखे लगा, चारपाई (उसने ध्यान दिया कि उसके ऊपर आपस में जुड़े अनानास शैली में उसमें नक़्क़ाशी की गयी थी।) को देखा, डॉक्टर को, चिन्तित वोलंटियर को, और उसको। पहले तो उसको कुछ समझ नहीं आ रहा था, फिर वह ख़ुश हो गया।

'अरे गायत्री तुम यहाँ क्या कर रही हो?' जब उसने पूछा तो उसकी आवाज़ में हैरानी भी थी और आश्वस्ति का भाव भी।

उस समय वह वह नहीं रह गयी थी जो वह थी, बल्कि वह वह बन गयी थी जो वह कभी थी। उसको उस लड़के ने कुछ टिश्यु पेपर दिये जिससे उसने अपनी बाँह से कबूतर की बीट पोंछी, और थोड़ी बहुत जो गन्दगी रह गयी थी उसको धोने के लिए वह वाशरूम में चली गयी। ऐसा लग रहा था जैसे उसके शरीर में ख़ून का बहाव तेज़ हो गया था, वह तरोताज़ा हो गया हो, उन कुछ शब्दों से ही जैसे ठुकराए, जाने का जो गुबार मन में भरा हुआ था वह बह गया था। उसने अपनी लिपस्टिक ठीक की और अपने बालों को सहेजा।

तब तक उसकी लाल बालों वाली पत्नी आ गयी। वह बेचैन तो लग रही थी लेकिन उसको कोई हैरानी नहीं हुई। 'इनको पहले भी ऐसे हो चुका है', उसने डॉक्टर को बताया। 'मेरे फ़ोन में इसका प्रेसक्रिप्शन इसका मेडिकल रेकार्ड सब कुछ है। आप अपना नम्बर दीजिए आपको व्हाट्सऐप कर दूँगी।'

'यह अब ठीक हैं', उसने डॉक्टर को व्हाट्सऐप पर आँकड़े भेजते हुए कहा।

'ठीक हो न डार्लिंग?' उसने दाँत निकालकर मुस्कुराते हुए सुमेध से पूछा

'हाँ मैं ठीक हूँ कार्मेन', सुमेध कुमार ने भी जवाब दिया।

गायत्री की निगाह उसकी पत्नी के दाँतों पर ठहर गयी, वे कितने बड़े थे, और कितने पीले, उसने दाँतों के बारे में नहीं सोचने की कोशिश की, वह अपने आप से ऐसे जता रही थी मानो उसने उन दाँतों को देखा भी नहीं हो।

कार्मेन देखते–देखते काग़ज़ात लेकर आ गयी। 'कितनी अच्छी बात है कि हम लोग इस जगह से पास ही ठहरे हुए हैं', वह बोली। 'पिको अय्यर सामने वाले लॉन में बोल रहे हैं– एंजेला ने मेरे लिए एक सीट रखी हुई है' वह तेज़ी से भागी, यह जताते हुए कि साहित्य उसके लिए कितना मायने रखता था।

कार्मेन कुमार ने जो मेडिकल फ़ाइल दी थी डॉक्टर अभी भी उसको ध्यान से देख रहा था। उसने एक बार हम्म बोला, और कुछ देर के बाद फिर से हम्म ऐसे बोला मानो कुछ गम्भीर बात हो। वह गायत्री की तरफ़ ऐसे मुड़ा मानो वही सुमेध की पत्नी हो।

'इनको इस तरह से छोड़ने में मैं सहज महसूस नहीं कर पा रहा', डॉक्टर ने आगे कहा। 'इनको फ़ेस्टिवल के अस्पताल में निगरानी में रखे जाने की ज़रूरत है। अस्पताल पास में ही है, वहाँ हम लोगों ने अपने मेहमानों के लिए कुछ कमरे आरक्षित किये हुए हैं।'

व्हीलचेयर मँगवाई गयी, और फिर डॉक्टर, सुमेध कुमार, गायत्री स्मिथ गाँधी और वह युवा वोलंटियर, जिसका नाम विक्रान्त था, भीड़ को चीरते हुए निकल रहे थे जो बॉलीवुड के एक बिगड़ैल हीरो को सुनने के लिए जुटे हुए थे जिसने हाल में ही राज़ फ़ाश करने वाली कोई किताब लिखी थी।

उन लोगों को एम्बुलेंस में ले जाया गया जिसमें मोगरे और गुलाब की ख़ुशबू भरी हुई थी। अस्पताल पास में ही था, उसमें नीली फ्लोरेसेंट लाइट जल रही थी, जिससे वहाँ आसपास देखकर ऐसा लग रहा था मानो उनका एक्स–रे किया जा रहा हो।

सुमेध कुमार ने गायत्री की बाँह को थपथपा दिया, बहुत धीरे–धीरे, ध्यानमग्न। उसकी उँगलियों के पोरों के बाल सफ़ेद हो गये थे। गायत्री ने अपनी बाँह को वैक्स करवा रखा था, पन्द्रह दिन पहले ही, लेकिन कुछ बाल उग आये थे जो उसकी छुअन में आ रहे थे।

उसको रूम नम्बर 1088 में रखा गया था, उसमें भी वही हल्की नीली रौशनी थी, सिवाय पीली रौशनी की एक पीली–सी रेखा के जो बिस्तर के पास से उठ रही थी।

चूँकि अस्पताल में उनको ओबज़र्वेशन पर रखा गया था इसलिए उन लोगों को वहाँ अपने हाल पर छोड़ दिया गया, सिवाय इसके कि बीच–बीच में एक व्यस्त नर्स आ–जा रही थी, जो आती थी और सुमेध का तापमान नाप लेती थी और फिर बिस्तर से लगे ड्रिप के साथ कुछ करने लगती थी। उसने चिन्ता जताते हुए उससे पूछा कि वह कैसा महसूस कर रहा था, और उसकी गर्दन के इर्द–गिर्द एक बड़ा–सा तौलिया लपेट दिया। खाने की ट्रे आ गयी जिसमें साम्भर था, उबली हुई सब्ज़ियाँ और दही।

गायत्री और सुमेध उस नीली रौशनी में एक–दूसरे को देख रहे थे, जिसको बीच–बीच में पीली रौशनी खण्डित कर रही थी। ऐसा लग रहा था जैसे वह इस हालात से हैरान लग रहा था, वह बीच–बीच में उसकी तरफ़ देखकर ऐसे आँख मार रहा था मानो वह उसके षड्यन्त्र में भागीदार हो। कुछ देर के लिए वह सो गया, और वह उसको देखे जा रही थी, उसके अन्दर वह जानी पहचानी कोमलता फिर से उभर रही थी।

वह जैसे अचानक जागा। 'मुझे कार्मेन को यह बता देना चाहिए कि मैं यहीं हूँ', उसने कहा और अपने फ़ोन से एक मैसेज कर दिया, या व्हाट्सऐप से भेजा होगा, जो भी हो, यह बताने के लिए कि वह किस जगह पर था।

दोनों ने एक–दूसरे को देखा और मुस्कुराने लगे। उसके दिमाग़ ने जैसे काम करना बन्द कर दिया था, उस दिमाग़ ने जिसको

तिथिवार घटनाएँ याद रहती थीं। यह वर्तमान था, लेकिन यही अतीत भी था। लग रहा था उनको इसी तरह के हालात में मिलना था।

'चलो यहाँ से निकल चलते हैं', वह फुसफुसाया। आँखों में अजीब से भाव लिए उसने कहा। 'इस नीली रौशनी को अब और सहन नहीं कर सकता। यह मुझे पागल कर देगी।'

वह उसको बाहर का रास्ता दिखाते हुए आगे–आगे चलने लगी, आते समय उसने रास्ते को अच्छी तरह याद कर लिया था, वह उसको फायर वाले दरवाज़े से नीचे लेकर जा रही थी। 'लिफ्ट से नहीं जायेंगे', वह बोला। 'नहीं तो वे हमें जाने नहीं देंगे।'

रूम नम्बर 1088 बिना किसी वजह के तीसरी मंज़िल पर था। वे बाहर एक लॉबी में निकल कर आये, जहाँ राजस्थानी साफ़े में एक आदमी को स्ट्रेचर से अन्दर लाया जा रहा था। उसका चेहरा सफ़ेद पड़ गया था, उसके ऊपर सफ़ेद चादर पड़ी हुई थी, उसके ऊपर ख़ून के धब्बे दिखाई दे रहे थे। वह लोक गायक मोहन भोपा था, और उसकी पत्नी भोपी, इसको क्या हुआ? उन लोगों ने उसको पहचाना नहीं, उसको यह ध्यान नहीं आया कि एक ही दिन पहले गायत्री ने मंच पर उनका परिचय करवाया था।

लेकिन उसकी पत्नी ने पहचान लिया। भोपा स्ट्रेचर पर था और भोपी रोये जा रही थी। उसने हाथ आगे बढ़ाते हुए गायत्री से कुछ राजस्थानी भाषा में कहा।

यह सही समय नहीं था, सही जगह नहीं थी। गायत्री ने अपनी कश्मीरी शॉल अपने चेहरे के इर्द–गिर्द लपेट ली और ऐसे जताने लगी मानो उसने उन लोगों को देखा ही नहीं।

सुमेध कुमार ने उसको रुकने नहीं दिया। वह उसको खींचता हुआ बाहर की तरफ़ पोर्च में ले आया और फिर वे मेन रोड पर आ गये थे जहाँ उनके चारों ओर ट्रैफ़िक का ऐसा शोर था जैसे रात्रिकालीन जानवरों का झुण्ड गुस्से में शोर मचा रहा हो, जैसे अँधेरे की सेना आगे बढ़ रही हो।

'चलो तुम्हारे होटल चलते हैं', उसने फुसफुसाते हुए कहा। उसके बाद उसने गायत्री के कान चूम लिए, उसकी जीभ गायत्री के कान की दरारों की टोह लेने लगी, हीरे के उसके बुन्दे के पास थूक की एक लकीर छोड़ गयी। उसको जैसे यक़ीन नहीं हो रहा था लेकिन अच्छा भी लग रहा था। कुछ चीज़ें पहले से नियत होती हैं, उनको होना ही होता है।

वे एक ऑटो रिक्शा में सवार होकर होटल पद्मिनी निवास के विशाल गेट के बाहर आकर रुक गये। एक मोर ने ज़ोर से आवाज़ लगाई। ट्रैफ़िक के शोर के बीच, उस हल्के अँधेरे में वह अपने आपको उसके बहुत क़रीब महसूस कर रही थी।

उसने रिसेप्शन से चाभी ली जबकि सुमेध बाहर बगीचे में इन्तज़ार कर रहा था, और फिर वे पुराने ज़माने के प्रेमियों की तरह छिपते–छिपाते कमरे में दाख़िल हुए।

सुमेध ने पानी की एक बोतल उठाया और पीने लगा, उसके बाद बिस्तर पर लेटकर उसने आँखें मूँद लीं। वह सागवान की नक़्क़ाशीदार कुर्सी पर बैठकर सुमेध के बारे में सोचती रही। सुमेध की आँखें बन्द थीं, लेकिन वह मुस्कुरा रहा था। उस मुस्कुराहट को वह पहचानती थी, जो उसको याद थी, जब वह अपने होंठों को गोल करके हँसता था तो उसके चेहरे पर हँसी से लकीरें पड़ जाती थीं, अब तो पहले से बहुत ज़्यादा पड़ रही थीं। बाहर मोर के चीख़ने की आवाज़ें आ रही थीं, और एक उल्लू बोल रहा था, जबकि अभी उतनी रात नहीं हुई थी कि उल्लू बोले। समय क्या हुआ था?

उसके बाद वह उसके बगल में लेट गयी, उनके शरीर एक–दूसरे से स्वाभाविक रूप से मिल रहे थे, पहले की तरह।

सुमेध को नींद आ रही थी लेकिन गायत्री को नहीं। वह रात में ज़्यादातर जगी रही, सुमेध के साँसों की आवाज़ सुनती रही। जब भोर फूटी, और लापरवाही से लगाये गये पर्दे के पीछे से सुबह की रौशनी कमरे में झाँकने लगी तो उसने गायत्री को चूम लिया, बड़े प्यार से, बहुत धीरे–से, और वह वापस सो गया।

आख़िरकार गायत्री को भी नींद आ गयी। सपने में उसने लोक गायक भोपा को देखा, उसके गाने सुनती रही। जब वह जागी तो सुमेध जा चुका था। उसने जाते समय उसको जगाया नहीं था, वह उसके जीवन से फिर से उसी तरह ग़ायब हो गया था जिस तरह वह सालों पहले हुआ था, उस औरत के पास लौट गया जिसके दाँत बड़े और पीले थे।

गायत्री सुबह की कॉफ़ी का प्याला पीती रही। बाहर मोर बोल रहे थे। आकाश बहुत नीला था। शायद यह सब सपना था, ऐसा सपना जो कुछ–कुछ दुःस्वप्न जैसा था। उसको कुछ समय अपने साथ बिताने की ज़रूरत थी, इसको समझने के लिए, इस बात को समझने के लिए, इस बारे में सोचने के लिए आगे यह क्या हो सकता था।

उसी समय उसके लैंडलाइन पर फ़ोन आया, फ़ेस्टिवल वालों का फोन। दूसरी तरफ़ प्रोग्राम डायरेक्टर की आवाज़ थी।

भोपा का देहान्त हो गया था। सड़क पार करते समय उसको एक ऑटोरिक्शा ने टक्कर मार दी थी, उसको अस्पताल ले जाया गया, जहाँ अन्दरूनी घाव से उसका देहान्त हो गया।

वे लोग उसके लिए एक विशेष शोक सभा का आयोजन कर रहे थे, सुबह में संगीत के साथ। वे उसके आयोजन का वीडियो क्लिप दिखाने वाले थे जो दो दिन पहले का ही था, जिसमें गायत्री स्मिथ गाँधी उसके साथ बातचीत कर रही थी। दर्शकों से उसकी याद में दो मिनट का मौन रखने के लिए कहा जाने वाला था।

क्या वह लोक गायक को श्रद्धांजलि देना चाहेगी? उसकी स्मृति में कुछ शब्द?

उसको बहुत पश्चात्ताप हो रहा था। जिस समय वे लोग उसको लेकर अस्पताल गये थे, वह उस समय वहीं थी। उसकी पत्नी ने उसको देखकर इशारा भी किया था। गायत्री ने क़दम पीछे खींच

लिए थे, अपने सिर को शॉल से ढँक लिया था। ऐसे जताते हुए मानो उसने उसको देखा ही न हो।

'इस बारे में मुझे सोचने का मौक़ा दीजिए', वह बोली। 'आज मुझे बहुत बुख़ार जैसा लग रहा है। अगर अच्छा महसूस हुआ तो मैं ज़रूर आऊँगी।'

उसके जैसे लोगों के लिए विशेष नरक होता होगा। जब भोपा की पत्नी ने मदद माँगी तो वह उसकी मदद के लिए आगे बढ़ सकती थी, वापस जाकर यह देख सकती थी कि उनको किसी चीज़ की ज़रूरत तो नहीं थी। अब अफ़सोस करने से कुछ नहीं होने वाला था, अनहोनी हो चुकी थी, अब कुछ नहीं किया जा सकता था।

मन–ही–मन वह एक बार फिर से युवा लड़की बन चुकी थी, जब अपने माता–पिता के साथ इसी जयपुर में रहती थी। वह गर्मी की एक चिपचिपाती दोपहर थी उसकी दोस्त उसके साथ दोपहर बिताने के लिए आयी थी। वे अन्दर कोई ऐसी जगह तलाश कर रहे थे जहाँ वे बॉल खेल सकें। उसने हाथ बढ़ाकर दीवार पर टँगे सजावटी पर्दे को हटाया। उसके ऊपर केसरिया घोड़े पर सवार पगड़ी वाले नायक की तस्वीर बनी हुई थी, घूँघट वाली स्त्रियों का जुलूस, बहुत–सी प्यारी गाएँ थीं, एक शेर, एक ऊँट, और एक चिड़िया।

खेल–खेल में बॉल, पर्दे, टेबल और फूलदान के साथ न जाने क्या हुआ कि शीशे के चटखने की ज़ोरदार आवाज़ हुई और पूरे फ़र्श पर काँच के टुकड़े, पानी, फूल फैल गये। चौकीदार ने गिरने की आवाज़ सुनी और वह देखने के लिए अन्दर आया कि क्या हुआ था। सबसे पहले उसने नीचे झुकते हुए उस सजावटी पर्दे को उठाया और उसको एक ऊँची मेज़ पर रख दिया।

चौकीदार ने पगड़ी बाँध रखी थी और उसकी मूँछें बहुत कँटीली थीं। वह अपने घुटनों के बल झुककर उनसे बड़े प्यार से बात करने लगा। 'बाईसा, आपको ऐसा नहीं करना चाहिए। पाबूजी देवता हैं और फड़ मन्दिर। अगर इनका सम्मान नहीं किया तो आपके साथ अशुभ हो जायेगा।'

उस दोपहर को वह दशकों से भूली हुई थी। उसको उस दोपहर की स्मृति ऐसे आयी मानो कल की ही बात हो– पश्चात्ताप, पवित्र स्थान का आदर न कर पाने का पश्चात्ताप।

नहीं, वह मंच पर जाकर श्रद्धांजलि नहीं दे पायेगी। ऐसे अशोभन बर्ताव के बाद तो बिल्कुल ही नहीं। क्या पता भोपा की पत्नी भोपी भी वहीं हो? वह किस तरह से उसका सामना कर पायेगी?

भोपा के निधन की ख़बर स्थानीय अख़बारों में आयी थी, राजस्थान पत्रिका में, हिन्दुस्तान टाइम्स में भी। 'एक परम्परा का अन्त' यही शीर्षक था समाचार का। उसका अन्तिम संस्कार बीकानेर के पास उसके गाँव में किया जाना था।

उसकी पत्नी भी गाँव जा चुकी होगी। शायद यह उसका कर्तव्य था कि वह मंच पर जाये और अपनी भूल सुधार करे, उसके लिए कुछ बोले, और भोपी के लिए, और उस पवित्र सजावटी पर्दे के बारे में जो उसको बचपन के दिनों से याद था।

उसने अपने आपको सँभाला और अपने लैपटोप पर बैठकर श्रद्धांजलि को अन्तिम रूप देने लग गयी। कहने को कितना कुछ था और कहने के लिए कितना कम समय बाक़ी था।

'मदन भोपा पाबूजी की कथा सुनाने वाले वाचकों की परम्परा की आख़िरी कड़ी थे। उनका इस संसार से जाना मानो रूपक है एक शानदार मौखिक परम्परा के अन्त का जिसके वे प्रतीक थे। भले उनको इंटरनेट पर एक अनपढ़ गडेरिया बताया गया हो लेकिन उनकी शिक्षा चार साल की उम्र में ही शुरू हो गयी थी जब उनके पिता ने उनको महाकाव्य याद करवाना शुरू किया। और देखते–देखते लगभग 600 पन्नों का महाकाव्य उनको याद हो गया। फड़ का पर्दा चलते–फिरते मन्दिर की तरह होता है, जिसमें लोक नायक पाबूजी की कथा के चित्र बनाये गये होते हैं। उनकी कहानी बीकानेर के आसपास के गाँवों में चौदहवीं शताब्दी में शुरू हुई, घुमन्तू चरवाहों के समुदाय में। वे अपने देवता और उनके मन्दिर को पर्दे के रूप में मोड़कर अपने साथ रखते थे। जब रेगिस्तान में सूरज

डूबता और बंजारों का परिवार अपने–अपने तम्बुओं में चले जाते, रात में विशेष अवसरों पर पारम्परिक कथावाचक भोपा और उसकी पत्नी पीछे वह पर्दा टाँग देती और वह पाबूजी की कथा बाँचने लगता। मदन भोपा माहिर और बहुमुखी प्रतिभा के कलाकार थे और कथावाचक भी। उनकी पत्नी मिसरा देवी भी एक भाट की बेटी थीं। उसको उसके पति और ससुर ने फड़ वाचक के रूप में तैयार किया। मैं दोनों को सलाम करती हूँ, और राजस्थान की वीरता की परम्परा को, जहाँ मुझे बचपन में कुछ साल बिताने का मौक़ा मिला था।'

वह समझ गयी कि इतना ही काफ़ी था, उसको अब और कुछ कहने की ज़रूरत नहीं थी। जिस तरह का शोक वह महसूस कर रही थी उसको शब्दों में बयान नहीं किया जा सकता था। वह फ़ेस्टिवल में गयी और उसने उस श्रद्धांजलि को पढ़ दिया जो उसने लिखा था। जयपुर के अनेक स्थानीय लोग आये थे, और राजस्थान के आसपास के इलाक़ों से आये हुए लोग, सब दर्शक दीर्घा में बैठे थे, वे इस बात को समझ रहे थे कि वे जिस तरह की सामूहिक क्षति का अनुभव कर रहे थे उसको अंग्रेज़ी में कहे उसके थोड़े से शब्दों से नहीं पाटा जा सकता था। दूसरे लोग भी दुखी थे, वह देख पा रही थी कि वे दुखी थे, लेकिन उनकी ज़िन्दगियों के बीच की दूरी इतनी अधिक थी कि वे इस बात को समझ नहीं सकते थे कि भोपा किन चीज़ों के लिए खड़ा था, वह किन चीज़ों की नुमाइन्दगी करता था।

इसके बाद गायत्री अपने होटल लौट आयी। उसने फ़ैसला किया कि वह उस पैनल डिस्कशन में हिस्सा लेने के लिए नहीं जायेगी जो दोपहर में होने वाली थी और जिसमें बहुत सारे वक्ता थे, और इसमें शामिल न हो पाने के लिए उसने माफ़ी माँग ली। उसने अपने कमरे से एक और ईमेल लिखा। 'मुझे बहुत तेज़ बुख़ार है–(जब वह भारत में पढ़ाई कर रही थी तो उन दिनों यह उसका सबसे आम बहाना होता था)– मैंने एक डॉक्टर को दिखाया था और उसने मुझे पूरी तरह से आराम करने के लिए कहा है। मैं अपने स्वास्थ्य का हाल बाद में फिर बताऊँगी। आशा है आप समझ गये होंगे।'

उस दोपहर उसने अपने उपन्यास पर फिर से काम करना शुरू किया, उसने पहले उपन्यास की जो शुरुआत की थी उसको डिलीट करने के बजाय उसको ठीकठाक करना शुरू किया। अब इसमें एक स्त्री को दिखाया गया जिसकी भेंट अपने पुराने प्रेमी से होती है, और उसको पता चलता है कि वह थोड़ा बीमार है। वह उससे कहता है कि वह अभी भी उससे प्यार करता है। यह बात बहुत भावुकता भरी लगती है, और फिर उसने उसको भी हटा दिया। शायद मेरे अन्दर उपन्यास लिखने की कूवत ही नहीं है, उसने मन–ही–मन कहा, वैसे भी ज़िन्दगी उपन्यास से अधिक अजीब है।

किसी ने उसके कमरे के दरवाज़े के नीचे से एक चिट्ठी सरका दी। उसने उत्सुकतावश उस चिट्ठी को उठा लिया। क्या पता सुमेध ने प्रेम–पत्र भेजा हो, या इस तरह से चुपचाप चले जाने के लिए शायद माफ़ीनामा लिखा हो।

चिट्ठी उसी को सम्बोधित थी, तिरछे अक्षरों में हाथ से लिखी गयी चिट्ठी थी। उसके ऊपर एक बिल्ली का चित्र बना हुआ था जो ऊन के गोले के साथ खेल रही थी। अन्दर, बैंगनी स्याही में वही लिखावट।

'कुतिया', उसमें लिखा था। 'नक़लची लेखिका। कितने औपनिवेशिक तरीक़े से तुमने दूसरों की संस्कृति को हथियाने की कोशिश की। क्या तुमको इस बात का अन्दाज़ा भी है कि तुम जिन लोक कलाकारों और संगीतकारों के बारे में इतना बढ़–चढ़ कर बोलती हो तुम असल में उनके ऊपर निर्भर हो? पता नहीं वे तुम्हारे बारे में क्या सोचते होंगे। तुमको ऐसा लग सकता है कि तुमको सब कुछ पता है, लेकिन असल में तुमको इस बारे में कुछ भी नहीं पता!'

नीचे किसी के हस्ताक्षर नहीं थे। उसको इस बारे में कुछ भी नहीं पता था कि उसको दरवाज़े के नीचे कौन सरका गया था। कोई और दिन रहा होता तो वह सदमे में पड़ गयी होती लेकिन आज वह टूट गयी। वह सोफ़े पर लेटकर रोने लगी, अपने लिए,

बहुत सारी बातों के लिए, याद आयी और भुलाई बहुत सारी बातों के लिए या जो हो सकता था उसके लिए।

रुद्राणी राणा अपने कमरे में सबवे का सैंडविच खा रही थी, और उस दिन के बारे में सोच रही थी। उसको उर्दू शायरी का सत्र बहुत अच्छा लगा था। वह हिन्दी लेखकों के मामले में तो ऊँची नाक रखती थी लेकिन उर्दू के बारे में नहीं, उसमें जावेद अख़्तर थे, चाहे जो कहा जाये वह बहुत ज्ञानी आदमी हैं। उन्होंने कौन–सी कविता सुनायी थी? 'समय किसी चिड़िया जैसा है जो उड़ती रहती है।'

नहीं, उसने मन–ही–मन कहा, समय किसी ट्रेन जैसा होता है, जो रुकती है और आगे बढ़ जाती है, और कई बार पटरी से भी उतर जाती है।

रुद्राणी ने निज़ामुद्दीन ईस्ट से जयपुर के लिए ट्रेन ली थी। फ़ेस्टिवल के ख़त्म होने के बाद भी वह उसी ट्रेन से वापस जायेगी। उसने होमस्टे बुक किया था जो किफ़ायती लेकिन आरामदेह था। जिन दो बहनों ने उसको अपने घर का अतिरिक्त कमरा रहने के लिए दिया था वे उसको सम्मान से देख रही थीं, और दोनों उसको प्रोफ़ेसर साहिबा कह कर बुलाती थीं। उसको अच्छा लगता था।

रेलगाड़ियों को लेकर वह कोई राय नहीं बना पाती थी और असमंजस में रहती थी। उसको ट्रेन में सफ़र करना अच्छा लगता था लेकिन ट्रेन से वह आशंकित भी रहती थी, सहमी हुई सी। वह उस देहरादून एक्सप्रेस को कभी नहीं भूली जिसमें उसने 11 साल की उम्र में पहली बार देहरादून से दिल्ली का सफ़र किया था। उसको बाथरूम से बहुत डर लगता था, अँधेरे ट्रेन में अँधेरा–सा एक गड्ढा, जिसको देखकर उसको डर लग रहा था कि वह कहीं उसमें गिर न जाये, उसको लगता था कि सुरंग जैसा यह गड्ढा उसको निगल जायेगा।

उसको उस बात से बहुत डर लगता था, बहुत सारे अनजाने डर की तरह।

देहरादून से जाने वाली वह ट्रेन एक लम्बी सुरंग से होकर गुज़रती थी। ग्यारह साल की आयु में अपनी पहली ट्रेन यात्रा में उसको बहुत डर लग रहा था, उसको लग रहा था जैसे यह अँधेरा उसको निगल लेगा। उसने अपनी माँ से चिपकने की कोशिश की, लेकिन वह काफ़ी नहीं था, इससे उसको कभी भी सुकून नहीं मिला।

उसने डर के मारे अपनी माँ का हाथ थाम रखा था। माँ उसको बेसब्री में चिकोटी काट रही थी, उसको परे हटा रही थी, और माँ की मज़बूत सख़्त उँगलियों के डर ने बाहर के डर को ख़त्म कर दिया।

उसको एक के बाद एक स्टेशन का रोमांच हो आया, चाय वालों का आना, लाल क़मीज़ वाले कुलियों को देखना, प्लेटफ़ॉर्म पर जुटे परिवारों की धुँधली छवि, ट्रेन चलने पर हाथ हिलाते हुए, जब ट्रेन की सीटी बजती तो उसको अपने कान में बिगुल की आवाज़ जैसा महसूस होता था। और इस तरह से वह अँधेरे सुरंग के ख़ौफ़ से निकल पायी, लेकिन पूरी तरह से नहीं, हमेशा के लिए नहीं।

रुद्राणी को लिट्रेचर फ़ेस्टिवल में भी ट्रेन के सफ़र जैसा आनन्द आता था, चारों तरफ़ मार–तमाम लोग, और वह अकेली, मगर उस भीड़ में अकेली भी नहीं।

उसको आज भी बहुत अच्छी तरह से याद है जब उसने पहली चिट्ठी लिखी थी, इस तरह की गुमनाम चिट्ठी। जिसको वह सच्चाई की चिट्ठी कहती थी। यह चिट्ठी उसने उस आदमी की पत्नी को लिखी थी जो उसको परेशान किया करता था, और उसकी माँ को भी परेशान करता था। उस बदमाश आदमी के बारे में दुनिया यह समझती थी कि वह बहुत अच्छा आदमी था, जो स्कूल की असेम्बली में बहुत आला दर्जे का दिखता था, सबको यह बताता कि क्या करना चाहिए और क्या नहीं करना चाहिए, मानो वह छात्रों से अधिक जानता हो, स्कूल में पढ़ने वाले बच्चों से, जो उसके सामने

कतार लगाये खड़े होते थे, हवादार प्रांगण में, क्लास शुरू होने के इन्तज़ार में।

'प्रिय मैम, क्या आपको लगता है कि आपके आदरणीय पति बहुत अच्छे इन्सान हैं? नहीं वह बूढ़ा एक हरामी क़िस्म का इन्सान है, और वह बेचारे मासूमों को परेशान करता है। उसको इस चिट्ठी के बारे में बताइये और कहिए कि ऐसा करना बन्द करे। नहीं तो स्कूल में सभी टीचर्स के पास यह चिट्ठी पहुँच जायेगी।'

और उसने पर्दाफ़ाश वाली वह चिट्ठी सभी टीचर्स को भेज दी, जबकि उसको इस बात का डर भी था कि उनमें से कुछ टीचर्स उसकी राइटिंग को पहचान सकते थे। उसने अपनी लिखावट को दूसरी दिशा में झुकाने की कोशिश की, जिससे कि उनको उसकी लिखावट समझ में न आये, और उनका ध्यान भटकाने के लिए उसने बहुत सारे अक्षर कैपिटल में लिखे थे। अन्दर ही अन्दर वह इस बात से बेपरवाह भी थी कि अगर किसी को पता चल गया तो क्या होगा।

'यह चिट्ठी आप लोगों को यह बताने के लिए है कि आप लोगों को किस तरह से एक हरामी बेवक़ूफ़ बना रहा है जिसके बारे में आप लोगों को ऐसा लगता है कि वह सच्चा और नेक इन्सान है। उसके मुँह से बास आती है और वह अन्दर से भी सड़ा हुआ है। स्कूल को उसको काम से निकाल देना चाहिए। अगर अगली बार वह आप लोगों को दिख जाये तो उसके ऊपर थूक दीजियेगा। हालाँकि दुनिया भर का थूक उसके ऊपर फेंक भी दिया जाये तो भी उसकी घिनौनी हरक़तों और पापों को साफ़ नहीं किया जा सकता। रोकिये उसको।'

उसकी चिट्ठियों के ऊपर किसी ने भी ध्यान नहीं दिया, लेकिन उनको लिखने और भेजने के कारण रुद्राणी का हौसला बहुत बढ़ गया। एक बार स्कूल की असेम्बली के दौरान उसने उसके ऊपर थूक फेंक दिया था, और फिर उसी के बाद उसकी माँ ने दिल्ली जाने

का फ़ैसला किया और वे हमेशा के लिए देहरादून छोड़कर चले गये। क़रोल बाग में उसको राजपुर रोड की मस्तियों की याद आती थी, और ग़ाज़ियाबाद भी कुछ ख़ास अच्छा नहीं था।

रुद्राणी राणा ने पर्दाफ़ाश करने वाले ख़त लिखना जारी रखा। यह उसका शौक़ था, उसकी कला, उसका प्रोजेक्ट, उसकी परियोजना। इस मामले में वह निष्पक्ष थी और न्यायपूर्ण भी, वह किसी को भी नहीं छोड़ती थी। सिवाय स्टेला मर्क के। लिखने के बाद उसने चिट्ठी फाड़ दी थी, और फिर दूसरी चिट्ठी नहीं लिखी।

ज़ोया मनकोटिया के ऊपर उसकी गुमनाम चिट्ठी का गहरा असर पड़ा, जबकि उसने पूरी कोशिश की कि उससे प्रभावित न हो, वह उससे हैरान भी थी। वह इन सबकी आदी थी, पितृसत्ता के मारे ट्रोल उसको लगातार गालियाँ देते रहते थे, वह भी जवाबी हमला करती थी। लेकिन उसको यह बात समझ में नहीं आ रही थी कि एक बैंगनी लिफ़ाफ़ा जिसके ऊपर बड़ी प्यारी–सी बिल्ली की तस्वीर बनी हुई थी, उसको खोलते ही उसको कुतिया शब्द क्यों दिखाई दिया।

किसने लिखा होगा? तिरछी लिखावट में लिखकर किसने उसको यह सन्देश दिया होगा? पता नहीं वह आदमी है या औरत लेकिन उसको उससे इतनी नफ़रत क्यों है? उसको इस बात का पता कैसे चला कि वह अपनी पत्नी के साथ बेवफ़ाई कर रही थी?

ज़ोया मनकोटिया उन दिनों स्त्री संगठन और स्त्रियों के आन्दोलन के बारे में एक किताब के ऊपर काम कर रही थी। उसको इस बात से तकलीफ़ थी, जैसा कि सोनाली सेन को लगा था कि यह चिट्ठी किसी महिला ने ही लिखी थी। हालाँकि इस बात से भी उसको कोई ख़ास ख़ुशी नहीं हुई होती अगर इस चिट्ठी को लिखने

वाला कोई पुरुष, कोई ट्रांसजेंडर या रेंबो पहचान वाले समुदायों का कोई हुआ होता।

अनिर्बन एम से ज़ोया की मुलाक़ात एक सामान्य दोस्त ने करवायी थी। 'यह 'फेसेज़ ऑफ़ द फ़ेस्टिवल' की एक सीरीज़ पर काम कर रहा है', उसने मेल में लिखा था, उसी मेल में उसने उस ग्राफ़िक कलाकार के साथ उसको जोड़ा था।

अनिर्बन एम ने ध्यान दिया कि ज़ोया मनकोटिया आकर्षक थी, उसका चेहरा कुछ अलग–सा था, और वह उससे आकर्षित हो गया था। उसके लहराते खिचड़ी बालों की रंगत तरल पत्थर जैसी थी, ज्वालामुखी से निकलने वाले तरल पत्थर जैसी, शायद, ग्रेनाइट या जेस्पर जैसी। जब उसने उसके बोलते चेहरे और उसके हावभाव को देखा तो उसने पाया कि वह जेस्पर जैसी थी।

'मैं बहुत अधिक परेशान हूँ', उसने आह भरते हुए कहा। 'हमारी दुनिया में इतनी अधिक नफ़रत है, एक दूसरे को नुक़सान पहुँचाने का भाव इतना अधिक है। ऐसे में इस बात पर यक़ीन कर पाना मुश्किल हो जाता है कि हम इस धरती पर रहने वाले इन्सान ही हैं– ऐसा लग रहा है जैसे यह संसार रोज़–ब–रोज़ और भयावह होता जा रहा है।'

अनिर्बन उसको बहुत ध्यान से सुन नहीं रहा था। वह अपने दिमाग़ में उसका एक ख़ाका तैयार कर रहा था।

ज़ोया मनकोटिया ने उसको एक बैंगनी लिफ़ाफ़ा थमाया। 'कल ही मिला मुझे', अपनी आँखों के कोरों से आँसू पोंछते हुए उसने कहा।

'पता नहीं इसका क्या करूँ। बिल्ली वाले कार्ड का जिसमें नफ़रत और ज़हर भरा हुआ है। मेरे ऊपर इसका गहरा असर हुआ है। मुझे नहीं लगता है कि मैं इससे कभी निकल पाऊँगी।'

वह अभी भी इस बारे में सोच रहा था कि वह उसके बालों को किस तरह से दिखाये। कोयले की कालिख, उसने तय किया।

एक मुम्बइया हीरो लाउंज में आया, उसके साथ फैंस का रेला। सभी हर तरह की बाधाओं को पार कर उस तक पहुँचना चाहते थे। वोलंटियर्स को उनको सँभालने में बहुत परेशानी हो रही थी। पट्टी कपूर के आते ही माहौल में उत्तेजना फैल गयी, बिजली की तरह।

'यही होता है लिट्रेचर फ़ेस्टिवल में! इस हीरोइन ने शायद ही कोई किताब लिखी हो, या शायद ही कोई किताब पढ़ी हो, मैं पूरे यक़ीन के साथ कह सकती हूँ', ज़ोया ने कुछ नफ़रत भरी आवाज़ में कहा।

अनिर्बन का ध्यान गायत्री की इस बात पर गया, कितना ज़हर था, कितनी नफ़रत।

'मैं पहले यही सोचता था कि महिलाओं की महिलाओं से बनती होगी', उसने बड़े प्यार से कहा। 'पट्टी कपूर वास्तव में अच्छी हीरोइन है। सिनेमा और चलती–फिरती छवियों की कथा कहने का ही एक और रूप है। दृश्य कलाएँ भी लिखित की तरह मायने रखती हैं।'

लेकिन ज़ोया का ध्यान उसके ऊपर था ही नहीं। उसका ध्यान भटका हुआ था और वह कुछ चिड़चिड़ाई हुई थी। वह किसी और सत्र को सुनने चली गयी।

तभी वह कमरे में वापस आया, उस ख़ुशमिज़ाज आधुनिक होटल में, जहाँ उसको ठहराया गया था, और यह संयोग घटित हुआ। उसके एक दिन पहले जो स्केच बनाया था उसके बारे में सोच रहा था, उसको आलोचक के नजरिये से देख रहा था। वह एक वृद्ध स्त्री का स्केच था, जिसके छितराये हुए सफ़ेद बालों को एक हल्के जूड़े में बाँधा गया था, और चेहरा जो पहले ज़रूर बहुत सुन्दर रहा होगा। देखने में वह वर्जीनिया वुल्फ जैसी लग रही थी।

उसका नाम क्या था? वह याद करने की कोशिश करने लगा। रुद्राणी राणा। 'मैं एक असफल उपन्यासकार हूँ। गुमनाम चिट्ठियाँ लिखती हूँ। दुनिया को अपनी सोच की ओर इशारा करने के लिए। उनको बताने के लिए।'

उसको सब याद आ गया। एकान्तजीवी। उसने ज़ोया मनकोटिया को अजीब–सा, दुर्भावना से भरा ख़त लिखा था। उसी ने लिखा होगा।

उसके अन्दर प्यार उमड़ने लगा। वह उसको अपनी विधवा आंटी की याद दिला रही थी, उसकी मासी माँ की। वह संघर्ष करना जानती थीं, उसने इस बात को समझ लिया था, यही संघर्ष था जो उसको सक्रिय बनाये हुए था। वह उसके राज़ को राज़ ही रहने देगा, वह इसी तरह से पुस्तक प्रेमियों की भीड़ में उसको कहीं मिल जायेगी, जहाँ बहुत सारे लेखक भी होंगे, जो अपनी या किसी और की कहानी की तलाश में होंगे।

वह एक सेशन में बैठा था तो किसी ने एक बात कही थी जो उसको याद रह गयी। 'गुमनामी रचनात्मकता की सबसे बड़ी प्रेरणा होती है।' केरल से आये एक चश्मे वाले लेखक ने यह बात कही थी। 'क्योंकि गुमनाम होने से सबके ऊपर हावी होने की ताक़त मिलती है।'

इन शब्दों से उसको एक तार जुड़ता हुआ दिखाई दे रहा था। फ़ेस्टिवल में चलते हुए, भीड़ में से रास्ता बनाते हुए सेल्फ़ी लेने वालों के बीच से निकलते हुए उसको जो मज़ा आ रहा था इन पंक्तियों में वही बात थी, लेकिन यह सब करते हुए हर अभिव्यक्ति, हर तरह के हावों–भावों को देखता हुआ चला जा रहा होता था। उसको ऐसा महसूस हो रहा था जैसे वह कैमरा हो, जूम इन जूम आउट करते हुए, खुशी में आकर बर्स्ट मोड़ से निकलकर धुँधले बैकग्राउंड के मोड़ में आते हुए, इसकी आँख किसी ऐसे इमेज़ पर टिक जाती जो वास्तव में उस चित्रों भरी कहानी की जान होती।

अनिर्बन की गोपनीय योजना ने, उसके स्तम्भ 'आई स्पाई' ने उसको दोहरा जीवन दे दिया था, जिसमें वह लोगों की निजी सार्वजनिक बातचीत को सुनता था, और फिर उनमें से जो लिखने लायक़ होता था उसको लिखता था। उसको इस तरह से गुमनाम रहना अच्छा लगता था कि वह जब चाहता था भीड़ का हिस्सा हो

जाता जब चाहता भीड़ से बाहर निकल आता, जब चाहा पीछे चला गया।

जब वह बच्चा था तो अक्सर वह अदृश्य होने के सपने देखा करता था, वह कल्पना किया करता था कि वह सब कुछ देख रहा है, सब कुछ जान रहा है लेकिन किसी को दिखाई नहीं दे रहा। इस स्तम्भ ने उसकी इस कल्पना को साकार रूप देने में किसी–न–किसी तरह से मदद की, इसके कारण वह जिस व्यक्तित्व के सम्पर्क में आता वह उनको देखकर उनकी एक छवि मन में बनाता और फिर कागज़ पर स्केच बनाकर उसको साकार रूप भी दे देता था।

अनिर्बन एम जब भीड़ के बीच में था उसका ध्यान इस बात पर गया कि वह सीटी बजा रहा था। पट्टी कपूर केतन की नयी किताब को लांच करने के लिए आयी थी, फ़ेस्टिवल में वीकेंड में आने वाली भीड़ उमड़ती जा रही थी। वह व्हीलचेयरों से बचता हुआ, सेल्फ़ी लेने वालों की भीड़ से बचता–बचाता, स्कूल के बच्चों की बड़ी तादाद से बचता–बचाता, और भौचक्के अन्तरराष्ट्रीय मुसाफ़िरों के बीच से जगह बनाते हुए निकल रहा था और सीटी बजाता जा रहा था।

वह बीटल्स के एक गाने की धुन की सीटी बजा रहा था, जो वह अक्सर बजाता रहता था। उस दिन वह 'ओबला डी ओबला डा' गाने की धुन नहीं बल्कि ख़ुशी के एक गीत की धुन बजा रहा था, वह मन्त्र की तरह से इस गाने की धुन बजा रहा था।

'वियरिंग द फेस दैट शी कीप्स इन अ जार बाई द डोर।'

उसने महसूस किया कि वह एक बूढ़ी औरत की तलाश कर रहा था। ज़ाहिर है उसी औरत को।

लेकिन वह कहीं दिखाई नहीं दे रही थी, वह सामने की लॉन में भी नहीं थी, स्लैम पोयट्री के सेशन में भी नहीं थी, न ही जोश से भरे उस सत्र में जो भारत के अतीत की अनैतिहासिक समझ को

लेकर चल रही थी। वह कहाँ गयी होगी, वह सोचने लगा। क्या संस्कृत वाले सत्र में? पर्यावरण न्याय के सत्र में? उसको लगा कि उसने दरबार हाल में उसकी एक झलक देखी थी, जहाँ बांग्ला भाषा के दलित कवि और उनके लैटेवियाई अनुवादक के बीच चल रही बातचीत से बाहर निकल रही थी। उसकी अस्त–व्यस्त साड़ी, हाथों में दो बैग– लेकिन जब तक वह उसके पास तक पहुँच पाता वह ग़ायब हो चुकी थी।

रुद्राणी राणा अपने साधारण से कमरे में बैठकर अपने चेहरे के बाल को हटाने की कोशिश कर रही थी। वह ब्यूटी पार्लर जा सकती थी, लेकिन वह कुछ नकचढ़ी थी, सस्ते ब्यूटी पार्लर गन्दे होते थे, और साफ़–सुथरे आधुनिक क़िस्म के होते थे। उनमें जाने का ख़र्चा वह उठा नहीं सकती थी।

यह सर्जरी जैसा था। उसने बिस्तर पर शीशा रख दिया था और उसके सामने स्टूल पर बैठ गयी थी, अपनी ठुड्डी के पास टॉर्च को टिकाये हुए। बहुत क़रीब से देखने पर उसका चेहरा डरावना लग रहा था, उस आईने से सब कुछ बड़ा दिख रहा था। चेहरे के पोर, उसकी झूलती त्वचा, बालों वाले नाक, सफ़ेद खूँटी जो कहीं भी उग आये थे– सब उम्र की निशानियाँ थीं, जिनको उसने स्वीकार कर लिया था, जिससे वह संघर्ष कर रही थी।

उसने बाल उखाड़ने का काम शुरू किया, वह बहुत सावधानी से अपने बाल उखाड़ रही थी और लेड जैप्लीन 1971 गुनगुना रही थी। वह उस उम्र में पहुँच गयी थी जब वह बीस साल के कुछ ऊपर की थी, वह देहरादून गयी थी, किस कारण से गयी थी यह तो याद नहीं आ रहा था। राजपुर रोड पर तलते समोसों और जलेबी की गन्ध, और दीवारों पर ज़ीनत अमान के पोस्टर लगे हुए थे। देव आनन्द की फ़िल्म 'हरे राम हरे कृष्ण' तब रिलीज़ हुई थी और उसका

प्रसिद्ध गाना 'दम मारो दम' हर जगह बज़ रहा था, वह क्वालिटी में अपनी पसन्द का आइसक्रीम खाने के लिए गयी, वहीं उसने वह गाना सुना था, जिम्मी पेज और रॉबर्ट प्लांट जैसे उसके लिए ही गा रहे थे।

शुरुआती संगीत और फिर गाने के बोल। 'देयर इज़ ए लेडी हू इज़ श्योर, ऑल दैट ग्लिटर्स इज़ गोल्ड, एंड शी इज़ बाइंग ए स्टेयरवे टू हेवन।'

तब वह क्वालिटी देहरादून में बैठी उस गीत को गुनगुना रही थी। उसने एक मिल्कशेक ख़रीदा और गाने को फिर से बजाने के लिए कहा, और वह गीत फिर से बजने लगा।

वह औरत 1970 के दशक में पहुँच गयी थी, आशा और निराशा के द्वन्द्व में झूलती। अपने चेहरें पर से अनचाहे बालों को हटाते हुए।

जब उसने अपनी पहली कहानी लिखी तो उसका शीर्षक इसी गाने की लाइन से बनाया था–'योर स्टेयरवे लाइज ऑन द व्हिस्परिंग विंड–' उन्हीं दिनों की बात है। उसने अपनी तिरछी राइटिंग में हाथ से बहुत साफ़–साफ़ लिखा था। कुछ छह बार लिखा तब जाकर उसको सन्तोष हुआ, या लगभग सन्तोष हुआ।

उसके बाद उसने स्टेनो के कोर्स में दाख़िला ले लिया जिसका ख़र्चा स्टेला मर्क दे रही थीं।

वह वापस देहरादून आ गयी, पास की पहाड़ियों की रेखाओं को नापने के लिए जो उसका इन्तज़ार कर रहे थे, राजपुर पर वे उसका इन्तज़ार कर रहे थे। वह शाम की ठण्डी हवाओं के लिए, अपनी माँ की यादों के लिए और अपने खोए हुए बचपन के लिए देहरादून लौट आयी थी।

टाइप करना सीखना बहुत रोमांचक था। क्वेर्टी की–बोर्ड का रहस्य, बैक स्पेस, शिफ्ट की, कैप्स लॉक के साथ। उसके सुघड़ तराशे हुए नाख़ूनों वाली उँगलियाँ टाइपराइटर पर बहुत तेज़ी से चलती थीं। वह की–बोर्ड को तब तक याद करती रही जब तक कि उसको यह महसूस नहीं हो गया कि कीबोर्ड उसके मन की आँखों पर छप गया था। बजाय ज़ोर से मारने के टाइपों को छूते हुए दबाना

चाहिए और उसको अपने नाख़ूनों पर गर्व था जो बड़ी नज़ाकत से साथ की को छूते हुए दबाते थे।

द क्विक ब्राउन फॉक्स जंप्स ओवर द लेजी डॉग। इसी बात से उसने अपनी दूसरी कहानी लिखनी शुरू की, वह इस बात से बहुत रोमांचित थी कि अंग्रेज़ी भाषा की इस एक लाइन में अंग्रेज़ी वर्णमाल के सारे अक्षर आ जाते थे।

उसके बहुत सारे शुरुआती अनुभव शब्दों को लेकर थे और अनुभवों को लेकर, और किस तरह दोनों का एक–दूसरे में अनुवाद हो जाता है। ये कहानियाँ अधिकतर निराशा से भरी हुई ही थीं, लेकिन अपनी नज़र में वे व्यंग्य और विडम्बना से भरपूर होती थीं।

तब उसकी भेंट रूपर्ट मर्क से हुई। उसकी माँ स्टेला मर्क उसकी माँ की दोस्त थी। उनके बीच का रिश्ता बहुत उलझन भरा था। दोनों के बीच आपसी प्रतिद्वन्द्विता के अनेक स्तर थे, एक–दूसरे के ऊपर इतना शक था, लेकिन ऊपर से सद्भाव बना रहता था।

रुद्राणी राणा के पिता परशुराम प्रजापति राणा (लोग उनको प्यार से पीपी बुलाते थे), एक अमीर नेपाली परिवार के वंशज थे। देहरादून के आसपास उन्होंने अपनी बहुत सारी ज़मीन, आम के बाग़ान, धान के खेत गँवा दिये थे, और गोरखा राजतन्त्र के दिनों में उनके परिवार को राजा की ओर से ज़मीन दी गयी थी, सब गँवा बैठे थे। बस सात एकड़ ज़मीन रह गयी थी, जिनके ऊपर मुक़दमा चल रहा था।

उसकी माँ तारा स्थानीय बिष्ट समुदाय की थी; उनका परिवार ईसाई हो गया था, उसकी नानी स्कॉट मूल की थी जिसको वह बार–बार याद करती थी।

रुद्राणी को अपने पिता की हल्की–सी याद थी। वे देखने में बहुत अच्छे थे, और उनको शिकार का बहुत शौक़ था। रुद्राणी के पहले जन्मदिन के दिन उन्होंने अपने माथे से रिवॉल्वर सटाकर गोली चला ली थी। पुलिस ने जाँच की, पोस्टमार्टम हुआ। इसको आत्महत्या बताया गया।

रुद्राणी की माँ कभी अतीत की बात नहीं करती थी। उसके लिए अतीत जैसे था ही नहीं, मानो वह केवल अपनी माँ से पैदा हुई हो। रुद्राणी ने भी कभी उसके पिता के बारे में नहीं पूछा। चाहे वह अपने पिता के जीवन के बारे में नहीं जानती रही हो लेकिन वह उनकी मौत के बारे में जानती थी, माँ के बिस्तर के नीचे एक बक्से में एक अल्बम था जिसमें अख़बार की कटिंग्स को चिपका कर रखा गया था।

मिसेज़ राणा जिस स्कूल में मेट्रन थीं उसी स्कूल में स्टेला मर्क पढ़ाती थी। वह रेलवे से जुड़े एक ऐंग्लो–इंडियन परिवार से ताल्लुक़ रखती थी। मिसेज़ राणा की तरह वह भी विधवा थी। उनका एक बेटा था, बहुत सुन्दर रूपर्ट मर्क।

अपने चेहरे की परछाईं देखकर रुद्राणी जैसे अपने सपनों की दुनिया से बाहर निकल आयी। उसका आईना किनारे से ख़राब होने लगा था। जिसके कारण वह कोई विलुप्त समुद्री जीव जैसी लग रही थी, अपने बालों को निकालने की कोशिश करती हुई। उसकी धूसर आँखों में हल्के नीलेपन की आभा थी।

'तुम्हारी आँखें– तुमको यह अपनी स्कॉट नानी से मिली है', उसकी माँ उसके बाल बनाते हुए उससे कहती थीं। आज गोलाकार झुर्रियों के बीच से वह जापानी पंखे जैसा लगता था। उसकी माँ की स्कॉट नानी जैसी आँख।

उसने आईने में अपनी परछाईं को देखकर प्यार से चिढ़ा दिया। 'सॉनेट 64', वह बोली, एंग्लो–इंडियन इंगलिश टीचर स्टेला मर्क की आवाज़ में।

'सॉनेट 64। व्हेन आई हैव सीन बाई टाइम'स फेल हैंड डिफेस्ड' द रिच प्राउड कोस्ट ऑफ़ आउटवॉर्न बरिड एज।'

मिस मर्क क्लास में शेक्सपियर पढ़ाने के लिए बहुत मेहनत करती थीं। उनको भाषा उलझाने वाली लगती, सन्दर्भ समझ में नहीं आते थे, और वह जो पढ़ाती थीं उनको लेकर भी स्पष्ट नहीं होती थीं।

साहित्य को महसूस करने का हुनर उनके अन्दर नहीं था, लेकिन उनको शेक्सपियर पढ़ाने की ज़िम्मेदारी उनकी राष्ट्रीयता का सम्मान करते हुए दी गयी थी।

मिस मर्क पास की किताब की दुकान से जाकर कुंजी ले आती थीं और, जिसके ऊपर वह भूरे रंग की जिल्द लगाये रहती थीं। किताब का नाम था *शेक्सपियर के सॉनेट, लेखक राम लला*।' वह जिस तरह से शेक्सपियर के सॉनेट को पढ़ाने में अटकी रहती थीं उसको देख छोटी बच्ची रुद्राणी मन–ही–मन हँसती रहती थी। 'इस सॉनेट में सुन्दरता के ऊपर समय के प्रभाव को दर्शाया गया है। एक दिन तुम लड़कियाँ बच्ची से बड़ी हो जाओगी और तब जाकर तुम लोगों को इस सॉनेट का अर्थ समझ में आयेगा।'

रुद्राणी ने हाथ उठाया। 'मिस मर्क कविता और सॉनेट में क्या अन्तर होता है?' उसने सवाल किया। 'और कवाट्रेन शब्द का क्या मतलब होता है?'

रुद्राणी को इस सवाल का जवाब आता था, लेकिन वह चाहती थी मिस मर्क ग़लती करें। वह उनकी असलियत सबको दिखाना चाहती थी।

जैसी कि उम्मीद थी मिस मर्क को कुछ समझ नहीं आया। 'हम लोग यहाँ विषय के बारे में चर्चा कर रहे हैं, सॉनेट की संरचना के बारे में नहीं', उसने जवाब में कहा। 'लेकिन अब तुमने पूछ ही लिया है तो तुम इस विषय पर एक लेख लिखकर अगले गुरुवार तक जमा कर दो।?'

'ज़रूर मिस मर्क', उसने आज्ञाकारी बच्चे की तरह जवाब में कहा। वीकेंड में परेड ग्राउंड लाइब्रेरी जाकर उसने जानकारी जुटाई। अब उसको यह याद भी नहीं है कि उसने अपने लेख में लिखा क्या था, लेकिन उसको यह याद था कि शब्द और अर्थ के लिए संघर्ष करने में उसको बहुत मज़ा आया था, शेक्सपियर को बोझ की तरह नहीं चुनौती की तरह पढ़ने में उसको बहुत मज़ा आया था।

अगले गुरुवार को उसने मिस मंच को अपना लेख सौंप दिया था। 'क्या मैं इसको क्लास में पढ़कर सुना सकती हूँ मिस मर्क?' उसने पूछा।

'इस क्लास में टीचर मैं हूँ तुम नहीं– इसलिए मैं क्लास में तुमको पढ़ने की इजाज़त क्यों दूँगी रुद्राणी?' मिस मंच का जवाब था।

उसने मुँह बनाते हुए उपहास का ऐसा भाव चेहरे पर बनाया कि देखकर लग रहा था मानो उसके चेहरे पर लकवा मार गया हो।

मिस मर्क ने मेरे लिखे उस पेपर को न तो पढ़ने की ज़हमत उठायी न उसको नम्बर देने की; जब रुद्राणी ने मिस मर्क से इस बारे में पूछा तो उसको देखकर वह मुस्कुरायी और हाथ से इशारा किया। 'यहीं कहीं काग़ज़ों के ढेर में पड़ा होगा। किसी दिन पढ़ूँगी।'

लेकिन यही मिस मर्क थीं जिसने उससे कहा था कि वह स्टेनोग्राफर का कोर्स कर ले, फ़ीस वह दिला देंगी, एक ट्रस्ट की तरफ़ से उनसे यह कहा गया था कि वे पाँच उपयुक्त महिला उम्मीदवारों का चुनाव करें जो किसी कौशल को सीखना चाहती हों, ट्रस्ट की ओर से उनको सीखने के लिए छात्रवृत्ति दी जाने वाली थी। दो नर्स के लिए, दो अध्यापक के लिए और एक स्टेनोग्राफर के लिए।

शायद मिस मर्क उसको चाहती थी, अपनी तरह से, शेक्सपियर के सॉनेट पर लेख लिखने के बावजूद।

शायद मिस मर्क ने मिस राणा को कड़ी बातचीत और थोड़ी बहुत उस प्रतिस्पर्धा के लिए माफ़ कर दिया था, जो दोनों की दोस्ती की बुनियाद जैसी थी। मिली तो उसको उससे प्यार हो गया, जब वह मर्क से मिली तो उसको लगा शायद मिस मर्च रुद्राणी को अपनी बहू के रूप में अपना लें।

वाई.एम.सी.ए. में पिंग पांग के खेल के दौरान उनकी भेंट हुई, और फिर क्वालिटी के सामने एक नये रेस्तराँ में एक जैम सेशन के दौरान। रुद्राणी राणा ने आज तक जितने पुरुषों को देखा था रूपर्ट मर्च उनमें सबसे सुन्दर था। वह बहुत दोस्ताना था, विनम्र और उसके साथ रहना बहुत सहज लगता था।

उससे मिलने के एक सप्ताह के बाद उसने एक कहानी लिखी। वह एक रोमांटिक कहानी थी, आशावादी और आशाओं से भरपूर। पायनियर ने अपने रविवारीय परिशिष्ट के लिए इस कहानी को छापना स्वीकार कर लिया। रुद्राणी को अभी भी याद था कि इसकी शुरुआत किस तरह से हुई थी।

'मैं युवा थी और दुनिया को बड़ी हसरतों से देख रही थी, अपने उमड़ते हुए दिल से कहानियाँ लिख रही थी।' ये शुरुआती पंक्तियाँ थीं। यह एक प्रेम कहानी थी, एक ऐसी महिला के बारे में जो प्रेम कहानी लिख रही थी।

कितनी अबोध थी, कितनी बचकानी। कहानी पूरी हो गयी, अख़बार के पन्नों में खो गयी, उसका कोई निशान नहीं बचा।

उसको अपने उपन्यास की याद आयी, जो उसके कैनवस बैग में उदासीन भाव से पड़ा हुआ था। अपने भाग्य से बेपरवाह, इसी से ख़ुश कि उसको लिख लिया गया, अपने गर्वीले अस्तितव में। उपन्यास अनसबमिटेड ही बना रहा, पाठकों और उनकी राय से अप्रभावित। कई बार वह ख़ुद भी भूल जाती थी कि उपन्यास का असली शीर्षक क्या था। उसको उसका नाम अनसबमिटेड याद रहता था। एक तरह से महाकाव्यात्मक क़िस्म का उपन्यास था, रूढ़ियों को पूरी तरह से ख़ारिज कर दिया गया था, एकरेखीय कथा शैली को तोड़ दिया गया था, और इसका असली रूप उनको ही दिखाई दे सकता था जो इसके ऊपर निगाह बनाये रखते थे।

उसने आईना, टॉर्च, ट्वीजर सब एक तरफ़ रख दिया, और बैठकर सबवे सैंडविच खाने लगी जो आते हुए उसने रास्ते में ख़रीद लिया था।

सोने जाने का समय हो चुका था। कल का दिन बहुत व्यस्त रहने वाला था। वह सुबह के पहले सत्र तक पहुँच जाना चाहती थी, सुबह के संगीत के बाद। महाद्वीप के पाँच लेखक इस विषय पर बात करने वाले थे कि 'मैं क्यों लिखता हूँ?' उसने प्रोग्राम वाले अपने बुकलेट में एक और सेशन के ऊपर निशान लगा रखा था।

क्या पता उस नौजवान आदमी से फिर मुलाक़ात हो, वह जो अपने आपको आगन्तुक बता रहा था। अनिर्बन। अनिर्बन एम? यही नाम था न उसका?

राजू श्रीवास्तव एक अँधेरे बार में बैठा देसी व्हिस्की का आनन्द ले रहा था, बेख़याली में मूँगफली चबाये जा रहा था। मूँगफली के छिलके कीट पतंगों के पंखों की तरह छितराये हुए थे। बाहर बग़ीचे में एक महिला तेज़ आवाज़ में ग़ज़ल गा रही थी। वह लफ़्ज़ों के उच्चारण सही नहीं कर रही थी लेकिन फिर भी दिल के बहलाने के लिए अच्छा गा रही थी।

व्हिस्की और संगीत और जावेद अख़्तर से मिल लेने के जोश के कारण उसके अन्दर हलचल मची हुई थी। उसको ऐसा लग रहा था जैसे वह सीमारेखा पर था, अतीत और भविष्य के। उसने कहानी कहने की कला का शिखर तो हासिल कर लिया था : उसके लिए भविष्य का असीम विस्तार उसके सामने था। महान कवि बेताब अपने समय के बारे में बोल रहा था।

पाउच में वह अपनी किताब ढूँढ़ने लगा, उसकी कविताओं की पतली–सी किताब जिसके बारे में उसने सोचा था कि अगले दिन वह जावेद अख़्तर के कमरे में सरका देगा। *समय का चोर*, शायर, रज़ी ख़ान सिंह बेताब। उसने तख़ल्लुस तो वही रहने दिया लेकिन उसने कवि के रूप में अपना असली नाम अपना लिया, राजू श्रीवास्तव, हालाँकि इस नाम में वह बात नहीं थी। लेकिन अपने तख़ल्लुस में बेताब लगाने के बावजूद इस नाम से उसको यह याद रहता था कि वह एक टेलर मास्टर का बेटा था। लेकिन बेड़ा गर्क करने वाली एक और बात यह थी कि इसी नाम का एक प्रसिद्ध स्टैंड अप कामेडियन भी था, जिसकी आवाज़ महीन थी और जो बक़वास क़िस्म के चुटकुले सुनाया करता था। लेकिन उसने रज़ी ख़ान सिंह बेताब बनाया था

जिसमें वह सब था जो वह चाहता था, इसमें संस्कृति और पहचान का मसला ही नहीं था।

राजू ने यह कल्पना की थी कि रजी सिंह खान लखनऊ की एक ख़ानदानी औरत का बेटा था, उसके प्यार की निशानी। ऊँचे कुल का रक्त उसकी नसों में था और उसकी साँस–साँस में कविता बसी थी। इसी बेचैनी को बेताब लिखता था।

किताब का शीर्षक था *बुक चोर*। उसको लगता था कि अंग्रेज़ी में इसका अनुवाद हुआ तो इसका नाम *टाइम द थीफ़* रखा जा सकता था। कवर पर किताब का नाम बहुत सुन्दर हर्फों में उर्दू और हिन्दी दोनों में लिखा हुआ था। किताब में सौ कविताएँ थीं, गुस्से, अफ़सोस, अकेलापन और उम्मीद की कविताएँ।

बेताब का कवि रूप प्रकट हुआ नोटबन्दी के दिनों में। हाल के दिनों में उसने एक लम्बा हाथ मारा था और उसके पास हज़ार रुपये के नोटों का बंडल पड़ा था। इसकी शुरुआत हुई योजना बनाकर की गयी चोरी से। यह 8 नवम्बर 2016 की बात थी। बाहर हवा में हल्की ठण्ड घुली हुई थी जिस तरह की ठण्ड की उम्मीद दीवाली के बाद की जाती है। प्रदूषण का स्तर बढ़ा हुआ था, हर साल इन दिनों में बढ़ जाता था। राजू श्रीवास्तव टीवी सेट का चैनल बदल रहा था कि संयोग से उसको उस उद्घोषणा के बारे में पता चला जिसने उसकी दुनिया हमेशा के लिए बदल दी।

प्रधानमन्त्री टीवी के पर्दे पर आये, प्राइम टाइम न्यूज़ के लिए चैनल बदलते हुए हर दर्शक की आँखों ने उनको देखा। उन्होंने क्रीम रंग का जवाहर जैकेट पहन रखा था। उनके पीछे भारत का झंडा लहराता दिखाई दे रहा था। वह जिस पोडियम से बोल रहे थे उस पर सुनहरे रंग में अशोक स्तम्भ के तीन सिंह बने हुए थे। सत्यमेव जयते।

मोदी जी किसी ख़ास घोषणा की बात कर रहे थे। वे गम्भीर लग रहे थे लेकिन फिर भी उत्साह के कारण उनकी साँसें तेज़–तेज़ चल रही थीं। 'मेरे प्यारे भारत वासियों। आशा करता हूँ कि दीवाली का पर्व आप लोगों ने हँसी ख़ुशी मनाया होगा और नयी आशाएँ होंगी। आज मैं आप लोगों से किसी महत्त्वपूर्ण मुद्दे और महत्त्वपूर्ण फ़ैसले के बारे में बताने वाला हूँ।'

राजू के फ़ोन की घंटी बज रही थी, लेकिन दूसरी तरफ़ जो भी था वह बात नहीं कर पा रहा था। इस सारी उधेड़बुन के बीच वह टुकड़ों–टुकड़ों में मोदी का भाषण सुन पाया।

'भाइयो एवं बहनो– देश को काले धन और भ्रष्टाचार के दीमक से बचाने के लिए–' और उसके बाद उसके मोबाइल की घंटी फिर से बजने लगी, प्रधानमन्त्री की आवाज़ को दबाता हुआ एक बार फिर से कोई नम्बर था जिसको वह पहचान नहीं पा रहा था।

राजू ने अपने फ़ोन को स्विच ऑफ़ कर दिया। 'आज आधी रात से 8 नवम्बर 2016 की आधी रात से 500 रुपये और 1000 रुपये के नोट वैध नहीं रह जायेंगे।'

उनकी बात को समझ पाने में कुछ समय लग गया। यह कह क्या रहे थे? यह कोई मज़ाक़ था क्या?

मोदी जी की नाटकीय, सम्मोहक आवाज़। उनकी आँखें राजू श्रीवास्तव तक पहुँच रही थीं, सवा करोड़ भारतीयों तक। 'भ्रष्टाचार की जकड़ को ख़त्म करने के लिए–'

पैसा इन्सान के जीवन में सबसे अहम होता है। क्या मोदी जी पागल हो गये हैं? क्या राजू श्रीवास्तव 'बेताब' सपना देख रहा था? क्या यह कोई भौंडा मज़ाक था? या डरावना छलावा?

वह चैनल बदल–बदल कर देखने लगा कि उनके ऊपर क्या कहा जा रहा था।

'500 और 1000 रुपये के नोट जो इस समय उपयोग में हैं वे आज आधी रात से वैध नहीं रह जायेंगे, यानी 8 नवम्बर 2016 से। जिसका मतलब यह हुआ कि आज आधी रात से लेन–देन में

इन नोटों का उपयोग नहीं किया जा सकेगा। किसी राष्ट्रविरोधी या असामाजिक तत्त्वों के द्वारा जमा करके रखे गये नोट आज रात से काग़ज़ के टुकड़े भर रह जायेंगे। ईमानदार, मेहनती लोगों के अधिकारोंकी रक्षा पूरी तरह से की जायेगी। मैं आप लोगों को आश्वस्त करना चाहता हूँ कि एक सौ, पचास, बीस, दस, पाँच, दो और एक रुपये के नोटों का प्रयोग वैधानिक माना जायेगा और उनके ऊपर कोई प्रभाव नहीं पड़ेगा।'

राजू अपने लिए फ़्रिज से पानी का एक गिलास भर लाया। वह एक ही घूँट में सारा पानी पी गया, उसके बाद टीवी के पर्दे के सामने बैठकर हँसने लगा। पहले ख़ूब ज़ोर–ज़ोर से, फिर बेचारगी असहाय हँसी, और फिर कराह में, वह पेट पकड़कर तब तक हँसता रहा जब तक कि उसकी आँखों में आँसू नहीं आ गये।

स्टील की जिस अलमारी को उसने बार बना रखा था वह उसके पास गया और डबल ब्लैक व्हिस्की की एक बोतल निकाल ली। वह प्रधानमन्त्री मोदी को सुन रहा था, जो बार–बार एक ही बात कर रहे थे।

'पाँच सौ और हज़ार रुपये के नोट अब वैध नहीं रह जायेंगे।' 'भाइयो और बहनो–' 'ईमानदार, मेहनती नागरिकों के ऊपर इसका किसी तरह का प्रभाव नहीं पड़ेगा।' राजू ने व्हिस्की में बर्फ़ के टुकड़े डाले और एक लम्बा घूँट लिया। उसके बाद वह देवी लक्ष्मी के छोटे से मन्दिर के सामने बैठ गया, जो स्टील की उसी अलमारी के नीचे के हिस्से में बनाया गया था जिसके ऊपर के हिस्से में बार था।

'माता', उसने देवी लक्ष्मी से विनती की, 'माँ लक्ष्मी, आपको ऐसा लग सकता है कि मैं ईमानदार नहीं हूँ, लेकिन आप जानती हैं कि मैं मेहनती हूँ। और मैंने आपके सम्मान में कभी कमी नहीं की है। इसलिए मुझे अब क्या करना चाहिए? मुझे दिशा दिखाइये माँ लक्ष्मी!'

अपनी विनती को हवा में छोड़कर वह अपने एक रूम के फ़्लैट के अटैच्ड बाथरूम में चला गया। बाथरूम में जो नहाने वाला हिस्सा

था उसमें दीवारों पर अलमारी बनायी गयी थी और उसको मिरर ग्लास से ढँका गया था, अलमारी के पल्लों को खोलते ही अन्दर लोहे की छड़ों से घिरी एक और अलमारी थी। उस गुप्त अलमारी में अलग–अलग आकार–प्रकार के दस सूटकेस रखे हुए थे। राजू ने एक छोटा–सा सूटकेस निकाला और अलमारी को फिर से बन्द कर दिया। अपनी व्हिस्की के गिलास को उसने जल्दी से दो–तीन घूँट में ख़त्म किया, और वह उसके बाद नोएडा के पुष्पा शॉपिंग मॉल की दिशा में चल पड़ा।

राजू श्रीवास्तव यह नहीं चाहता था कि उसके ऊपर किसी का ध्यान जाये। वह नोएडा के एक ठीक–ठाक इलाक़े में साधारण ढंग से रहता था। कोई नौकर–चाकर नहीं। कोई ड्राइवर नहीं। उसके फ़्लैट के बाहर कोई नाम पट्ट नहीं लगा था और वह गेट पर रहने वाले गार्ड्स को उनके अच्छे काम के लिए टिप भी देता था, लेकिन बहुत उदारता से नहीं देता था।

वह गाड़ी चलाता हुआ पुष्पा मॉल गया। रात इतनी हो गयी थी लेकिन पुष्पा मॉल रौशनी में नहाया हुआ था और वहाँ चहल–पहल दिखाई दे रही थी। तीसरे माले पर आभूषणों की दुकानें थीं, जिनके बाहर उत्तेजित ग्राहकों की भीड़ दिखाई दे रही थी, जो एक तरह से हर वह चीज़ ख़रीद ले रहे थे जो उनके हाथ में आ रही थी। नोटों की सरसराहट, उत्तेजित आवाज़ों का शोर। सोने के सिक्कों की आवाज़ें, सोने के हार, सोने की चूड़ियाँ, सोने के बुन्दे, सोने के चमकदार झुमके।

सूटकेस लेकर आने वाला वह अकेला आदमी नहीं था। लोग झोले में, बैग में, यहाँ तक कि बास्केट में नोटों को भरकर लाये थे। अपने आसपास नोटों के पहाड़ को गिनते हुए दुकानदार की आँखें चमक रही थीं। राजू के लिए उसका ध्यान बँटा पाना असम्भव लग रहा था। राजू ने कुछ देर तो धीरज के साथ इन्तज़ार किया और फिर उसके कन्धे को थपथपाने लगा। दुकानदार ने फिर भी ध्यान नहीं दिया, और बेताब होकर उसके कन्धे झकझोरने लगा।

'हाँ, हाँ भाई आ रहा हूँ आपकी मदद को', दुकानदार ने बिना देखे ही उससे कहा। मुड़ी–तुड़ी साड़ी में सफ़ेद बालों वाली एक वृद्ध महिला राजू के सामने आकार खड़ी हो गयी। 'मैं उसकी माँ हूँ', वह बोली, 'आप मुझसे बताइये क्या करना है?'

उसको देखकर राजू को अपनी माँ की याद आ गयी, और उसने झुककर उनके झुर्रीदार पैरों को छू लिया, उन पैरों में पुरानी हवाई चप्पल थी, जो तलवों के पास घिस गयी थी। उनके पैरों की उँगलियों में लगी नेल पोलिश धुँधली पड़ चुकी थी।

'मेरी मदद कीजिए माँ–' उसने भावुक होते हुए कहा। 'मुझे अपना बेटा ही समझिए।'

'हमारे पास का सोना ख़त्म होता जा रहा है', उसने जवाब दिया, 'लेकिन मैं पूरी कोशिश करूँगी कि आपकी मदद कर सकूँ।' वह उसको सेल्स काउंटर के पीछे एक छोटे से केबिन में लेकर गयी जिसका आकार अलमारी जितना था।

उसके नम्बर वाले लॉक को खोलने में उनको कुछ समय लगा, उसके बाद अलमारी से उसने सोने की चेन और चूड़ियों का एक ढेर निकाला। उसके बाद उसने उनको वज़न मापने की मशीन पर रख दिया और उसके बाद एक पुराना–सा कैलकुलेटर निकाला। राजू उसको ध्यान से देखे जा रहा था, उसने जिस तरह से उसकी बात सुनी थी उसको लेकर वह बहुत कृतज्ञ महसूस कर रहा था।

'दो चेन, चौदह चूड़ियाँ', वह फुसफुसाई। 'यही बचा है मेरे पास। सोलह लाख का सामान है!'

राजू जान रहा था कि वह बहुत अधिक पैसे माँग रही थीं, उसको ठग रही थीं। 'मेरी तो कोई पत्नी भी नहीं है, न ही बहन', उसने विरोध जताते हुए कहा 'मैं सोने की चूड़ियाँ लेकर क्या करूँगा माँ?'

'क्यों– इनको पहन लेना!' उसने मज़ाक़ में कहा, और फिर ज़ोर से हँसने लगी। नोटबन्दी के बाद की बिक्री ने लगता है उसका माथा ख़राब कर दिया था।

'आधी रात के बाद से 500 और हज़ार रुपये के नोट वैध नहीं रह जायेंगे', उस भीड़–भाड़ में कहीं एक टीवी स्क्रीन ने घोषणा की। कहीं एक घड़ी ने ग्यारह बजाये।

'तुमसे शादी करने के बाद तुम्हारी पत्नी बहुत ख़ुश हो जायेगी। कौन जानता है कि भविष्य में क्या होने वाला है?' उस बूढ़ी स्त्री ने कहा।

'सहमत हूँ माता', कहते हुए राजू ने एकदम नये 1000 के नोटों के सोलह बंडल निकाले। उस समय माहौल ही ऐसा था, 8 नवम्बर की रात में जुनून ही ऐसा था उस महिला ने पैसे गिने भी नहीं। बल्कि उसने नोटों को अपने हाथ में लेकर उनका वज़न किया और उनको उसी अलमारी में बन्द कर दिया जिसमें से उसने गहने निकाले थे।

वापस फ़्लैट में आने के बाद उसको अपने ख़ज़ाने को गिनने की ज़रूरत महसूस नहीं हुई। जो कभी उसका ख़ज़ाना था। वह लूट उसके जीवन की सबसे बड़ी लूट थी, जो उसने बिना किसी तकलीफ़ के दिवाली की रात में अंजाम दिया था। इतवार के दिन 30 अक्टूबर को, उसने हाल में ही रिटायर हुए एक सिविल इंजीनियर की रखैल के घर में चोरी की थी।

गुणवन्ती देवी ग़ाज़ियाबाद में रहने वाली एक दिलफेंक महिला थी, जो उसके दो मंज़िल ऊपर ही रहती थी। उसके संरक्षक का नाम था अर्जुन सिंह, जो कुख्यात कुमार यादव का रिश्ते में भाई था, उसको पुलिस ने उस वक़्त गिरफ़्तार किया था जब उसकी औडी 7 कार में सोने की छड़ें मिली थीं ज़िनमें हीरा भरा हुआ था। चार किलो हीरे से भरी सोने की छड़ें।

अर्जुन सिंह दिखावा नहीं करता था। उसने सुन्दर और सुशील स्वभाव वाली अपनी रखैल पर ही निवेश किया था, उसकी बेटियों की शादी करवायी थी और बेटों को खड़ा किया था।

उसकी बिल्डिंग का चौकीदार राजू को आस–पड़ोस की गप्प सुनाता रहता था। गुणवन्ती की माँ का निधन हो गया था और उसको अचानक बनारस जाना पड़ा था।

उसके बाद सब बड़ी आसानी से हुआ। एक ख़ाली फ़्लैट, दीवाली की अँधेरी रात जो रॉकेटों और बमों की रौशनी से चमक रही थी। पटाखों के धुएँ ने उस पर्दे का काम किया जिसके पीछे राजू अदृश्य बना रहा। वह उसके फ़्लैट में सुबह 3.45 में गया, जाने से पहले उसने पंचांग में शुभ मुहूर्त देखा था।

वह आख़िरकार रौशनी के त्योहार दीवाली की पवित्र रात थी, और इसलिए वह एक तरह से देवी लक्ष्मी की पूजा ही कर रहा था, उनको प्रणाम निवेदित कर रहा था।

वह लालची नहीं था, उसने सारी नगदी नहीं ली थी। बस इतना लिया कि जो उसके जीवन के लिए पर्याप्त हो, या कम से कम कई साल के लिए पर्याप्त हो।

गुणवन्ती 28 अक्टूबर को गयी थी, नरक चतुर्दशी के दिन, यानी दीवाली के दो दिन पहले। वह क्रिया कर्म ख़त्म होने के पहले वापस नहीं आने वाली थी। उसने अनुमान लगाया था कि वह 10 तारीख़ तक लौट कर आयेगी, तेरहवीं के बाद, तेरहवें दिन की अन्तिम प्रार्थना के बाद।

और वह फिर उसके बाद क्या करेगी? क्या कर सकती थी? वह पुलिस में जाकर इस बात की शिकायत नहीं कर सकती थी कि कुमार यादव की लूट की रक़म, जो उसने भाई अर्जुन सिंह को दी थी और जो वह धन उसके ऊपर ख़र्च कर रहा था, उस रक़म की चोरी हो गयी है– ऐसा कहने पर उसको गिरफ़्तार किया जा सकता था। और अब, मोदी जी ने, उनके आदरणीय प्रधानमन्त्री ने दोनों के ऊपर दोहरी मार मारी थी। वह पैसा जो उन लोगों ने भ्रष्ट सीमेंट डीलरों और लालची बिल्डरों से बड़े क्रूर तरीक़ों से निकाला गया था, वह अब बस काग़ज़ के रूप में बच गया था।

लेकिन उसके पास सोना था और वह शेष राशि को मोदी जी की कृपा से या बिना उनकी कृपा से किसी तरह निपटा ही देगा।

अगले दिन लिफ़्ट में उसका सामना गुणवन्ती देवी से हुआ, वह अपने परिवार की बुज़ुर्ग महिलाओं के साथ थी। वह बहुत दुखी लग

रही थी, लेकिन वह दुःख शायद अपनी प्रिय माँ को खोने का था; ऐसा लग रहा था कि उसको चोरी के बारे में पता नहीं चला था, या नोटबन्दी का उसके ऊपर क्या असर पड़ने वाला था इसका अभी उसको अन्दाज़ा नहीं था। उसने एक अच्छे पड़ोसी की तरह उसको अपनी संवेदनाएँ दीं, और वह उसके संरक्षक अर्जुन सिंह की तलाश में था, जो निश्चित रूप से जल्दी ही आने वाला होगा।

उसके अन्दर का कवि बेताब इससे प्रभावित हुए बिना नहीं रहा था जिस तरह से भाग्य और लालच ने खेल खेला था, या इन्सान के लालच का जो परिणाम सामने आया था। वह अपने आपको बहुत स्पष्ट रूप से चोर के रूप में देख रहा था, लेकिन उसने उन चोरों को भी पहचान लिया था जिनके यहाँ उसने चोरी की थी। इसको लेकर उसने एक लम्बी कविता 'चोरनामा' लिखी, जो उस काल्पनिक स्त्री को लेकर थी जिसने उसका दिल चुराया था, वह कविता सबसे बड़े चोर को सम्बोधित थी, प्रेम और ज़िन्दगी के स्वामित्व को लेकर उसमें उलझन भरी बातें की गयी थीं।

वह जो जीवन देता है, वह जो उस उपहार को ले लेता है जो वह देता है।

उसने वह कविता देर रात लिखी थी, प्रधानमन्त्री मोदी जी के शब्द उसके कान में उस समय भी गूँज रहे थे। लेकिन घर का ख़र्च तो पैसे से चलता है, दर्शनशास्त्र या कविता से नहीं। वह नोट बदलने के लिए बैंक में गया क्योंकि बैंक में नोट बदलना वैध था, लेकिन लाइन बहुत लम्बी थी और लाइन में खड़े लोग बहुत बेचैन थे। किराना वाले ने कुछ कमीशन काटकर उसके नोट बदल दिये। चोरी के जो पैसे उसने बाथरूम में छिपा कर रखे थे उसकी गिनती करने से वह बच रहा था; वह इस बात को लेकर बहुत अधिक अन्धविश्वासी था, उसको पूरा भरोसा था कि अगर उसने नये–नये अवैध हुए नोटों को लेकर हायतौबा करनी शुरू की तो उसके साथ कुछ बहुत बुरा हो सकता था।

बाहर सड़क पर कोहराम मचा हुआ था। नियम लगातार बदल रहे थे, वित्त मन्त्री विरोधाभासी बयान दे रहे थे और अजीब–अजीब तरह की बन्दिशें लगाई जा रही थीं। न तो बैंकों में नये नोट थे न ही एटीएम में। लोग झोलों में नोट लेकर घूम रहे थे, हुंडियों का आदान–प्रदान कर रहे थे, मोल भाव कर रहे थे।

बेताब ने देखा कि गुणवन्ती देवी लिफ्ट में रो रही थी। उसने उनको सान्त्वना देने की कोशिश की, यह अजीब था लेकिन वह पूरी ईमानदारी से उनको दिलासा दे रहा था। चौथे माले पर रहने वाली एक महिला बालकनी से कूद गयी और उसका देहान्त हो गया। वह जिस फ़्लैट में रह रही थी उसको उसने कुछ दिन पहले ही बेचा था, और उसके पास अब नोट के नाम पर काग़ज़ों का ढेर रह गया था जिसके बारे में वह बता नहीं सकती थी। ऐसा माहौल था जिसमें कुछ भी सामान्य नहीं लग रहा था। बेताब को बहुत फ़िक्र हो रही थी, और उसको कुछ समझ नहीं आ रहा था, तब उसने उस आदमी से सम्पर्क करने का फ़ैसला किया जो उसकी निगाह में सबसे होशियार आदमी था।

दादा सदारंगानी की दुकान अट्टा मार्केट में थी, उस दुकान में वह पुरानी किताबें बेचता था, पुरानी पत्रिकाएँ बेचता था। यह उसका साइड बिज़नेस था क्योंकि उसको शब्दों से प्यार था, किताब से, साहित्य से। उसका असली धन्धा कबाड़ का था, वह दिल्ली का शक्तिशाली कबाड़ी था। वह कचरा ख़रीदता था, कचरा बेचता था, कचरे को रिसाइकिल करता था। वह शहर की रद्दी ख़रीदता था और उसको सोने में बदल देता था।

दादा सदारंगानी का परिवार विभाजन के दौरान सिन्ध से यहाँ आया था। उसके भाइयों ने भोपाल को बसने के लिए चुना लेकिन उसने उनके बिना ही दिल्ली में रहने का फ़ैसला किया। दिल्ली शायरों का शहर था, मीर और ग़ालिब का शहर था और दादा को उर्दू ज़ुबान से प्यार था, उसके शब्दों से उसको प्यार था, उन शब्दों के अनेकानेक अर्थों से, और जिस तरह से खेल खेल में एक समय में ही बहुत कुछ कह जाने की जो कला थी उसको उस कला से प्यार था।

युवा सदारंगानी ने अपने लिखने का नाम अल्फ़ाज़ रखा, और लम्बी रातों में अपने उस छोटे से कमरे में बैठ कर शायरी करता था जिसमें वह किराये पर रहता था और जिस कमरे में हवा भी नहीं आती थी। वह सुबह के समय अख़बार बाँटता था और दिन में कबाड़ी का काम करता था। उसके शातिर स्वभाव ने उसको सही राह दिखाई और वह जल्दी ही अमीर आदमी बन गया, उसको जो लोग भी जानते थे वे उसको पसन्द भी करते थे और उसकी इज़्ज़त भी करते थे।

पुरानी किताबों की उसी दुकान में वह और बेताब पहली बार मिले। दोनों को शायरी का प्यार एक–दूसरे के क़रीब ले आया, और दोनों ने एक–दूसरे के महत्त्व को समझ लिया। दोनों दोस्त बन गये। शायद दादा सदारंगानी बेताब का एकमात्र सच्चा दोस्त था।

राजू टैक्सी पकड़ कर दादा की दुकान पर गया, दादा ने उसके तनाव को महसूस कर लिया, और वह उसको लेकर किताब की दुकान के पीछे एक छायादार आँगन में ले गया जहाँ बस कबूतरों की आवाज़ ही उसको सुन सकती थी। राजू ने उसको संक्षेप में बताया कि उसके पास कुछ पैसे थे और उसको समझ में नहीं आ रहा था क्या करे।

'कितना है?' दादा ने सतर्क होते हुए पूछा। वह दूसरे लोगों की माली हालत के बारे में जानने में अधिक दिलचस्पी नहीं रखता था, न ही अपनी माली हालत के बारे में वह कुछ बताता था।

'मुझे पता नहीं', कहते हुए राजू का ध्यान कहीं और था, 'शायद तीस–चालीस लाख। ज़्यादा भी हो सकता है। मैंने ठीक से गिना नहीं है। और यह काला धन है।' दादा मामला समझ गया और उसने ज़्यादा कुछ नहीं पूछा। कबाड़ी वाला के रूप में उसका काम था धन को अलग–अलग रूप में लेना–देना। उसकी आँखें चमक उठीं क्योंकि उसके दिमाग़ में एक शानदार आइडिया आया।

'आज से मैं तुमको राजू नहीं बल्कि शायर बेताब कह कर बुलाऊँगा', वह बोला। उसकी आँखें शरारत से चमक रही थीं।

राजू को कुछ समझ नहीं आ रहा था कि वह कह क्या रहा था, वह ऐसे गम्भीर मामले में जो जीवन–मरण का मसला बन गया था वह उसके बारे में मज़ाक़ क्यों कर रहा था।

दादा सदारंगानी ने अपनी योजना समझायी। बहुत साधारण–सा का आइडिया था, जिसमें किसी तरह का कोई पेंच नहीं था। दादा सदारंगानी उर्फ़ अल्फ़ाज़ और उसके किताब की दुकान बेताब की शायरी की किताब को अल्फ़ाज़ प्रकाशन से छापकर 90 रुपये में बेचेगा। वह अख़बार बाँटने वालों और कबाड़ियों के अपने नेटवर्क के माध्यम से इस किताब को देश में या कहीं और भी उपलब्ध करवायेगा, उसके लोगों का यह जाल पूरे उत्तर प्रदेश में था।

'यूँ ही नहीं मुझे जुगाड़ का उस्ताद कहा जाता है! अपने जीवन की शुरुआत मैंने कबाड़ी के रूप में की। मैंने ज़िन्दगी की पढ़ाई फुटपाथ के स्कूल में की है। हम तुम्हारी कविताओं को नोट में बदल देंगे। उस काले धन को जिसे तुम न जाने कहाँ से लाये हो, हम उसको डिटर्जेंट से धोकर शुद्ध सफ़ेद धन में बदल देंगे। हम तुमको बुद्धिजीवी बना देंगे, कविराज।'

वह साँस लेने के लिए रुका, और फिर वह दुबारा बोलने लगा। उसकी आँखों में व्यावसायिक आत्मविश्वास की चमक थी; और वह खिचड़ी दाढ़ी वाली अपनी ठुड्डी पर हाथ मारते हुए बोल रहा था। 'यह एक बहुत बड़ी योजना है! हर किताब की क़ीमत 90 रुपये होगी लेकिन उसको पाठकों और ग्राहकों को दस रुपये की छूट पर बेचा जायेगा। बिकी किताबों की न तो वापसी होगी न ही किसी तरह की रसीद दी जायेगी। इसलिए अगर हमने तुम्हारी किताब की 50 हज़ार प्रतियाँ बेच लीं, चाहे अपने आपको ही तो हम टैक्स वालों को, मिस्टर मोदी को, मिस्टर जेटली को यह कह सकते हैं कि हम लोगों ने क़ानूनी रूप से पचास लाख रुपये कमाये हैं। प्रकाशक का हिस्सा हुआ 20 प्रतिशत, अल्फ़ाज़ प्रकाशन को। मेरे कुछ और ग्राहक भी हैं जो तुम्हारे साथ सहयोग करना चाहेंगे। ज़िन्दगी बहुत आसान है, सच में, अगर आप उसको सही तरीक़े से देखें तो।'

उन्होंने किताब पर कड़ी मेहनत की, उसे अपनी आशाओं और भावनाओं को मिलाते हुए। वे रात–रात भर बेहद मीठी चाय पीते हुए उसके ऊपर चर्चा करते। उन्होंने किताब का नाम *वक्त चोर* रखना तय किया। उन लोगों ने उर्दू फोंट नस्तालिक डाउनलोड किया और किसी को टाइप करने के काम पर रखा, दादा ने किताब के लिए आईएसबीएन नम्बर तैयार किया।

'शायर के लिए राजू श्रीवास्तव बक़वास नाम है!' दादा ने घोषणा की। 'मैंने इसी नाम के एक कामेडियन को टीवी पर देखा है।'

'मैं अपना नाम रज़ी ख़ान सिंह रख लेता हूँ', बेताब ने जवाब दिया। 'यह हिन्दू और मुस्लिम दोनों नाम है और सुनने में शहाना लगता है।'

किताब का पहला संस्करण हज़ार प्रतियों का था। हैरानी की बात थी कि किताब पूरी तरह से वैधानिक तरीक़े से बिक गयी, और उर्दू की दो प्रतिष्ठित पत्रिकाओं में उसकी समीक्षा भी प्रकाशित हुई।

सब कुछ ऐसे हुआ जैसे नियति ने बेपरवाही से सब कुछ पहले से तय कर रखा हो। राजू के पास वह पैसा जमा था जो उसने गुणवन्ती देवी से चुराया था, जिसने अर्जुन सिंह का पैसा छिपा रखा था, जिसने अपने रिश्ते के भाई का माल छिपाया हुआ था, जिसने बिल्डरों और उनके दलालों को ब्लैकमेल किया था, बदले में जिसने कमज़ोर इमारतें, पुल आदि बनवाये जो जल्दी ही गिरने वाले थे।

यह एक तरह से जीवन वृक्ष जैसा था। सभी बुरे कर्म शब्द की सत्ता से रूपान्तरित हो गये, छपे हुए शब्दों की सत्ता से, आभासी दुनिया की सत्ता से, वह पैसा रूपान्तरित होकर टैक्स चुकाकर कमाये गये धन में बदल गया। राजू चोर ने बेचैन रूह के शायर रज़ी ख़ान सिंह बेताब को जगह दी– और एक नये अफ़साने का जन्म हुआ।

और अब वह यहाँ था, लिट्रेचर फ़ेस्टिवल में, आने वाले कल के सपने देखता, अब वह जावेद अख़्तर साहेब के लिए अपनी किताब छोड़ जायेगा, या तो उनके कमरे में या होटल के रिसेप्शन पर, पूरे अदब के साथ अपने दस्तख़त में।

जयपुर। जनवरी। शनिवार

लेखकों के लाउंज में अनिर्बन का सामना गायत्री स्मिथ गाँधी से हुआ। जब से सुमेध से उसकी अचानक मुलाक़ात हो गयी थी तब से वह फ़ेस्टिवल से जा नहीं पा रही थी। वह एक गंजे आदमी को अपना परिचय दे रही थी और उसने नाम से पहचान लिया था।

'मेरा नाम है गायत्री स्मिथ गाँधी', उसने बेहद ठण्डे तरीक़े से संक्षेप में अपना परिचय दिया। अनिर्बन उसके नाम से वाक़िफ़ था। जो मेल एक साथ बहुत से लोगों को भेजे जाते हैं उनमें से अनेक मेल में उसने उसका नाम देखा था। सामूहिक दायर की जाने वाली याचिकाओं में वह नाम देखा था, उसने उसकी किताबें भी देख रखी थीं। दोनों का एजेंट एक ही था।

'मेरे ख़याल से हमारे एजेंट एक ही हैं', उसने कहा। 'मेरा नाम है अनिर्बन एम, और– कैथी कार्बर्ट आपके बारे में अक्सर बताती रहती है।'

एजेंट का नाम सुनकर गायत्री स्मिथ गाँधी के चेहरे पर दुखी भाव दिखाई दिया। उसको कोई ऐसा चाहिए जो उसके ऊपर भरोसा रखे, उसकी मदद करे, उसकी किताबों के अधिकार बेचे। उसको ऐसा लगता था कि कैथी की प्राथमिकताओं में वह सबसे नीचे के स्तर पर था।

'कैथी बहुत अच्छी एजेंट है', उसने कहा। 'मुझे इस बात की ख़ुशी हुई कि वह आपका काम देखती है। जहाँ तक मेरी बात है तो मैं असल में लेखक होने की कोशिश कर रही हूँ। मुझे ऐसा लगता है कि मेरा अभी तक का लेखन अकादमिक क़िस्म का ही रहा है, अपने सुरक्षित दायरे में रहते हुए लेखन करना।'

अनिर्बन एम की कलाकार आँखें उसको बारीक़ी से देख रही थीं। वह छरहरी थी, और ऐसा लग रहा था कि उसने कपड़े अच्छी तरह से पहन रखे थे, उसने अनुमान लगाया कि वह अधेड़ से कुछ अधिक उमर की थीं। उसके चेहरे पर सबसे प्रभावशाली उसकी आँखें ही थीं, और उसके बड़े होंठ, जिसकी सिलवटों में लिपस्टिक का कुछ अंश फँसा हुआ रह गया था। वह ऐसे नैन–नक़्श की तलाश में भटकता था जिनको लेकर वह जब स्केच बनाये तो कुछ खेल कर सके, और उसने फ़ैसला किया कि शायद उसकी भौंहों और उसकी ठुड्डी के तिल के कारण उसके बड़े होंठों की तरफ़ ध्यान जाता था, वह अगर कुछ और सलीक़े से मेक अप करती तो वह और भी सुन्दर होती।

उसको यह जानकर हैरानी हुई होती कि गायत्री भी इस मामले में उसके जैसी ही सोच रही थी कि उसको अपने बारे में कुछ करना चाहिए। सुमेध कुमार के साथ अचानक मुलाक़ात, दोनों का अस्पताल से अचानक भाग जाना, होटल के कमरे में साथ रात बिताना, सुबह के समय सुमेध ने गायत्री के होंठों को जिस तरह से किस किया था, उसकी पत्नी के दाँत का आकार और उसका रंग– ये सारी बातें उसके दिलो दिमाग़ में इस तरह से बैठी हुई थीं कि वह अपने आपको पूरी तरह से बदल लेगी और अपने एक ज़माने के प्रेमी के प्यार को चुरा लेगी।

जब से सुमेध उसके कमरे से चुपचाप चला गया था तब से दोनों की भेंट नहीं हुई थी। फिर भी उनको मिलना ही था, वह उससे फिर मिलेगी, वह उसको बतायेगी कि उसने कितना कुछ खो दिया है, अनीता हुसैन से शादी करने से उसको कुछ हासिल नहीं हुआ,

और उससे भी कम मिला कार्मेन कुमार के साथ शादी करने से क्यूपिड और कामदेव को एक होना होगा उसकी मदद के लिए।

एक वोलंटियर आसपास घूम रहा था, ख़ाली पड़े कॉफ़ी के कपों को हटा रहा था। 'मैं राजस्थानी कपड़े कहाँ से ख़रीद सकती हूँ– जोर्जेट और शिफोन की साड़ियाँ, लहरिया, बाँधनी जैसे कपड़े?' गायत्री ने पूछा।

अनिर्बन ने उसको कहते हुए सुन लिया। 'मैं भी साड़ी ख़रीदने के लिए ही जा रहा हूँ', वह बोला। 'आप चाहें तो मेरे साथ चल सकती हैं।'

इस तरह दोनों एक साथ साड़ी की ख़रीद के लिए निकले, गायत्री स्मिथ गाँधी और अनिर्बन एम, गुलाबी शहर में उसके ख़ज़ाने की तलाश में। उसको याद आया कि वह बचपन में एक बार जयपुर आयी थी, जब वह अपनी मौसियों के साथ अपने रिश्ते के भाई की शादी में आयी थी, और उसके बाद जमकर ख़रीदारी की थी। वह गोटा, जोर्जेट, बाँधनी के जादू में आ गयी थी और इतने सारे रंगों के जादू में जो वहाँ के वातावरण की एकरसता को जैसे तोड़ते थे।

एक पुराने से शॉपिंग मॉल में अनिर्बन ने वहाँ के एक कर्मचारी को दो क़तारों में साड़ी को सजाने के लिए कहा। उसके बाद वह पीछे हट गया, एक क़दम, दो क़दम, जब तक कि उसको अपना नज़रिया नहीं मिल गया। वह गन्दे पड़ चुके सफ़ेद रंग की एक कुर्सी पर बैठकर साड़ियों को देखने लगा, उनके रंगों का आनन्द लेने लगा

'सुन्दर साड़ी की तलाश पूरी तरह से डूब कर किया गया अनुभव होता है', उसने बताया। अपने हथेली पर मुँह टिकाये, और उसकी आँखों में एक अजीब–सी चमक थी।

'आपको कौन–सी साड़ी अच्छी लग रही है?' उसने गायत्री से पूछा।

गायत्री की निगाहें हरे रंग की एक साड़ी पर टिकी हुई थीं, चमकदार हरे रंग की, जिसमें केसरिया रंग की किनारी थी और उसके बीच में नारंगी रंग की बाँधनी का डिज़ाइन था।

'यह' उसने कहा, और साड़ी को अपने कन्धे पर रखकर देखने लगी, और उसकी बलखाती लहरों को महसूस करने लगी।

'नहीं', उसने जवाब दिया। 'तोतिया हरा रंग आपके ऊपर नहीं फबता '

वह सही कह रहा था। यह रंग कुछ अधिक ही चटख था। 'मुझे एक बार फिर से देखने दो', वह बोली और वे साड़ियाँ देखते रहे, रंगों की छटा में सराबोर होते रहे।

नहिलाओं की एक मण्डली, जो देखने से ही अमीर लग रही थी और जिनको देखकर ही कहा जा सकता था कि वे ख़रीदने के इरादे से आयी थीं, दुकान में घुसी। 'हमें शादी के लिए साड़ियाँ चाहिए!' घुसते ही उस समूह ने घोषणा की।

दुकानदार ने उस सहायक से यह इशारा किया वह जो साड़ियाँ दिखा रहा था उनको एक तरफ़ कर ले और नये ग्राहकों के लिए जगह बनाये। उस समूह में जो सबसे कम उम्र की महिला थी, शायद उसी की शादी होने वाली थी, उसने उन रंगबिरंगी साड़ियों की तरफ़ इशारा किया जिनको अनिर्बन ने सजाने के लिए कहा था। 'यह अच्छी साड़ियाँ लग रही हैं', उसने एकदम फ़ैसला देने के अन्दाज़ में कहा। 'पहले ये देखते हैं।'

अनिर्बन एम खड़ा हो गया। उसने मैरून रंग की एक लहरिया की साड़ी उठा ली, जिसकी महीन किनारी ताँबे और सोने की थी और उसका पल्लू बहुत सुन्दर था। उसने उस साड़ी को उस लड़की के ऊपर डाल दिया और फिर पीछे हटकर उसको देखने लगा। 'यह साड़ी आपके लिए ही बनी है', उसने जैसे घोषणा की।

वह ख़ुशी के मारे चहकने लगी। 'आप सही कह रहे हैं भाई साहब', वह बोली, 'मैं मेहँदी में यही साड़ी पहनूँगी।'

उसने गुलाबी रंग की एक साड़ी उठायी जिसकी किनारी चाँदी के रंग की थी। 'यह आपके लिए सही है गायत्री', उसने जैसे अन्तिम फ़ैसला सुनाते हुए कहा। 'यह शुद्ध प्याज़ी रंग है, प्याज़ के रंग का हल्का गुलाबी, और हर कोई इस साड़ी को पहनकर अच्छी नहीं लग सकती।'

उसने साड़ी को सहलाकर देखा, अनिर्बन एम की पसन्द उसको अच्छी लगी। उसको साड़ी पकड़ने से ही सुन्दर महसूस हो रहा था।

'और यह मेरे लिए है', उसने नीचे झुककर मेज़ेंटा रंग की एक साड़ी उठायी जिसकी किनारी नाटकीय गुलाबी थी।

गायत्री ने अपनी भौंहें उठायीं। 'तुम्हारी गर्लफ्रेंड के लिए?' उसने पूछा। 'या तुम शादीशुदा हो?'

'यह मेरे लिए है', वह बहुत गम्भीरता से बोला। 'मुझे बैंगनी रंग अच्छा लगता है। हल्का बैंगनी, गहरा बैंगनी, आलूबुखारे की तरह बैंगनी, मौव, मेज़ेंटा– मुझे ये सारे रंग अच्छे लगते हैं। और इसकी गुलाबी किनारी कितनी अलग–सी है। आख़िरकार यह गुलाबी नगरी है। डायना व्रीलैंड ने कहा था कि गुलाबी रंग भारत का नेवी ब्लू है। मेरे ख़याल से बैंगनी रंग और कुछ नहीं गुलाबी रंग का अधिक हो जाना है।'

गायत्री को समझ नहीं आ रहा था कि इसका जवाब किस तरह से दे।

'क्या आप जानती हैं कि रंग दिमाग़ का फ़ितूर है? यह रेटिना के ऊपर विद्युत की तरंगों के पड़ने से इनका जन्म होता है। इसलिए रंगों को लेकर दो अलग–अलग तरह के नज़रिए हो सकते हैं। एकदम सेक्स की तरह।'

वह भौचक थी, हालाँकि वह पूरी कोशिश कर रही थी कि जताये नहीं। पुरुष स्त्री के कपड़े पहनें इसमें कुछ भी ग़लत नहीं है, उसने अपने आप से कहा। लेकिन साड़ी तो औरतों के पहनने की चीज़ ही होती है न–

'मुझे साड़ी और धोती पसन्द है', उसने गोपनीय तरीक़े से कहा। 'औरत होती नहीं बनायी जाती है। स्त्रीत्व बहुत शानदार संरचना है और साड़ी संसार में सबसे अलग तरह की और सबसे मुक्त वस्त्र है।'

'बहुत अधिक हो गया अनिर्बन!' वह बोली। 'साड़ी के लिए शुक्रिया और उसके पीछे की इस सुन्दर कहानी के लिए भी।'

'हम लोगों को अपनी साड़ियों के लिए ब्लाउज और पेटीकोट भी ख़रीदना है', वह बोला। 'और चूड़ी बेचने वाले तथा जौहरी हमारी बाट जोह रहे हैं।'

केवल गायत्री ही साड़ी की ख़रीदारी के लिए नहीं निकली थी। जब वे दुकान से निकल रहे थे तो उनका सामना सुमेध कुमार की पत्नी कार्मेन से हुआ, जिसने ऊँची पैंट और रुपहले रंग के जूते पहन रखे थे, वह शिफोन साड़ी ख़रीदने के लिए निकली थी।

उसने गायत्री को देखकर ऐसे मुँह बनाया जिसको उदारता से देखने पर ही मुस्कान कहा जा सकता था। 'साड़ी ख़रीदने?' उसने चहकते हुए कहा। 'मैं भी उसी के लिए आयी हूँ! इस बार मैं देशी होने निकली हूँ!'

गायत्री ने बहुत आदर से उसको जवाब दिया और उसको यह नहीं पता था कि यह उसके अन्दर था। 'तुमको अपने साथ सुमेध को लेकर आना चाहिए था वह तुम्हारे लिए साड़ी चुन देता!' उसने जवाब में कहा। 'मुझे पक्का लगता है कि शिफोन की साड़ी में तुम बहुत अच्छी लगोगी। मेरे दोस्त अनिर्बन ने मेरे लिए यह एकदम अलग तरह का रंग चुना है!' वह फिर मुस्कुरायी, वह अनिर्बन का हाथ थामे बाहर निकल गयी।

बेताब को इस बात से परेशानी होती थी कि वह लिखता तो रूमानी शायरी था लेकिन वह किसी स्त्री को नहीं जानता था। किसी लड़की को नहीं जानता था। वह कैसे जान सकता था? उसकी दोनों बड़ी बहनों की शादी जल्दी हो गयी और दोनों जल्दी मर भी गयीं।

जब कानपुर में वह टेलर की दुकान चलाता था तो लड़कियाँ नाप देने के लिए आती थीं। उसके पिता कुछ क़दम पीछे हटकर ऐसे मशीनी तरीक़े से उनका नाप लेते थे मानो वे बुत हों, उनके शरीर से सेंट या पसीने की गन्ध भी आ रही होती थी, आँखों में गहरा काजल लगाये या ख़ूब चमकदार लिपस्टिक जो उनके दाँतों को भी रंग देता था। वह हर बार अपनी दायीं जेब से एक पुराना इंची टेप निकाल लेते थे, और अपनी दुकान में आने वाली महिला का नाप बहुत सावधानी से लेने लगते थे, उनके थके चेहरे पर किसी तरह का भाव नहीं होता था, जानबूझकर आँखों के किसी तरह के सम्पर्क से वे बचकर रहते थे।

लेकिन बेताब को वास्तव में किसी स्त्री को जानने का मौक़ा नहीं मिला। वह कभी–कभार वेश्यागमन करता, और नियमित तौर पर हस्तमैथुन करता था, लेकिन शायरी में जिस तरह से दो आत्माएँ एक होती थीं वैसे मिलने के लिए वह तड़पता रहता था।

वह पूरी तरह से तय करके आया था कि फ़ेस्टिवल में उसको अपने सपनों की रानी मिल जायेगी, वह प्यार में पड़ जायेगा। फ़ेस्टिवल में आने वाले हज़ारों लोगों में कोई एक हिन्दू कायस्थ लड़की होगी जिसकी शायरी में दिलचस्पी होगी। एक ऐसी लड़की जो वहाँ महज़ मशहूर हस्ती की सेल्फ़ी लेने के लिए नहीं आयी होगी, बल्कि अपनी कल्पनाओं को साझा करने के लिए आयी होगी, शब्दों के प्यार के लिए।

शायद वह कायस्थ नहीं हो या हिन्दू ही नहीं हो। क्या पता जिस लड़की से मिलना उसके भाग्य में हो वह गरारा पहने उसके इन्तज़ार में हो। क्या पता उसका नाम आयेशा हो, या फिरदौस बेगम। वह सही तलफ़्फ़ुज के साथ उर्दू बोलती हो। वह उससे शादी कर लेगा, उसको मुस्लिम लड़की से शादी करने में कोई परेशानी नहीं है। कायस्थ समाज बहुत धर्मनिरपेक्ष समाज रहा है, वह सभी धाराओं से जो सर्वश्रेष्ठ होता है उसको अपनाता रहा है।

वह प्यार में तो पहले से ही पड़ा था, लेकिन यह भाषा का प्यार था, मीर, दाग़ और ग़ालिब की भाषा का प्यार। वह क्रान्तिकारी शायरों के बारे में अधिक नहीं सोचता था। लेकिन फ़ैज़ साहब की रूमानी शायरी पढ़कर वह मदहोश की तरह हो जाता था, लेकिन इंक़लाबी शायरों की शायरी का उसके ऊपर कोई प्रभाव नहीं पड़ता था।

बेताब ने कार्यक्रमों की सूची देखी जिसमें उसने निशान लगा रखे थे। वह जितना हो सके कविताओं को ग्रहण कर लेना चाहता था, चाहे जिस भी भाषा में। लन्दन के एक हिप हॉप कवि का एक सत्र था, बहुत ही सुन्दर लड़की थी, जिसके बाल सुनहरे थे, और एक सोमालियन अमेरिकन रैप कलाकार था जो न्यू यॉर्क का था। फिरंगी कविता को पेश करने का अन्दाज़ उर्दू की ख़ास शैली से बहुत अलग होता है। वह बहुत उत्सुक था, वह वाचिक संसार के तौर तरीकों को सीखना चाहता था।

उस दिन का अन्तिम सत्र कविता का था। दुनिया भर के सात कवि अपनी–अपनी रचनाओं का पाठ करने वाले थे। क्या पता वह भी किसी दिन इस जगह पर हो, इन लोगों के साथ, एक–एक शब्द को ऐसे बोलता हुआ मानो वे फूल हों या मोती।

बेताब जाड़े के उस दिन में कविता और प्रेम की तलाश में निकल गया। उसने एक ऑटो रिक्शा पकड़ा, लेकिन ट्रैफ़िक बहुत अधिक था और वह बीच रास्ते में ही उतर गया। बिना किसी काम के इधर–उधर भटकता रहा, उसके मन के अन्दर कविता की एक लाइन चल रही थी, उसने पाया कि भटकते–भटकते वह एक पार्क में आ गया था, जिसमें हरी घास थी और छायादार पेड़।

वह लोहे की एक बेंच पर जाकर बैठ गया, जिसके ऊपर चिड़िया की बीट पड़ी हुई थी, इसलिए वह उठा और पीपल के पेड़ के विस्तार के नीचे बैठ गया। एक कौवा आसपास उड़ने लगा, वह उसको उत्सुकता से देख रहा था। पीले रंग की एक कटी पतंग उड़ते हुए उसके पास आ गिरी। मकर संक्रान्ति को बीते महज़ एक सप्ताह के आसपास हुआ था और पतंगबाज़ी के त्योहार ने काग़ज़ के रंग–बिरंगे कटे–फटे पतंगों के रूप में हर साल की तरह इस साल

भी निशानी छोड़ दी थी, पतंगें पेड़ों की शाखाओं में फँसी हुई थीं और शहर भर में बिजली की तारों पर।

लेकिन जिस तरह से यह पतंग, पीले रंग की यह पतंग जिसके ऊपर बैंगनी रंग में दिल बनाया हुआ था पहले उसके ऊपर मँडराती रही और फिर उसकी गोद में गिर गयी उससे उसके अन्दर जैसे बिजली जैसा कुछ कौंधने लगा। ऐसा लग रहा था मानो यह छूटी हुई पतंग, इसका बर्बाद ढाँचा उससे बात करने आयी हो, केवल उससे, अपनी उड़ान के बारे में, और फिर धरती पर लौटकर आने के अपने अनुभव के बारे में, आनन्द देने वाली हवा और दुःख के बारे में और फिर मिट्टी तथा पत्तों में मिल जाने के बारे में।

शब्द जो क़हीं उसके दिल, उसके गले, और उसकी आँखों के बीच फ़ँसे हुए थे, बाहर निकलने लगे, जैसे ख़ामोशी में बिजली चंमकी हो। वह अपने स्मार्टफोन पर पागलों की तरह कविता लिखने लगा। वह रोमन लिपि में लिख रहा था, जैसे शब्दों और भावनाओं का झरना बह पड़ा हो।

कविता वह हिन्दुस्तानी में लिख रहा था। वह असल में कविताओं की पूरी एक श्रृंखला लिख रहा था, सभी कविताएँ उस कटी पतंग को समर्पित थीं, फिर पतंग का जवाब, गर्व भरा, दार्शनिक, सांकेतिक।

यह ऐसे था मानो उसको पतंग से प्यार हो गया हो। किसी व्यक्ति या वस्तु ने उससे पहले इस तरह से बात नहीं की थी, इतने प्यार से, अपनेपन के ऐसे भाव से।

बेताब को यह नहीं पता कि 'कटी पतंग' कविता को लिखने में उसको कितना समय लगा, कविता का शीर्षक उसने इसी नाम की प्रसिद्ध फ़िल्म के नाम से लिया था। पूरी लम्बी कविता उसने एक बार में लिखी, बिना रुके, या बिना ठीक–ठाक किये। जब कविता पूरी हो गयी तो उसको शायद ही यह याद था कि उसने क्या लिखा था, या यह कि वह कविता कैसी थी, अच्छी थी या बुरी। उसको बहुत हल्का महसूस हो रहा था। वह कोई जानी–पहचानी धुन गुनगुना रहा था। ज़ाहिर है वह एक़ सदाबहार फ़िल्म का गाना था, जिसका शीर्षक उसने अपनी कविता के लिए लिया था।

'मेरी ज़िन्दगी है क्या एक कटी पतंग है।' एक सुन्दर विधवा जो पूरी तरह से सफ़ेद कपड़ों में थी। आशा पारेख? और राजेश खन्ना उस समय अपने शिखर पर थे। उसको उस गाने का बस यही याद आ रहा था कि उसकी शूटिंग नैनीताल में की गयी थी, झील और पहाड़ों की पृष्ठभूमि में।

वह पतंग को देखने लगा, जिसकी प्रेरणा से उसने कविता लिखी। वह उसको वहाँ ऐसे नहीं छोड़ सकता था, ताकि उसको कूड़े में फेंक दिया जाये। उसने उसको बड़े प्यार से उठाया और ऑटो रिक्शा लेकर होटल आ गया, जहाँ उसने उसको अपने सूटकेस के ऊपर रख दिया, एक दोस्त जो आकाश से गिर गया था।

'ज़िन्दगी में किताबों के सिवा भी बहुत कुछ है।' गायत्री स्मिथ गाँधी ने अपने आप से कहा और बिस्तर पर जार्जेट की साड़ी और मैचिंग ब्लाउज को फैलाकर देखने लगी। और कुछ नहीं था जिसमें वह स्त्री जैसी महसूस करती थी जितनी वह साड़ी में अपने आपको महसूस करती थी। अमेरिका में छह गज़ के कपड़े के टुकड़े पर इस्तरी करना और उसको सहेज कर रखना बहुत उबाऊ काम लगता था लेकिन जब कभी–कभार वह करती थी तो उसका नतीजा गहरा प्रभाव छोड़ने वाला होता था।

आज एक सत्र था 'ऐतिहासिक कल्पना' को लेकर। उसमें पैनल में गायत्री सुमेध कुमार के साथ थी। वह उसका सामना करने का इन्तज़ार कर रही थी, चाहे वह अपनी पत्नी के साथ हो या उसके बिना। वह उसके ऊपर अपना प्रभाव छोड़ना चाहती थी, अपनी सुन्दरता से, अपनी बौद्धिकता से और अपनी वाक्पटुता से। वे अपनी प्यार की डोर को फिर से थाम लेंगे।

गायत्री और सुमेध। सुमेध और गायत्री। वे एक इन्सान जैसे महसूस हो रहे थे, उतने साल पहले– एक ही अंडे की जर्दी और

सफ़ेदी की तरह से। जब वे एक साथ लेटते थे तो उनकी साँसें भी एक साथ चलती थीं। दोनों को एक जैसी फ़िल्में भी पसन्द थीं– पाकीज़ा, शोले, लगान। वे एक से इतिहासकारों को पसन्द करते थे– एरिक हाब्सबोम, रोमिला थापर, बिपिन चन्द्रा। वे इमरजेंसी के ख़िलाफ़ थे, परमाणु विस्फोटों को लेकर उनकी साफ़ राय नहीं थी। वह कश्मीर के मामले पर उसके साथ सहमत होने का नाटक करती थी, जबकि उसके पिता सेना में थे और कश्मीर के बारे में उसकी अपनी अलग राय थी।

अगर कुछ था तो वह यह कि दोनों एक–दूसरे के बहुत क़रीब थे। सुमेध और गायत्री। दोनों एक–दूसरे की आधी लिखी पंक्तियों को पूरी कर सकते थे। उनकी पसन्द एक ही थी, उनके पूर्वग्रह भी एक जैसे थे, उनकी सोच एक जैसी थी और हर विषय पर एक–दूसरे का समर्थन करते थे।

वे एक तरह से एक–दूसरे में खोने लगे थे। इस बात में कोई आश्चर्य नहीं होना चाहिये था कि सुमेध ने उसको उसकी सबसे अच्छी दोस्त अनीता के लिए छोड़ दिया, उसमें वह सब कुछ था जो गायत्री में नहीं था। 'ऐसा लगता है कि हम दोनों के बीच जो आग थी वह गुम होती जा रही थी', उसने उससे बिना किसी अफ़सोस के भाव के साथ कहा था।

सुमेध कुमार से उसने प्यार किया था, और जब उसने उसको छोड़ा तो वह कार्ल्सन स्मिथ की बाँहों में जाकर गिरी, वह दर्शनशास्त्र का प्रोफ़ेसर था, उसका मिज़ाज फ़कीरों जैसा था लेकिन बीच–बीच में उसको गुस्से का दौरा पड़ता रहता था। केवल दो साल साथ रहने के बाद जब ऐसा लगने लगा था कि दोनों के रिश्ते में सामंजस्य आ गया था तब उसने गायत्री से बताया कि उसने अपनी पहली पत्नी गेबोनीज़ से तलाक़ नहीं लिया था, वह नृतत्त्वशास्त्री थी और उससे उसको दो बच्चे भी थे।

'हम दोनों एक–दूसरे से अलग हो गये', उसने बताया। 'हम लोग अपने–अपने रास्ते चले गये। मैं ज़ोर देकर कहना चाहता हूँ डार्लिंग कि यह तलाक़ जैसा ही था।'

कार्ल्सन की पत्नी फ्रैंकीन स्मिथ उर्फ़ ब्राजा अपने काम के सिलसिले में कार्ल्सन के सम्पर्क में रहती थी। उसने हाल में ही उसको चिट्ठी भी लिखी थी और वह उससे मिलने के लिए यूनिवर्सिटी टाउन भी गया था जहाँ इन दिनों वह रहती थी। वह कैंसर की बीमारी से उबर रही थी और ऐसी सम्भावना थी कि वह शायद ठीक नहीं हो पाये।

'वह इतनी अलग लग रही थी' वह बोला। 'पूरी तरह से तबाह हो चुकी है। मैं तो उसको पहचान ही नहीं पाया।' वह उसके साथ वापस रहना चाहती थी और यह चाहती थी कि उसको अगर कुछ हो गया तो उसके बच्चों का ध्यान वह रखे।

'शायद हम सब एक साथ रह सकते थे–' उसने बड़ी उम्मीद के साथ चिरौरी करने के अन्दाज़ में कहा। 'हम ऐसे घर में चले जायेंगे जिसमें और अधिक कमरे हों।'

गायत्री सम्मान के साथ उस रिश्ते से अलग हो गयी जो शादी नहीं थी। उसकी पत्नी फ्रैंकीन का अगले साल निधन हो गया। कार्ल्सन गायत्री से चिरौरी करने लगा कि वह वापस आ जाये, उसके बच्चों की माँ बन जाये। लेकिन वह नहीं लौट सकती थी, वह नहीं लौटी।

उसने अपना नाम बनाये रखा क्योंकि उसको लगता था कि गायत्री स्मिथ गाँधी नाम में गायत्री गाँधी नाम से अधिक वज़न था। इसके अलावा, वह यह नहीं चाहती थी कि लोगों को उसकी दुःख भरी कहानी के बारे में पता चले और वे उसके लिए अफ़सोस जताएँ। उसने उसको पीछे छोड़ दिया, कार्ल्सन स्मिथ के साथ बिताये सालों को और उस बिखराव को।

सुमेध कुमार उसके साथ पैनल में वक्ता के रूप में था, 'ऐतिहासिक कल्पना' के बारे में चर्चा करने के लिए। वह वहाँ से शुरू करेगी, अतीत को भुलाकर भविष्य में जायेगी। या कम से कम वर्तमान में।

उसने एक अरसे से कार्ल्सन के बारे में सोचा भी नहीं था। वह दुखद अतीत याद करके उसको तकलीफ़ होती थी, उससे उसको

चिन्ता होती थी और तनाव होने लगता था। अपने लिए उसने एक कप चाय और ढाली और धीरे–धीरे वह मन्त्र पढ़ने लगी जिसको वह तनाव को कम करने के लिए पढ़ती थी।

'यह दौर भी बीत जायेगा', उसने अपने आप से कहा, बैंकर से बौद्ध भिक्षुणी बनी उस स्त्री की राहत पहुँचाने वाली आवाज़ में जिसने उस संकट के दौर में उसको दिशा दिखाई थी।

वह चलते हुए आईने के पास गयी और अपने आप से धीमी, सम्मोहक आवाज़ में बातें करने लगा। 'प्यारी गायत्री', वह बोली। 'प्रिय गायत्री इस बात को याद रखना कि सब कुछ तुम्हारे हिसाब से सही चल रहा है। तुम एक सफल इन्सान हो, एक जानी–मानी अकादमिक। तुम्हारा स्वास्थ्य अच्छा है, अच्छी दिखती हो, अच्छा महसूस करती हो। क्या हुआ अगर तुम अपना उपन्यास पूरा नहीं कर पा रहीं? क्या हुआ अगर तुम्हारे जीवन में कोई पुरुष नहीं है? क्या हुआ कि तुम इतनी अकेली हो कि तुम रोना चाहती हो? क्या हुआ!'

वह रुक गयी। इससे काम नहीं चल पा रहा था। उसने आईने में दिखाई दे रहे अपने चेहरे को देखकर आत्मविश्वास से भरपूर मुस्कान फेंकी और दवाओं के अपने थैले में तनाव भगाने वाली गोली खोजने लगी। एक गिलास पानी के साथ दवा खा ली, और उसको अच्छा भी महसूस होने लगा था। यह वक़्त भी गुज़र जायेगा। सब चीज़ें ठीक हो जायेंगी।

वह वापस आईने के पास गयी और अपने चेहरे की साफ़–सफ़ाई करने लगी। पहले बेस लगाया और फिर दो फ़ाउंडेशन जिससे कि सही रंगत आ जाये। आई लाइनर को उसने मिटा लिया। काजल, लिपस्टिक। उसके बाद उसने साड़ी पहनना शुरू किया, उसको शरीर पर लपेटा और खोंसा, साड़ी की पाँच प्लेट बनायीं, पल्लू को कन्धे पर फेंका, अपनी छरहरी काया को छिपाते हुए और दिखाते हुए भी।

'कोई परेशानी है, मैं आयी!' गायत्री स्मिथ गाँधी ने आईने में अपने चेहरे से कहा, और शरारती अन्दाज़ में कनखी मारी, और फिर फ़ेस्टिवल के लिए निकल गयी।

लेकिन उसका मन नाश्ता करने का होने लगा। चाय और बिस्कुट काफ़ी नहीं था। डाइनिंग रूम में जाने–पहचाने चेहरे भरे हुए थे। दो महिलाएँ उसको देखकर मुस्कुरायीं जिनको वह जानती नहीं थी।

कॉफ़ी, पराँठे, जैम और टोस्ट, क्रेसों, पोहा, अमरूद, केले, सेव। उसने एक पॉट मसाला चाय के साथ टोस्ट और जैम नाश्ते में लिया। वह कोने की मेज़ पर बैठ गयी। लोगों से आँखें मिलाने से बचने के लिए वह अपने आई फ़ोन में ईमेल देखने लगी। सत्र में उसको जो बोलना था उसके नोट्स को देखने लगी।

होटल से फ़ेस्टिवल स्थल तक जाने के लिए बस और गाड़ियाँ चल रही थीं। उसको एक टैक्सी में दो पुरुषों के साथ बिठा दिया गया, जो ऐसा लगता था जैसे उसको जानते थे। सुबह की ट्रैफ़िक की भीड़भाड़ में गाड़ी जब रास्ता बनाते हुए चल रही थी तो एक बार फिर से अपने मेल देखने लगी। नील स्मिथ का मेल आया था। नील स्मिथ : उसके पति का बेटा। कार्ल्सन का बेटा। फ्रैंकीन का बेटा।

प्रिय गायत्री,

आपको एक दुखद ख़बर देनी है। मेरे पिता कार्ल्सन स्मिथ अब इस दुनिया में नहीं रहे जिनके साथ मेरे ख़याल से आपका नज़दीकी रिश्ता था। पिछले सप्ताह वह गोली के घाव से मर गये, उन्होंने अपने आप को गोली मार ली थी।

मेरे भाई सैम का देहान्त पिछले साल हो गया था, अपने पिता की त्रासद मौत के बाद मैं इस संसार में अकेला रह गया हूँ।

आपको यह बताना मेरा कर्तव्य है कि मेरे पिता ने अपनी वसीयत में मेरे नाम उदारता से कुछ सम्पत्ति करने के बाद सब कुछ आपके नाम कर दिया है।

मेरे पिता के वक़ील इस बारे में आपसे औपचारिक रूप से बात करने के लिए सम्पर्क करेंगे। मैंने सोचा कि आपसे सीधे बात करके इस बारे में आपको बता दूँ।

उनकी मृत्यु जिस तरह से हुई उसके कारण पोस्टमार्टम किया जायेगा। उनके अन्तिम संस्कार के बारे में आपको जल्दी बताऊँगा।

दुःख के साथ आपका

नील स्मिथ

गायत्री की आँखों के सामने अँधेरा छा गया था और उसके सिर में चक्कर आ रहा था। टैक्सी फ़ेस्टिवल स्थल के बाहर रुक गयी, लेकिन उसको जैसे कुछ समझ नहीं आ रहा था, वह अपनी जगह से हिल भी नहीं पा रही थी, गाड़ी से उतर नहीं पा रही थी।

बाहर बहुत भीड़ थी। एक गाड़ी खड़ी थी जिसके कारण गेट के पास बहुत भीड़ हो गयी थी। एक पुलिस वाला शीशे से गुस्से में देख रहा था और उनको अपना डंडा दिखा रहा था।

गाड़ी में बैठे दोनों अजनबी उसको बड़ी इज़्ज़त दे रहे थे। उन्होंने हाथ पकड़कर उसको उतारा और भीड़ के बीच से उसको लेकर आगे बढ़े। वह चली जा रही थी, जैसे सपने में चल रही हो, वह सड़क से हट कर किनारे गयी और नाली में उल्टी करने लगी। उसने नाश्ते में जो कुछ खाया था सब बाहर आ गया था, चाय, टोस्ट, जैम और उसके बाद उसके ख़ाली पेट से सब निकला जा रहा था और उसकी आँखों में आँसू आ गये थे।

लेकिन वह रो नहीं रही थी। उसको ऐसा लग रहा था कि उसको किसी तरह का दुःख नहीं था, कोई तकलीफ़ नहीं थी, बल्कि उसको डर लग रहा था, सदमे में थी, अतीत की चीख़ जो हवा के विपरीत उसके पास आ गयी थी।

उसको लेखकों के लाउंज में ले जाया गया और एक कप कॉफ़ी उसको पीने के लिए दी गयी, जिसको बहुत स्ट्राँग बनाया गया था और उसमें चीनी भी कुछ अधिक डाली गयी थी। एक लड़की उसके सामने घुटनों के बल बैठ गयी। 'प्लीज़ बताइये न आपको क्या हो रहा है? अगर आप चाहें तो–' वह बोली।

होटल से जो दो लोग उसके साथ टैक्सी में आये थे वे अभी भी उसके आसपास बने हुए थे। उन लोगों ने उसको अपना परिचय दिया। एक पारसी कवि थे, होमी करंजीवाला। उसने उसके बारे में सुन रखा था। दूसरे आदमी ने बुदबुदाकर अपना नाम बताया जो वह समझ नहीं पायी, और उसके बाद वह चुपचाप बैठ गया, हैरानी भरे भाव से उसके सैंडल को देख रही थी।

उसकी आँखें सूखी हुई थीं, वह रो नहीं सकती थी। बैठकर वह कुछ देर उदास बैठी रही, और फिर अचानक वह उस दुःख से बाहर निकल गयी। उसको अपने सत्र में जो बोलना था उसके नोट्स देखने लगी, और बाक़ी पैनलिस्ट के आने की राह देखने लगी। सुमेध कुमार के आने की। उसको एक जाने–पहचाने चेहरे की ज़रूरत महसूस हो रही थी, एक ऐसे व्यक्ति की जिसको वह जानती हो।

सत्र में कुछ भी ऐसा नहीं हुआ जिसको रोमांचक कहा जा सके। वक्ताओं से जैसी अपेक्षा थी वैसे ही वे अपने–अपने मत पर बने रहे, और माहौल में अविश्वास और कड़वाहट थी। दक्षिण और वाम के इतिहास को लेकर अपने–अपने पक्ष थे और आयोजकों ने इस बात का पूरा ध्यान रखा था कि सभी तरह के मतों को उचित प्रतिनिधित्व दिया जा सके।

सुमेध कुमार ने अपनी बात का समापन रोमिला थापर की इस पंक्ति से किया, 'इतिहास का लेखन समितियों के द्वारा नहीं किया जाता है बल्कि लिखने वाले व्यक्ति इतिहासकार होते हैं', उसने कहा। 'जानी–मानी इतिहासकार रोमिला थापर की इन पंक्तियों को उद्धृत करते हुए मैं सार्वजनिक रूप से ऐसे लोगों की निन्दा करता हूँ जो उनको खलनायक बताते हैं और उनके लिए अपशब्दों का प्रयोग करते हैं।'

ऐसा कहते हुए उसने गायत्री को बड़े प्यार से देखा। वह इस गर्मागर्म बहस में कम बोल रही थी और एक तरह से उसने अपने आपको इस बहस से अलग कर लिया था, लेकिन दूसरे वक्ता

अपनी–अपनी बात रखने में इतने व्यस्त थे कि एक ख़ामोश स्त्री के इस तरह से बैठे रहने की तरफ़ उनका ध्यान भी नहीं गया।

बाद में जब वे स्टेज से उतर रहे थे तो सुमेध ने उसका हाथ पकड़ कर उसको नीचे उतरने में मदद की। 'मुझे तुमसे बात करनी है', वह उसके कान के इतने पास आकर बोला कि उसकी जीभ उसको महसूस हो रही थी।

उसका शरीर अकड़ गया था और उसका दिमाग़ जैसे सुन्न हो गया था। 'हाँ', उसने मशीनी अन्दाज़ में कहा, 'हम लोगों को ज़रूर बात करनी चाहिए।'

'लेकिन लेखकों के लिए बने मुख्य लाउंज में नहीं', वह बोला, वह अभी भी फुसफुसा कर बोल रहा था। 'दूसरे लाउंज में चलते हैं जो मेन गेट के पास है।'

और वहाँ सच में एक बड़ा–सा कमरा था, एक ख़ाली कमरा, जहाँ बस वही दोनों थे।

'अच्छा बताओ तुमको यह सत्र कैसा लगा?' उसने चहकते हुए पूछा।

'तुमने बहुत अच्छा बोला!' गायत्री ने पूरी ईमानदारी से जवाब दिया। सुमेध को हमेशा तारीफ़ अच्छी लगती थी और वह इसको लेकर बहुत संवेदनशील रहता था।

'तुमको सच में ऐसा लगता है?' वह बोला। 'मुझे लगा कि मैं लाइन से थोड़ा हट गया था। इतिहास के बारे में मैंने जो बात कही थी वह सामाजिक और राजनीतिक असुरक्षा के इस दौर में बहुत बड़ा मुद्दा है– लेकिन येल यूनिवर्सिटी के प्रोफ़ेसर ने मुझे अपनी बात समझाने का मौक़ा ही नहीं दिया।'

गायत्री उसको भावहीन तरीक़े से सुन रही थी। कितना अहंकारी आदमी है, उसने मन–ही–मन सोचा, और कितना ज़्यादा आत्मकेन्द्रित आदमी है। इसको मेरी तकलीफ़ का अहसास भी नहीं हो रहा है। पता नहीं मैंने इस आदमी से कभी प्यार कैसे किया था?

लेकिन सुमेध का ध्यान इस बात पर गया कि कहीं कुछ गड़बड़ थी। 'गायत्री मेरी जान गायत्री, इतनी ख़ामोश क्यों हो? इतनी उदास क्यों हो?' उसने बेहद प्यार से पूछा।

'मुझे कुछ देर पहले यह समाचार मिला कि मेरे पूर्व पति का निधन हो गया है। उसने अपने आपको गोली मार ली। यह कोई वैध रिश्ता नहीं था और मेरे ख़याल से हम लोगों ने तो ठीक से शादी भी नहीं की थी।'

यह सुनकर वह ख़ामोश हो गया। उसको कुछ कहने की ज़रूरत महसूस नहीं हुई।

'गायत्री!' उसने उसके हाथ को दबाते हुए कहा। उसको सदमा, प्यार, सहानुभूति सब कुछ महसूस हो रहा था।

'तुमको कब पता चला?' उसने पूछा। 'कब पता चला इस बारे में?'

उसने उसको अपना आईफ़ोन बढ़ा दिया जिसमें वह ईमेल था। उसने एक नज़र देखा और फिर फ़ोन को एक तरफ़ रख दिया, और कुर्सी की बाँह पर अपनी उँगलियों से बजाने लगा। उसके बाद वह उस मेल को दुबारा ध्यान से पढ़ने लगा।

'गायत्री', उसने बहुत प्यार भरी आवाज़ में पूछा, 'गायत्री यह आदमी कार्ल्सन, तुम्हारा पति–तुम्हारा पार्टनर–क्या अमीर आदमी था?'

गायत्री इस बारे में सोचने लगी। वे हमेशा ख़र्चे को साझा करते थे। कार्ल्सन ख़र्चीला इन्सान नहीं था। उसको कभी पैसों की चिन्ता नहीं रहती थी।

'वह ख़र्चीला इन्सान नहीं था', उसने जवाब दिया। 'मैं अपने ख़र्च खुद करती थी। ऐसा लगता नहीं था कि उसको पैसों को लेकर किसी तरह की चिन्ता रहती थी।'

'कोई ज़िम्मेदारी?' सुमेध ने फिर से पूछा। उसको यह सवाल अजीब लग रहा था।

'हम लोगों को इस बारे में पता करने की ज़रूरत है कि तुमको उत्तराधिकार में कितना धन मिलने वाला है', वह बोले जा रहा था। 'इस बारे में तुमको आगे बढ़कर काम करने की ज़रूरत है।'

उसने जिस तरह से 'हम' कहा उसका ध्यान इस बात पर गया। वह कह क्या रहा है? उसका आशय क्या है?

'मैं उससे प्यार करती थी', वह बोली, उसकी आवाज़ काँप रही थी। 'अपनी तरह से। बहुत अधिक प्यार करती थी। उसने मुझे अनेक तरह से तकलीफ़ पहुँचाई। बहुत अधिक। मैं उसकी सम्पत्ति के बारे में सोचना नहीं चाहती। मैं उसके बारे में सोचना नहीं चाहती, उसकी चिथड़े हुई खोपड़ी के बारे में, उसके दिल से बहते ख़ून के बारे में सोचना नहीं चाहती थी।'

वह रोना चाहती थी लेकिन बहाने के लिए नहीं। क्या उसने आत्महत्या से पहले उसके बारे में सोचा था? कार्ल्सन ने सब कुछ उसके नाम कर दिया था। इसका मतलब यह है कि वह उसके बारे में सोचता था। वह गायत्री को भूला नहीं था। गायत्री के लिए उसका प्यार ख़त्म नहीं हुआ था।

'हनी', सुमेध कुमार बोला, 'हनी, मेरी बात सुनो।'

'मुझे अकेले छोड़ दो सुमेध', उसने कहा और वहाँ से निकल गयी, भीड़ से होती हुई, सामने के गेट से निकल गयी। उसने एक ऑटो रिक्शा किया और अपने होटल की दिशा में चल दी। रिसेप्शन से उसने अपने कमरे की चाबी ली और अपने कमरे की ओर चल दी। वह धीरे चल रही थी, बहुत धीरे, किसी कारण से वह चलते हुए अपने क़दम गिन रही थी।

सुमेध कुमार उसके कमरे के बाहर खड़ा था। 'मेरे ड्राइवर को इस होटल तक आने का एक शॉर्ट कट पता था', उसने बताया। 'इसलिए मैं तुमसे पहले ही यहाँ पहुँच गया। मैं नहीं चाहता था कि तुम अकेली रहो।'

'मुझे सच में अकेली रहना है', उसने एक बार फिर वही बात कही। 'बाद में मिलते हैं–'

'मैं तुम्हारे कमरे के दरवाज़े पर तुम्हारा इन्तज़ार करूँगा', उसने सख़्ती से जवाब दिया। 'मैं नहीं चाहता कि तुम अकेली रहो।'

क्वेंटीन क्रिप्स डिग्गी पैलेस के लेखक के लाउंज में कुर्सी पर बैठा हुआ था। वह तेमसला खरमाओफ्लांग से बातचीत करने की कोशिश कर रहा था।

ऐसा नहीं था कि तेमसला खरमाओफ्लांग को अंग्रेज़ी नहीं आती थी या इस तरह की कोई और बात थी, उल्टे उसकी अंग्रेज़ी बहुत शानदार थी, ऑक्सफोर्ड जैसे लहजे के कारण उसको बात करने में परेशानी हो रही थी। उसका अन्दाज़, उसकी सुन्दरता को देखकर उसको कुछ कमी लग रही थी, जबकि उसकी तिरछी नज़र और उसके काले लम्बे बालों की सराहना ही कर रहा था। उसकी बैठने की मुद्रा में कुछ था जिससे उसको मारिया की याद आ रही थी।

'अगर मैं एरियल डोर्फमैन को उद्धृत करूँ', उसने जब कहा तो उसकी आवाज़ संगीत जैसी लग रही थी। 'एरियल डोर्फमैन न अपनी प्रसिद्ध किताब *हाउ टू रीड डोनाल्ड डक : इम्पेरियलिस्ट आइडियोलोजी इन द डिज़्नी कॉमिक* में डिज़्नी की विश्वदृष्टि मार्क्सवादी नज़रिये से आलोचना की है– अगर आपने वह किताब देखी हो तो–'

ज़ाहिर है क्वेंटीन को उस किताब के बारे में पता था। इस किताब की सार्वजनिक रूप से होली जलाई गयी थी, और किताब के पूरे तीसरे संस्करण को चिली देश की नौसेना ने समुद्र में डुबा दिया था।

'डिज़्नी कम्पनी की प्रकृति पूरी तरह से विनाशकारी थी, डोर्फमैन का कहना है, 'वाल्ट डिज़्नी के ख़िलाफ़ कुछ फुसफुसाकर कहना भी बचपन के ख़ुशहाल और मासूम महल को कम करके आँकना है, क्योंकि वह अभिभावक भी है और निर्देशक भी।'

वह मानने के लिए एकदम तैयार नहीं थी। 'लेकिन मैंने वाल्ट डिज़्नी के ख़िलाफ़ कुछ भी नहीं कहा।'. क्वेंटीन ने इनकार करते हुए कहा। 'मैंने एक जीवनी लिखी है जिसमें उसकी ऊर्जा, उसकी जिजीविषा और उसकी मेधा की तारीफ़ ही की है।'

तेमसला खरमाओफ्लांग को चुप नहीं करवाया जा सकता था। 'मिस्टर क्रिप्स मैं कोहिमा में पली–बढ़ी हूँ, नागालैंड में, जहाँ बग़ावत का माहौल था तथा स्वायत्तता एवं पहचान के लिए संघर्ष चल रहा था। फिर भी वाल्ट डिज़्नी का प्रभाव सर्वव्यापी था और उसके पूँजीवादी मंसूबों का प्रभाव हमारे जीवन से जुड़े हर पहलू से था। मेरे पास मिकी माउस घड़ी थी जो मेरे लिए सबसे बेशक़ीमती चीज़ थी।'

उसने कुछ रुकते हुए कहा, 'यह उन दिनों मेरे लिए सबसे बेशक़ीमती चीज़ थी। अब नहीं है।'

उसने बोलने के लिए मुँह खोला लेकिन उसका बोलना बिना रुके जारी था।

'एपोलोजी फॉर डकोलोजी' में यह लिखा हुआ है, 'दुर्भाग्य से ये विचार सभी पाठकों के लिए उतनी आसानी से उपलब्ध नहीं होते हैं– यह बात ख़ास तौर पर इस कारण से भी है क्योंकि किताब में जो आलोचना की गयी है वह उन लोकप्रिय माध्यमों के द्वारा प्रसारित नहीं होते हैं जिनके माध्यम से बुर्जुआ वर्ग द्वारा अपने मूल्यों को प्रसारित किया जाता है–'

वह कहाँ फँस गया? यह तो दुःस्वप्न जैसा होता जा रहा था।

क्वेंटीन को एक पल के लिए कोई अजीब–सी बात सूझी। उसने चमड़े का अपना पुराना बैग खोला और उसके अन्दर अपने मिनी माउस को खोजने लगा जो उसने फ्रैंकफर्ट एयरपोर्ट पर जोश जोश में ख़रीदा था।

'यह आपके लिए है', वह बोला। 'यह मिकी माउस नहीं है। न ही डोनाल्ड डक। यह एक मिनी माउस घड़ी है, वाल्ट डिज़्नी की तरफ़ से संग्रह में रखने के लिए बनायी गयी है। वह हमारे समय का उत्पाद था, जैसे हम सब होते हैं। इसको पहनना, प्लीज़।'

तेमसला का मिज़ाज कुछ बदल गया। वह ख़ुश हो गयी। 'वाह!' उसने धीरे–से कहा। 'यह तो बहुत प्यारा उपहार है। और इसका लाल फीता कितना अच्छा है!'

उसने आगे झुकते हुए क्वेंटीन को प्यार से गले से लगा लिया। वह जानी पहचानी सुगन्ध की आगोश में था। यह ऐसा था जैसे कोई भौंरा खिलते फूलों के बीच में आ गया हो।

'मैं आपको माफ़ कर दूँगी!' उसने मुस्कुराते हुए कहा। 'कुछ जरूरी सवाल फिर एक गम्भीर प्रश्न और फिर उसके बाद हम दर्शकों के सवाल लेंगे।'

उन्होंने समझौते के रूप में कॉफ़ी का एक प्याला पिया और आयोजन स्थल की दिशा में बढ़ गये। यह सत्र मुग़ल टेंट में था। तालियों की गड़गड़ाहट के बीच वह मंच पर चढ़ गया। दर्शकों में लग रहा था कि हर तरह के लोग थे। आगे की पंक्ति में एक भगवाधारी बाबा भी थे, और अनेक क़तारों में युवा थे और ड्रेस पहने छात्र।

उसने सत्र की शुरुआत डिज़्नी के क्लिप से की। 'अगर आप इसका सपना देख सकते हैं, तो आप इसको बना भी सकते हैं', उसने घोषणा की। 'और हमारे सपने तब पूरे होते हैं जब हमारे अन्दर यह साहस होता है कि हम उन सपनों का पीछा करें। इस महान आदमी ने यही कहा, उसमें यक़ीन किया और उसको व्यवहार में अपनाया भी।'

तेमसला ने बातचीत का सिरा सिनेमा की दिशा में मोड़ा और दोनों ने बहुत देर तक 'द लिटल मर्मेड' के बारे में बात की और इस बारे में कि हैन्स क्रिश्चन एंडरसन ने किस तरह से इसका पुनःपाठ किया। उसने डिज़्नी द्वारा इसकी अमेरिकी व्याख्या के बारे में बोला और मर के जीवन को दिखाने के लिए फ्रायड की छवियों और प्रतीकों का सहारा लिया।

वह अपनी बात कह रहा था और तेमसला मुस्कुरा रही थी, वह उसको किसी बात पर काट नहीं रही थी बल्कि उसको बीच–बीच में वह कला और पॉप्युलर संस्कृति से जुड़े सत्र दिये जा रही थी।

वह उत्साह में आ गया और मूल विषय के बजाय वह हैन्स एंडरसन, जिसने मूल रूप से इन किरदारों की कल्पना की थी, और परिकथाओं की विधा के बारे में बोलता रहा। एंडरसन सही मायने में डिज़्नी का पूर्वज था, उसने बताया, एक ऐसा लेखक जिसकी कहानियों के साम्राज्य ने महादेशों, संस्कृतियों तथा राष्ट्रीयताओं को पार किया।

तेमसला लाल फीते वाली अपनी मिनी माउस घड़ी के डायल को दिखा–दिखा कर कह रही थी कि समय अब हो चुका है। लेकिन वह अपनी ही धुन में मगन था।

'हैन्स एंडरसन और वाल्ट डिज़्नी दोनों इस बात को जानते थे कि सपने को किस तरह से साझा किया जाता है और दोनों ही सच्चे अर्थों में आधुनिक थे और समकालीन थे। डिज़्नी के बारे में यह कहा जा सकता है कि वे एंडरसन और कायाकल्प करने की खोज यात्रा के आध्यात्मिक और भौतिक उत्तराधिकारी थे।'

अब समय था सवाल पूछने का और क़रीब पाँच सौ लोगों ने सवाल पूछने के लिए हाथ उठा रखे थे।

पहला सवाल उससे जो पूछा गया उसके लिए वह बिल्कुल तैयार नहीं था। 'सर आपका स्टैफर्ड क्रिप्स से क्या सम्बन्ध है?' पीछे की पंक्ति में बैठे किसी श्रोता ने पूछा।

'आपका सवाल क्या है', वह बोला। 'क्या फिर से दोहराएँगे?'

'क्या आप स्टैफर्ड क्रिप्स के परिवार के हैं, जो क्रिप्स मिशन लेकर आये थे?'

'स्टैफर्ड क्रिप्स कौन थे और क्रिप्स मिशन क्या था?' क्वेंटीन ने ऐसे जवाब दिया जैसे उसको यह बात समझ में ही नहीं आयी हो। 'हम लोग इस बारे में बाद में चर्चा करेंगे, क्योंकि इस समय मैं वाल्ट डिज़्नी पर बोल रहा हूँ और उससे उसका कोई सम्बन्ध नहीं है।'

सामने की पंक्ति से एक सवाल पहले ही पूछा जा चुका था। कन्धे तक बाल वाली एक लड़की जिसने अपने माथे पर लाल रंग का बंडाना बाँध रखा था, उस लड़की ने अपने चश्मे को ठीक करते हुए मिमियाती आवाज़ में अपना सवाल पूछा।

'आपकी दृष्टि में अमेरिका द्वारा अमेरिका के बाहर की कहानियों को जिस तरह से अमेरिकी बनाया जाता है उससे अमेरिका की वर्चस्ववादी शक्तियों के प्रसार में कितना योगदान दिया?'

इस सवाल का उसने जवाब नहीं दिया, जिस तरह से सीमाहीन संस्कृतियों और साझा कहानियों का सामान्यीकरण किया गया था उससे वह कुछ उलझन में था।

अब बारी थी भगवाधारी गुरु की जो सामने की क़तार में बैठकर पूरे सत्र के दौरान उसको देख रहा था। 'आपने कहा सर कि सब कुछ शुरू हुआ एक चूहे से। हमारे देवता गणेश चूहे की सवारी करते हैं। क्या आप यह कहना चाहते हैं कि डिज़्नी वर्ल्ड के सौभाग्य का कारण यही साबित हुआ?'

'हाँ, निश्चित रूप से!' उसे जवाब दिया। 'बहुत अच्छी बात–यह विचार करने लायक़ बात है।'

अन्तिम सवाल ने उसको चक्कर में डाल दिया। एक ढीले जूड़े वाली औरत ने बड़ी ज़ोरदार आवाज़ में उससे कहा।

'मिस्टर क्रिप्स, आपकी राय में मिस्टर डोनाल्ड ट्रम्प किस हद तक डोनाल्ड डक से प्रेरित हैं?' उस महिला ने पूछा।

क्वेंटीन की भौंहें चढ़ गयीं और उसकी आँखें पहले से और गहरी दिखाई दे रही थीं। 'डोनाल्ड डक से हर अमेरिकी प्रभावित रहा है। सिर्फ़ डोनाल्ड ट्रम्प की बात ही नहीं है', उसने जवाब दिया।

जब वे स्टेज से जाने लगे तो तेमसला ने उसको गले लगाया। 'तो आप डकोलोजी के उस्ताद हैं' कहते हुए उसने आँख मारी और अपने इस मज़ाक़ पर ख़ुद ही हँसने लगी।

'क्वेक! क्वेक!' उसने जवाब में कह दिया, उनके आसपास भीड़ जुटने लगी और दोनों अपनी–अपनी दिशा में चल पड़े।

बाद में इस शाम उसने मारिया को फ़ोन करने की कोशिश की। समय का अन्तर महज़ साढ़े तीन घंटे का था, लेकिन उसने फ़ोन नहीं उठाया। पिछले साल के उस फ़ोन के बाद से उसने उसका कोई फ़ोन नहीं उठाया था। उसने एक बार फिर से कोशिश की,

आधे घण्टे के बाद दो बार। उसकी जानी–अनजानी आवाज़ ने आख़िर फ़ोन उठा लिया। 'तुम एक अच्छे आदमी हो क्वेंटीन', उसने कहा। 'लेकिन मेरे पास बहुत काम है। समझ में नहीं आता?'

'मैं क्यों लिखता हूँ?' कार्यक्रम की सूची में यही लिखा था। 'लिखने की प्रेरणा कहाँ से आती है? यह दिल में होता है या दिमाग़ में? यह शक्ति भाषा की होती है या कहानी की हमारी तलाश की? अपनी अन्तरात्मा को सम्बोधित करने की ज़रूरत? अराजकता के बीच से अर्थ की तलाश? या महज़ आत्मरति या गुमान?' एंटन हालदार, माया मुखर्जी और जॉन स्मिथ आत्म अभिव्यक्ति के उद्वेग विषय पर सम्पादक–प्रकाशक मार्क पुतिन के साथ चर्चा करने वाले थे।

बेताब को अंग्रेज़ी का सामान्य ज्ञान ही था; वह अख़बार पढ़ सकता था, टेलीविज़न पर होने वाली चर्चाओं को समझ लेता था। वह उस सत्र को बड़े ध्यानपूर्वक सुन रहा था, बारीक़ी को समझने की कोशिश कर रहा था, यह समझने की कोशिश कर रहा था कि वक्ता क्यों न समझ में आने वाली बातों पर या टिप्पणियों पर हँसने लगते थे, क्यों वे भृकुटियाँ चढ़ा रहे थे। उसको लगता था कि बातचीत अधिक सच्ची होगी, आमने–सामने, साफ़–साफ़, और इससे यह बात समझ में आयेगी कि क्यों वह, और वहाँ जुटे तमाम लोग लिखते थे या लिखने की कोशिश करते थे, अलग–अलग तरह से ज़िन्दगी के मायने समझने की कोशिश करते थे। लेकिन पैनल में बैठे लोग उस विषय के आसपास बोल रहे थे।

एंटन हालदार जिस तरह के लहजे में अंग्रेज़ी बोल रहा था बेताब उसको समझ पा रहा था। वह उसकी जोशीली बातों को बहुत ध्यान से सुन रहा था।

सभी लेखक आख़िरकार नरभक्षी होते हैं, आदमखोर, अपने दुःख–दर्दों का तो भक्षण करते ही हैं दूसरों के दुःख–दर्दों का भी करते हैं–

साथ ही उनकी क्षणभंगुर ख़ुशियों को भी– महज़ अपने अनुभव के लिए, उसको आत्मसात् करते हैं, पचाते हैं और फिर उगल देते हैं।' वह धीरे–से खाँसा। 'और ज़ाहिर है पैसे का मामला तो होता ही है, जीवन यापन के लिए लिखने की बात होती है, रोज़मर्रा के ख़र्च चलाने की बात, जिसको कभी भी कम करके नहीं देखा जाना चाहिए।'

राजू श्रीवास्तव उर्फ़ रज़ी ख़ान सिंह बेताब ने बहस का रुख़ पहचान लिया था, और वह सहमत नहीं था। वह इसलिए तो नहीं लिखता है। वह इसलिए लिखता है क्योंकि उसको शब्दों से प्रेम है, शब्दों की ध्वनियों से और उनके अर्थों से। वह इसलिए लिखता था क्योंकि वह रदीफ और काफ़िये के नशे में रहता था, जिस तरह से किसी कविता में एक नया शब्द पिछले शब्द की छाया में अनुगूँज पैदा करता है।

वह इसलिए लिखता था क्योंकि उर्दू ज़ुबान और हिन्दुस्तानी ने उसको तारों भरा आकाश दिया था जिसके नीचे वह सो सकता था, सपने देख सकता था। लेकिन वह बहक रहा था। वह पैसों के लिए नहीं लिखता था। वह उस ज़रूरत को सीधे तौर पर सम्बोधित करता था, नैतिक संसार के बाहर, जो वह चाहता था आसपास की दुनिया से हासिल कर लेता था।

'मैं तो इसलिए लिखता हूँ', उसने अपने आप से कहा। 'मुझे यह नहीं पता है कि वे इसको अंग्रेज़ी में किस तरह करते हैं–'

और उसके बाद आश्चर्य की बात हुई, अगले सत्र में इंस्टाग्राम कवयित्री रूपी कौर बोलने वाली थी। उसके दुखी प्रशंसकों को यह बताया गया कि उसके सत्र को अगले दिन के लिए खिसका दिया गया है, क्योंकि फ़्रैंकफर्ट से वह हवाई जहाज़ में चढ़ नहीं पायी थी। 'दोस्तो और प्रशंसकों भाग्य साथ नहीं दे रहा', उद्घोषिका ने कहा, सत्र के नहीं होने की किसी तरह की परेशानी उसके चेहरे पर नहीं दिखाई दे रही थी। 'और अब एक अचम्भे की बात। दर्शकों में से चार सौभाग्यशाली कवियों को मंच पर आमन्त्रित किया जायेगा कि

वे आयें और अपनी कविताओं का पाठ करें। आपके सत्र को लाइव प्रसारित किया जायेगा और आपकी कविताओं को दुनिया भर में दिखाया जायेगा– जहाँ–जहाँ कविताओं को पसन्द किया जाता है! आप लोग अपने–अपने हाथ उठाइए।'

पहले तो किसी ने हाथ नहीं उठाया। दर्शक हैरान थे, और लोग आसपास देखने लगे कि दूसरे लोग क्या कर रहे थे। सालों की गोपनीयता ने बेताब को अवसरों को लेकर चौकन्ना बना दिया था। वह ऊपर–नीचे उछलने लगा, उत्साह में आकर अपने हाथ हिलाने लगा, जब तक कि उद्घोषिका ने उसको मंच पर बुला नहीं लिया।

बेताब नाटकीय ढंग से मंच पर चढ़ा, नीचे झुकते हुए उसने मंच से आशीर्वाद लिया, उसी तरह से जिस तरह से उसने कवि सम्मेलनों में कवियों को करते हुए देखा था। उसने अपने सामने मौजूद चेहरों को देखा, अपने आपको मज़बूत बनाया, जिस तरह से वह चोरी करने के पहले करता था, उस पल में हर तरह से होने के लिए, अपने पोर–पोर से उस पल में ढलने के लिए। वहाँ मौजूद लोगों ने उसका उत्साह बढ़ाया।

भीड़ में से कई हाथ और ऊपर की ओर उठे, लेकिन उसने उनको नज़रअन्दाज़ कर दिया, अपने धड़कते दिल के सिवा किसी और चीज़ में उसकी दिलचस्पी नहीं रह गयी थी, अपनी आवाज़ के सिवा, अपनी कविता के सिवा। 'मैं एक ग़रीब लड़का हूँ', वह बोला, 'इस दुनिया के लिए एक बाहरी आदमी। मुझसे मेरा असली नाम मत पूछिए; मेरी असली ज़िन्दगी के लिए परेशान मत होइए। अपनी कविताओं में मैं रज़ी ख़ान सिंह 'बेताब' हूँ।

उसने अपना गला साफ़ किया और पढ़ना शुरू किया। 'कटी पतंग' कविता का उर्दू में पाठ।

'मैं उड़ा, मैं आकाश में उड़ गया,
आपके मज़बूत हाथों में,
मैंने हवाओं की सवारी की–'

उसको उस कविता का एक—एक शब्द याद था जो उसको तब सूझी थी जब वह सुबह के समय पार्क में एक पेड़ के नीचे बैठा था। उसका फ़ोन उसकी जेब में था लेकिन उसको एक बार भी फ़ोन देखने की ज़रूरत नहीं पड़ी। कविता आकाश में उड़ गयी, बाज की तरह, नीचे की दुनिया का सर्वेक्षण करते हुए, और फिर वह गिर पड़ी। पीपल के पेड़ पर बैठकर उसने कवि को अपनी कहानी सुनायी।

'बेताब' ने इस तरह से दूसरों के सामने पहले कविता नहीं सुनायी थी, कभी किसी महफिल में कविता नहीं पढ़ी थी। लेकिन सब कुछ उसने स्वाभाविक रूप से किया, ख़ामोशी में उसने अपनी साँसों को थाम लिया, शब्दों के असर होने तक इन्तज़ार करता रहा, आरोह—अवरोह को देखता रहा, और कविता का अन्त, उसने कविता की अन्तिम लाइन पढ़ी। अपने चेहरे पर ढुलकते हुए आँसुओं को पोंछ लिया।

दर्शक तालियाँ बजा कर ख़ुशी ज़ाहिर कर रहे थे। अगली वक्ता थी एक छोटी—सी लड़की जिसने जींस पहन रखी थी, उसको मंच पर बुलाया गया। बेताब ने अपने सामने बैठे लोगों को सलाम किया और मंच से नीचे उतर गया। अभी जो कुछ भी हुआ था उसकी भयावहता से वह हिल गया था। इस समय वह और अधिक नहीं सुन सकता था, अब और कविता वह नहीं सुनना चाहता था। वह अकेले रहना चाहता था।

उसने स्वयं को फिर से उसी पार्क में पाया जिसमें उसने उस सुबह 'कटी पतंग' कविता लिखी थी। उसने उस पेड़ को खोजने की कोशिश की जिसके नीचे वह बैठा था, लेकिन सभी पेड़ एक जैसे ही दिखाई दे रहे थे— बड़े, हरे और विशाल। वह नीचे बैठ गया, ऊपर पेड़ों की शाखाओं को देखने लगा, यह सोचने लगा कि पेड़, शाखा, चिड़िया या उलझी हुई पतंग होना कैसा होता है।

एक चींटी उसकी बाँह पर चढ़ रही थी, और उसने ध्यान दिया कि वह पूरी एकाग्रता से इस काम में लगी हुई थी। उसको फिर से बेचैनी होने लगी। वह भीड़ में जाना चाहता था, लोगों के बीच।

वह फ़ेस्टिवल में वापस आ गया और चारबाग़ में सामने की क़तार में एक कुर्सी पर बैठ गया, उसी जगह पर कुछ देर पहले उसको मंच पर बोलने का मौक़ा मिला था। उसको सोच कर भी बहुत अच्छा महसूस हो रहा था, सपने जैसा, जैसे कोई धोखा हुआ हो। लेकिन फिर भी वह हुआ था।

एक सत्र समाप्त हुआ और अगला सत्र शुरू होने वाला था। स्टेज मैनेजर ने उसको देखा और हाथ से दोस्ताना अन्दाज़ में उसकी ओर इशारा किया, फिर एक वोलंटियर को बुलाकर उसके कान में फुसफुसाते हुए कुछ कहा। वोलंटियर उसके पास आयी और गर्मजोशी से उसने उसका अभिवादन किया।

'शुभकामनाएँ मिस्टर बेताब!', उसने पहले अंग्रेज़ी में कहा और फिर हिन्दी में उसको बताने लगी कि उसने प्रतियोगिता जीत ली थी। सत्र के अन्त में मंच से उसके नाम की घोषणा की गयी थी लेकिन वह कहीं दिखाई नहीं दे रहा था। शाम के 5 बजे एक प्रेस कॉन्फ्रेंस रखा गया था, क्या वह प्रेस के सामने कुछ बोलना चाहेगा?

'और एक सितारे का जन्म हो चुका है!' उसने नाटकीय अन्दाज़ में कहा। 'अपनी कविता के बारे में बताइये?'

उसने धीरे-से खाँसते हुए कहना शुरू किया। 'मेरा नाम है राजू श्रीवास्तव, रज़ी ख़ान सिंह बेताब', वह बोला। 'एक छोटे-से शहर का सीधा-सादा लड़का हूँ। आप सबका मोहताज हूँ कि आप लोगों ने मेरी शायरी पसन्द की-'

वहाँ कुछ अन्तरराष्ट्रीय पत्रकार भी थे इसलिए जिस लड़की ने उसका परिचय करवाया था उसने उसकी बातों को अंग्रेज़ी में अनुवाद किया।

'क्या आपने कभी अपनी कविता प्रकाशित करवायी है?' भीड़ से एक आवाज़ आयी।

एक छोटा-सा कविता संकलन *वक़्त चोर* प्रकाशित है जिसका प्रकाशन अल्फ़ाज़ प्रकाशन ने किया है, हिन्दी और उर्दू में वह किताब अच्छी बिकी थी', उसने जवाब दिया।

'उस किताब की कितनी प्रतियाँ बिकी थीं?' एक और रिपोर्टर ने पूछा।

'शायद 40 हज़ार प्रतियाँ?' उसने अन्दाज़न कहा। वह कुछ समय से दादा के साथ नहीं बैठा था, और बैठकर दो तरह का हिसाब किताब नहीं किया था। लेकिन पिछली बार उसने यही आँकड़ा बताया था।

दर्शकों के बीच सरगर्मी होने लगी। कुछ को यक़ीन नहीं हो रहा था, कुछ ख़ुश लग रहे थे।

'चालीस हज़ार प्रतियाँ?'

कैमरे के फ़्लैश चमकने लगे।

'अपनी किताब से एक लाइन? प्लीज़?'

'वक्त चोर', उसने खँखारकर अपना गला साफ़ किया। 'यह शीर्षक कविता है।'

'समय का चोर धीरे–धीरे चलता है– उसके ख़ामोश क़दमों से सावधान।

यह मत भूलो कि वह देता है– इसलिए वह ले लेता है।

क्योंकि यह ज़िन्दगी ही चुराया हुआ उपहार है, समय से चुराया हुआ।'

और उसके बाद उसको सेल्फ़ी खींचने वालों के बीच से मंच पर ले जाया गया। सब उससे इंटरव्यू देने का आग्रह कर रहे थे, किताब की प्रतियों की माँग कर रहे थे।

'किताब अमेज़न से ख़रीद लीजिए', वह बोला। 'और अब मुझे जाना चाहिए– आपके प्यार के लिए शुक्रिया।'

इस तरह एक सितारे का जन्म हुआ। अगले दिन हिन्दी और उर्दू के अख़बारों में उसके बारे में ख़ूब छपा था। 'वक़्त चोर ने जयपुर में दिल जीता', 'उर्दू शायर ने जीता पुरस्कार', और भी इसी तरह की ख़बरें।

अंग्रेज़ी भाषा प्रेस ने इसके ऊपर ध्यान नहीं दिया, ऐसी उम्मीद भी थी, हालाँकि एक न्यूज़ सर्विस इस शीर्षक के साथ ख़बर लगाई थी, 'उर्दू ज़िन्दा है और सेहतमन्द है।'

वह उस प्रेस कॉन्फ्रेंस से भागता हुआ किसी शान्त जगह की तलाश में गया ताकि अपने दोस्त, अपने रहनुमा दादा सदारंगानी को फ़ोन कर सके। वह उदार कबाड़ी प्रकाशक अपने शिष्य की सफलता को फ़ेस्टिवल के बारे में छपने वाली ख़बरों के माध्यम से पढ़ रहा था।

'अवसर ऐसे ही अचानक आते हैं कवियों के बीच मेरे राजकुमार', दादा सदारंगानी ने उससे कहा। 'मैं उर्दू मिरर और दैनिक समाचार में चौथाई पेज के विज्ञापन दे देता हूँ। और मैं लखनऊ के एक रेडियो जॉकी से भी बात कर रहा हूँ। वह मेरी रिश्ते की एक बहन का बेटा है जो मुझसे क़र्ज़ ले रखा है। ज़ाहिर है उसने लौटाया नहीं, लेकिन वह कल तुम्हारी किताब पर एक विशेष शो करने वाला है, उर्दू कविता को लेकर वह एक प्रतियोगिता का आयोजन करेगा जिसमें पचास भाग्यशाली विजेताओं को तुम्हारी किताब दी जायेगी, जिसके ऊपर तुम्हारे ऑटोग्राफ रहेंगे। अपना ध्यान रखना और अच्छे से सोना। ज़्यादा पीना मत। ज़्यादा बात मत करना। और किसी से प्यार मत करना– हम लोग बहुत अधिक बिजी होने जा रहे हैं, वह भी इसी साल, मैं तुमको स्टार बनाने वाला हूँ।'

गायत्री स्मिथ गाँधी ने सुमेध कुमार के मुँह पर दरवाज़ा मार दिया। उसने अपनी आँखें बन्द कर लीं और अपने दिमाग़ से सभी तरह के विचारों को दूर भगाने की कोशिश करने लगी, सभी तरह की भावनाओं को। वह गहरी–गहरी साँसें लेने की कोशिश करने लगी लेकिन इससे उसका दम घुटने लगा, और उसको यह बात समझ में आयी कि उसके ऊपर पेनिक अटैक पड़ने वाला था। उसने दवाओं के अपने बक्से से बेचैनी कम करने वाली गोली निकाली और उसको निगल गयी। उसके बाद एहतियात के तौर पर उसने एक और गोली खा ली। लेकिन उन गोलियों ने उसकी नींद ही तोड़ दी, और उसकी बेचैनी और बढ़ गयी, उसको कुछ समझ नहीं आ रहा था।

उसने कार्ल्सन को याद करने की कोशिश की, उसको श्रद्धांजलि देने की कोशिश की, लेकिन उसने पाया कि उसको तो ठीक से यह भी याद नहीं आ रहा था कि वह दिखता कैसा था। ऐसा लग रहा था मानो किसी ने रबर से उसकी सारी स्मृति को मिटा दिया हो। उसने गूगल सर्च किया और उसको एक साइट पर उसकी एक फ़ोटो मिली और उसका एक लेख भी मिला। चश्मा, लम्बी नाक, और चेहरे से ख़ुशमिज़ाज नहीं– यह किसी की भी तस्वीर हो सकती थी। किसी की भी।

दरवाज़ा खोल कर उसने बाहर झाँका। सुमेध कुमार अभी भी उसका इन्तज़ार कर रहा था। वह सफ़ेद रंग की प्लास्टिक की कुर्सी पर बैठा हुआ था, पास ही बेंत की मेज़ पर से वह एक फटी–पुरानी मैगज़ीन उठाकर पढ़ने लगा।

'आ जाओ', वह बोली। 'आ जाओ सुमेध।'

वह ख़ामोशी से अन्दर घुसा, चौकन्ने भाव से, उसके बाद उसने पीठ पर अपना हाथ रख दिया मानो वह उसको सान्त्वना देना चाह रहा हो। इसको समझती उससे पहले ही वह पीछे मुड़ी और सुमेध को चूमने लगी, इतने जोश में आकर वह उसको चूम रही थी कि वह हैरान रह गयी, बल्कि कहना चाहिए कि डर गयी।

उसको अच्छा महसूस नहीं हो रहा था और उसको डर भी लग रहा था, जबकि वह हिचक महसूस कर रहा था और सहज भी। वह उससे चिपकी रही, मानो वह इस बात को पक्का करना चाह रही हो कि वह ज़िन्दा थी, और यह कि उनके शरीर से यह पता चल रहा हो कि वे इनसानों की दुनिया में थे।

बाद में, दोनों को एक–दूसरे की बाँहों में नींद आने लगी। 'मुझे चाय पीनी है', उठने के बाद वह बोली। लेकिन तब शाम नहीं हुई थी, शाम होने में बहुत देर थी। दोनों रेस्तराँ गये और वहाँ उन्होंने एक ड्रिंक लिया, फिर एक और, और प्रेमियों की तरह गुपचुप मिलन का मज़ा लेने लगे।

'कार्मेन के साथ मेरी शादी बिखर रही है', वह बोला। 'शादी के बाद से ही हमारा रिश्ता बिखरने लगा था। लेकिन अब– अब तो हमारे लिए साथ रह पाना बहुत मुश्किल हो गया है। बहुत मुश्किल।'

उसने जवाब नहीं दिया। उसको समझ में नहीं आ रहा था कि क्या जवाब दिया जाये। वह अतीत से निकलना चाहती थी। वह कार्ल्सन के बारे में सोचना नहीं चाहती थी।

'और अनीता– तुम्हारी दोस्त अनीता– उससे मुझे कभी प्यार था ही नहीं। लेकिन जब तुमने मुझे छोड़ा था तो उसने पूरी मज़बूती से मेरा साथ दिया था– और इससे पहले कि मैं कुछ समझ पाता मैंने शादी कर ली। लेकिन वह शादी ज़्यादा दिन चली नहीं।'

गायत्री इतनी थकी हुई थी कि उसने जवाब में कुछ नहीं कहा। 'मैंने तुमको नहीं छोड़ा था', उसने धीरे–से कहा। 'तुमने मेरी सबसे अच्छी दोस्त के लिए मुझे छोड़ दिया था। लेकिन इस बात से अन्तर नहीं पड़ता। कभी भी किसी भी बात से अन्तर नहीं पड़ता चाहे हमको ऐसा लगता ही क्यों न हो कि फ़र्क़ पड़ता है। हमारे अतीत पूर्व संगियों से भरे हुए हैं, लेकिन मैं तुमको प्यार करती हूँ सुमेध, हमेशा करती थी।'

'मैं भी तुमसे प्यार करता हूँ गायत्री', उसने जवाब दिया 'अब इसके बारे में और बात मत करो, नहीं तो हम लोग एक–दूसरे को फिर से खो देंगे।'

रुद्राणी राणा ने दिवास्वप्न के पीछे भागना छोड़ दिया था। वह अपने अतीत के बारे में सोचना नहीं चाहती थी। वह अतीत के बारे में नहीं सोचेगी।

वह उस काम में लग गयी, ख़ाली समय में जिस काम को करने में उसको बहुत मज़ा आता था– जो बहुत कुछ उसी स्तर का था जिस तरह का मज़ा उसको गुमनाम चिट्ठियाँ लिखने में आता था।

वह सूची बनाती थी, ज़रूरी चीज़ों की, आकस्मिक चीज़ों की, फ़ालतू चीज़ों की। ऐसी सूची बनाने में दिन शब्दों के साथ खेलते हुए कट जाता था।

उसने अपना बैंगनी पेन निकाला और लिखने लगी। उसके बाद उसने उस पेन को रख दिया, उसके स्थान पर हरे रंग का जेल पेन उठा लिया। बैंगनी रंग से वह सच लिखती थी।

ऐसे पाँच काम जो मरने के पहले मुझे करने हैं। उसने इसको काट दिया और एक बार फिर से लिखना शुरू किया। ऐसे छह काम जो मरने के पहले मुझे करने हैं।

वह अपने दिमाग़ को दौड़ाने लगी।

(1) यात्रा। रोम, ग्रीस, प्राचीन दुनिया। क्योंकि 'सभी अनुभव दरवाज़े की तरह होते हैं– जिसके माध्यम से वह दुनिया दिखाई देती है जिसकी यात्रा हमने नहीं की होती है, जिसका हाशिया धुँधला पड़ जाता है– क्योंकि जब मैं आगे चलता हूँ तो वह पीछे छूटता जाता है–'

(2) आर्टिचोक खाना (स्टेला मर्च आर्टिचोक के बारे में बात करती थी और उसने बताया था कि यह उसको कितना अच्छा लगता था। रुद्राणी ने कभी खाया नहीं था।)

(3) मेरा कोई जुड़वाँ भाई हो। उसने इसको काट दिया। और फिर दुबारा लिखा : अपने जुड़वाँ भाई के बारे में जान सकूँ।

(4) ईश्वर के चेहरे को देखना। इसको लिखने के बाद उसको गहरी शान्ति महसूस हुई, और जुड़ाव भी। यह लाइन लिखने के बाद वह मुस्कुराने लगी, और कुछ मिनट के लिए अपनी आँखें बन्द कर वह अपने अन्दर के अँधेरे से जुड़ने की कोशिश करने लगी।

(5) मैन बुकर प्राइज़ जीतना। उसके बाद उसने सावधानी से सोच विचार किया और उसको इस तरह लिखा कि 'उस दिन का इन्तज़ार जिस दिन दुनिया मेरी प्रतिभा को पहचानेगी।'

(6) मैं अँधेरे में देखना सीखना चाहती हूँ। अँधेरे की अभ्यस्त अपनी आँखों को इसके लिए प्रशिक्षण देना जिससे कि वह बिना रौशनी के देख पाये। उसने एक और लिखा।

(7) मैं तूफ़ानी समुद्र में तैरना चाहती हूँ। उसने इसके बारे में सोचा और इस लाइन को काट दिया।

(8) तूफ़ानी समुद्र में एक लहर होना।

रुद्राणी 'तुम बीमार हो रही हो', उसने अपने आप से कहा। 'और बहुत भावुक भी।'

वह फ़ेस्टिवल के प्रोग्राम की सूची देखने लगी, अपनी बौद्धिक खुराक के लिए, अगले दिन की बौद्धिक खुराक के लिए। अपने हरे जेल पेन से उसने कुछ सत्रों के ऊपर निशान लगा लिए। केवल एक सत्र पर उसने दो बार निशान लगाया। 'मैं क्यों लिखता हूँ?'

'मैं क्यों लिखता हूँ?' कार्यक्रम की सूची में यही लिखा था। 'लिखने की प्रेरणा कहाँ से आती है? यह दिल में होता है या दिमाग़ में? यह शक्ति भाषा की होती है या कहानी की हमारी तलाश की? अपनी अन्तरात्मा को सम्बोधित करने की ज़रूरत? अराजकता के बीच से अर्थ की तलाश? या महज़ आत्मरति या गुमान? एंटन हालदार, माया मुखर्जी और जॉन स्मिथ आत्म अभिव्यक्ति के उद्वेग विषय पर सम्पादक–प्रकाशक मार्क पुतिन के साथ चर्चा करने वाले थे।'

उसने उसको ध्यान से पढ़ा और अपने आप से नकियाते हुए कहा। 'बचकाना!' उसने अपने आप से कहा। 'एकदम बचकाना–'

उसने अनसबमिटेड के बारे में सोचा, जो उसके कैनवस बैग में पड़ा हुआ था, वह पाण्डुलिपि जिसके ऊपर हाल के सुधारों का कोई असर नहीं पड़ा, चुपचाप उसको फिर से पढ़ने लगी, दूसरों की बेधने वाली आँखों के देखे।

उसने अपना बड़ा दिखाने वाला आईना निकाला। उसको अपने हाथ में ले लिया। उसमें उसका चेहरा दिखाई दे रहा था लेकिन उसने उसको देखा नहीं। 'और तुम क्यों लिखी हो मिस रुद्राणी राणा?' वह किसी उत्सुक पत्रकार की आवाज़ में बोल रही थी।

उसके बाद वह अपनी आवाज़ में बोली, एक बार फिर से। 'मैं क्यों लिखती हूँ? मैं साँस क्यों लेती हूँ? पिंजरे में पड़ी चिड़िया क्यों गाती है?'

उसके बाद फिर से उस पत्रकार की उत्सुक, बेचैन आवाज़।

'आपको क्या लगता है कि लेखन अपने आप से बात करने का एक सलीक़ा है?'

'नहीं दोस्त', रुद्राणी राणा ने जवाब दिया, उसकी आवाज़ मधुर थी क्योंकि वह समझ गयी थी कि सामने वाली लड़की सच में जानना चाहती थी, सीखना चाहती थी। 'लिखना अपने आप से बात करने का सलीक़ा नहीं है। लिखना अपने आप से संवाद करना है।'

उसने अपने कैनवस बैग से पाण्डुलिपि फिर से निकाल ली। उसको उसने सफ़ेद मलमल के कपड़े में लपेट कर रखा था। उसने उसको छाती से लगा लिया। 'श', वह बोली। 'चुप रहो, वे सुन रहे हैं। ख़ामोशी बनाये रखो।'

स्टेला मर्च को टेनिसन बहुत पसन्द थे। लॉर्ड ऐल्फ्रेड टेनिसन; ऐल्फ्रेड लॉर्ड। 'एक से एक जवाहरात रौशनी की पहुँच से दूर रह जाते हैं। समुद्री भालू की अँधेरी गुफ़ा में न जाने कितने फूल अनदेखे रह जाते हैं। और रेगिस्तानी हवा में उसकी मिठास बर्बाद हो जाती है।' ग्रे का शोकगीत। 'कवि शाम के समय चर्च के क़ब्रिस्तान में भटक रहा है।' उस छोटी–सी कक्षा में स्टेला मंच की आवाज़ उसके कानों में गूँज रही थी।

स्टेला मंच को यह कविता इसलिए पसन्द थी क्योंकि लॉर्ड ऐल्फ्रेड टेनिसन इस कविता को पसन्द करते थे। उनके ड्राइंग रूम में टेनिसन की तस्वीर टँगी हुई थी।

लम्बा उदास चेहरा, लहराती दाढ़ी, बालों के पीछे से दिखाई देता गंजा होता सिर। 'यह कौन हैं?' रुद्राणी ने उस तस्वीर को देखते हुए पूछा था।

'मिस राणा तुमको क्या लगता है कि यह किसकी तस्वीर है?' मिस मर्क ने उल्टा सवाल किया।

"रवींद्रनाथ टैगोर?' रुद्राणी ने पूछा। लम्बी दाढ़ी। गम्भीर मुखमुद्रा। वही होंगे।

मिस मर्क हो–हो करके हँसने लगी। 'वो बंगाली!' वह बोल पड़ी। 'जो चूड़ीवालिनों के लिए गीत लिखता था? नहीं, यह उसकी तस्वीर नहीं है। यह मेरे दादा की तस्वीर है। मेरे ख़ास दादा की। तुमको पता है मैं कुलीनों के परिवार से आती हूँ?'

बाद में, बहुत बाद में रुद्राणी ने देखा कि उस तस्वीर में फ्रेम के नीचे छोटे अक्षरों में लिखा था– 'लॉर्ड ऐल्फ्रेड टेनिसन।'

जब वह सत्र में पहुँची तो एक भी सीट ख़ाली नहीं थी। वह किनारे खड़ी होकर सुन रही थी कि उसको सामने की तरफ़ बैठने के लिए एक ख़ाली जगह मिल गयी। जहाँ वह घास पर आराम से पालथी मारकर बैठ गयी।

'सभी लेखक आख़िरकार आदमख़ोर होते हैं', एंटन हालदार कह रहा था, 'वे अपने और दूसरे के दुखों को आत्मसात् करते हैं– और उनकी क्षणभंगुर ख़ुशी को भी।'

जॉन स्मिथ ओलिवर सैक को उद्धृत कर रहा था, लाल स्वेटर वाली अपनी बाँह को उठाकर हाथ से कोटेशन का निशान भी बना रहा था– ओलिवर सैक ने कहा है– और मैं उसको उद्धृत कर रहा हूँ– 'लिखने की प्रक्रिया, इसका बहाव और इसका रुक जाना, कुछ सूझना या कुछ भी न सूझना, ऐसा लगता है जैसे रचनात्मक प्रक्रिया का ही हिस्सा होते हैं।' और मुझे निश्चित रूप से ऐसा लगता है और इस बात से यहाँ मंच पर बैठे लोग और आप लोगों में अनेक लोग इस बात से सहमत होंगे कि मनोवैज्ञानिक रूप से यह सब बहुत उलझा हुआ होता है, और जो लिखने वाले और उस साहित्य को पढ़ने वाले दोनों को एक जैसे भाव से सन्तोष पहुँचाता है। मैं सैक को एक बार फिर से उद्धृत करना चाहूँगा, 'कहानियों के लिए हमारी भावनाएँ,

कहानी सुनने–सुनाने को लेकर हमारे अन्दर स्वाभाविक रूप से होती है, दुनिया भर में होती है, इसका ताल्लुक हमारी भाषा की शक्ति, अपनी चेतना तथा आत्मकथात्मक स्मृति से होता है।'

रुद्राणी को यह मुहावरा अच्छा लगा, आत्मकथात्मक स्मृति। अपने बैग से उसने एक नोटबुक निकाली और उसमें लिख लिया।

अब सवाल था सवाल जवाब का। हमेशा की तरह उसने सबसे पहले हाथ उठाया। 'आप– जो आगे बैठी हैं', मॉडरेटर ने हाथ के इशारे से कहा। रुद्राणी कुछ असहज भाव से उठी और माइक को अपने मुँह से लगा लिया। 'मैं यह पूछना चाहती हूँ कि क्या आप यह कहना चाह रहे हैं कि लिखना एक तरह से ऐसा होता है जैसे किसी के अन्दर कोई आत्मा प्रवेश कर जाती है?' वह बोली। 'क्या यह हमें किसी सदमे से बाहर आने में मदद कर सकता है, और कई बार तो यह होता है कि यह उसको बढ़ा देता है?'

माया मुखर्जी ने माइक सँभाला। 'बहुत अच्छा सवाल है', वह बोली। 'और इसके ऊपर सावधानी से सोचने की ज़रूरत है। क्या मैं जवाब दे सकती हूँ?' उसमें आज दूसरे वक्ताओं जैसी विनम्रता दिखाई नहीं दे रही थी। रुद्राणी को ऐसा लगा नहीं कि उसको नहीं सुना जाना चाहिए।

'लेखक अक्सर अपनी गुप्त ख़्वाहिशों तथा तरह–तरह के डरों का शिकार होते हैं, जिसको वे लेखन के माध्यम से बाहर निकालते हैं। यह बात सही है कि अनेक संस्कृतियों में बुरी आत्मा को दूर भगाने के लिए इसका उपयोग किया जाता है। यह एक तरह से आध्यात्मिक कथन है, कुछ अपनाने और कुछ ख़ारिज करने के लिए, और यह अपने मूल रूप में उपचार करने का रूप है, मैं इसको पुनर्जागरण कहूँगा। इसलिए अगर जादू सफल होता है तो दिल और दिमाग़ रूपान्तरित हो जाता है और वह आगे बढ़ जाता है।'

'लेकिन इसका एक और पहलू है' वह बोले जा रही थी। 'वह कौन था जिसने कहा था, 'कला एक ऐसा घाव है जिसको भरा नहीं जा सकता?' ग़म में से बहुत से लोगों के लिए हमारी कला खुजली

जैसी है, दर्द की तरह जो हम लोगों को मुक्त नहीं करेगी। मेरे पास आपके सवाल का जवाब नहीं है, लेकिन ये मेरे विचार हैं।'

रुद्राणी एक बार फिर से अपने नोटबुक में लिख रही थी। 'कला एक ऐसा घाव है जिसको भरा नहीं जा सकता– यह एक खुजली है, दर्द जो हम लोगों को मुक्त नहीं करेगा।'

वह एक और सत्र को सुनने के लिए चल पड़ी, वह अजीब तरह से हल्का महसूस कर रही थी, और किसी तरह के बोझ को महसूस नहीं कर रही थी। उस सत्र में एक अधेड़ औरत थी जिसने एक दुखान्त प्रेम कहानी लिखी थी और उसको अमेज़न किंडल पर प्रकाशित किया और उस किताब की बहुत अधिक प्रतियाँ बिकी थीं। रुद्राणी ने उस लेखिका के नाम पर ध्यान नहीं दिया, वह लेखिका बहुत सुन्दर थी, सुघड़ बदन और सुन्दर चेहरा। लेकिन उसके घमण्ड, उसके आत्मविश्वास से रुद्राणी चिढ़ गयी। 'यह इतना आसान नहीं होता', उसने मन–ही–मन सोचा। 'यह कभी उतना आसान नहीं होता जितना तुम बता रही हो।'

वह प्रेस के टैरेस पर अपने गुप्त स्थान पर गयी जहाँ वह छिपकर बैठती थी। उसने अपने बैग से एक पोस्टकार्ड निकाल लिया जिसके ऊपर 'विजिट राजस्थान' लिखा हुआ था, और उसके पीछे सूर्यास्त के समय ऊँटों के झुण्ड का दृश्य था, और शाम की रौशनी में रेत सुनहरे रंग का चमक रहा था। वह अपना बैंगनी पेन ढूँढ़ने लगी लेकिन वह खो गया था, या उसके इस बड़े से बैग में कहीं छिप गया था। उसको साधारण बॉल पेन से ही काम चलाना था।

'मिस माया मुखर्जी, आपने जिस तरह से मेरे उस सवाल का जवाब दिया कि लेखन जादू जैसा होता है, इलाज जैसा होता है, आपने उसका जवाब बहुत सोच समझ कर दिया और बिना किसी पूर्वग्रह के, उसकी मैं तारीफ़ करती हूँ। ईमानदारी बहुत बड़ा गुण है और मानवता भी, और मैं दोनों के लिए आपकी तारीफ़ करती हूँ।' लिखकर नीचे उसने साइन कर दिया।

अनिर्बन एम की निगाह उसके ऊपर पड़ी। वह उस बुज़ुर्ग महिला की तलाश में था, सोच रहा था कि इस भीड़ में वह कहाँ गुम हो गयी होगी। जब उसने उसको देखा तो उसके अन्दर लगाव उमड़ आया।

'हेलो मैडम!' उसने ज़ोरदार तरीक़े से उसका अभिवादन किया। 'देख रहा हूँ कि आप फिर से चिट्ठी लिखने में लगी हुई हैं।'

'इस बार तारीफ़ की चिट्ठी लिख रही हूँ', उसने जवाब दिया। 'एक बहुत अच्छी युवा लेखिका ने मेरे सवाल का जवाब इतनी अच्छी तरह से दिया और बिना यह सोचे दिया जैसे कि मैं कोई पुराने ज़माने की महिला हूँ जिस तरह से बहुत से लोग मेरे बारे में सोचते हैं–'

'ये पुराने ज़माने के लोग कौन होते हैं?' उसने हँसते हुए पूछा। 'आपके जैसी पढ़ी–लिखी महिला तो नहीं ही होती होगी?'

रुद्राणी उसकी तरफ़ देखकर बहुत प्यार से मुस्कुरायी। 'मैं सुन्दर पुरुषों से हमेशा सावधान रहती हूँ', वह बोली। 'और वैसे भी ऐसे लोग हैं ही कितने। एक बुजुर्ग महिला के लिए इतनी कृपा दिखाने के लिए तुमको बहुत दुआयें हैं।'

उसको 'मैं क्यों लिखता हूँ?' वाले सत्र के दौरान कुछ हुआ था। उसको अपने बारे में कोई बात समझ में आ गयी थी, उस किताब के बारे में जो उसने लिखी थी। अब समय आ गया था अपना बोझ उतारने का, आगे बढ़ने का समय आ गया था।

'मैं तुमसे गम्भीरता से एक सवाल करना चाहती हूँ', उसने अनिर्बन से पूछा। 'अगर किसी बूढ़ी औरत ने उपन्यास लिखा हो, वह तुमको अपना उपन्यास दे और पढ़कर बताने के लिए कहे तो तुम्हारा जवाब क्या होगा?'

उसकी आवाज़ के बारे में उसने ध्यान दिया था कि वह कई बार लड़कियों जैसी होती थी लेकिन इस बार वह बहुत अलग तरह की लग रही थी। बहुत कोशिश से उसने अपनी आवाज़ को गम्भीर बना रखा था, उसकी आवाज़ में एक तरह का आग्रह था।

'अगर वह बुजुर्ग महिला मेरे सामने बैठी वह सुन्दर एकान्तजीवी महिला है तो मेरा जवाब हाँ में होगा। मैं कहूँगी कि मुझे पढ़ने में गौरव का अनुभव होगा', उसने जवाब दिया।

वह नीचे झुककर अपने दोनों बैग में कुछ खोजने लगी, जैसे उसके दोनों बैग बिल्ली हों और वह उनको सहला रही हो। उसने अपना कैनवस बैग उठाया और उसको दे दिया।

'इसमें मेरा उपन्यास है। मेरे पास इसकी एक ही कॉपी है, जिसमें मैंने सुधार भी किया है। चिन्ता मत करो। यह उपन्यास मेरे कम्प्यूटर में भी है। जब भी समय मिले तो इसको पढ़ना। मैं इसमें बहुत समय से फँसी हुई हूँ। अब समय आ गया है आगे बढ़ने क।'

अनिर्बन ने उसका हाथ दबा दिया। 'मैं समझ रहा हूँ कि इस बात का आपके लिए क्या मतलब है', वह बोला। 'आपने मेरे ऊपर भरोसा जताया यह बात मुझे बहुत अच्छी लगी।'

'मुझे तुम्हारा नम्बर और पता चाहिए', वह बोली, 'और मैं अपना नम्बर और पता भी तुमको दे देती हूँ।' उसने अपने बैग से एक पोस्टकार्ड निकाला जिसके ऊपर ताजमहल बना हुआ था और उसने उस पोस्टकार्ड पर बड़े अक्षरों में अपना नाम लिख दिया, नीचे फ़ोन नम्बर भी।

'मैं ईमेल का उपयोग तो नहीं करती हूँ लेकिन तुम मुझे *rrana@hotmail-com* पर मेल भी कर सकते हो। नीचे मैंने अपना पता भी लिख दिया है', वह बोली।

उसने उसको एक नहीं अपने दो–दो कार्ड दिये, कि कहीं अगर एक कार्ड गुम हो जाये तो दूसरा तो रहेगा। उसके बाद वह फ़र्श पर घुटने टिकाकर बैठ गया और उसने रुद्राणी के हाथ चूम लिए। 'आप बहुत अच्छी इन्सान हैं', वह बोला। 'और मैं इस बात को लेकर निश्चिन्त हूँ कि आप एक अच्छी लेखिका भी होंगी।'

वह जाने के लिए उठी। उसके पैर भारी लग रहे थे लेकिन दिल हल्का महसूस कर रहा था। 'मुझे अब शब्दों और अहंकार के इस सर्कस से निकल जाना चाहिए', उसने गम्भीर आवाज़ बनाते हुए कहा।

वह रास्ता बनाते हुए किताबों की भीड़ भरी दुकान की ओर बढ़ चली, लेकिन कोई किताब ख़रीदने का उसका मन नहीं हुआ। वह शब्दों की इस दुनिया से कुछ समय के लिए आराम चाहती थी, वह अपने बुनियादी जीवन में लौट आना चाहती थी।

वह कल्पना करने लगी, किताब छप गयी है, वह भविष्य में किसी फ़ेस्टिवल में आयी है, वह किताब पढ़ रही है, लोगों को साइन करके दे रही है, अपनी किताब अनसबमिटेड को। या शायद तब उसका नाम द फेस बाई द विंडो हो जाये।

उस फ़ेस्टिवल के माहौल का उसके ऊपर असर हुआ था, वहाँ की भीड़, जिस तरह से लेखकों से वहाँ आये लोगों का जुड़ाव था और जिस तरह से वहाँ लेखकों और किताबों की चर्चा हो रही थी, जिस तरह से युवा सेल्फ़ी ले रहे थे और मशहूर हस्तियों की तलाश में भटकते रहते थे, और वे बुज़ुर्ग जो अपने आपको फिर से युवा समझ रहे थे, वहाँ जुटी भीड़ के साथ जोश में आते हुए।

रुद्राणी ने उस महिला के स्टॉल से एक प्लेट गोलगप्पे लेकर खाये जो किसी राजकुमारी जैसी लग रही थी, उसके माथे पर रत्नों वाली राखड़ी थी। उसके हाथ से एक गोलगप्पा गिरा और उसके पानी से वह गीली हो गयी। लेकिन उसने उसको सहज भाव से ही लिया।

एक बैग लेकर चलना उसको अजीब–सा लग रहा था। उसको इस बात का यक़ीन नहीं हो रहा था कि उसने सच में ऐसा किया था, अपने जीवन भर की पूँजी एक ऐसे आदमी को सौंप दी थी जो एक तरह से उसके लिए अजनबी ही था।

उसने उन सारी माँओं और मिथकों के बारे में सोचा जो अपने बच्चों को कचरा पेटी में रखकर छोड़ देते हैं, उनको भाग्य के सहारे छोड़ देते हैं। और ऐसे बहुत से क़िस्से थे। महाभारत में कुन्ती ने अपने बेटे कर्ण को बहती नदी की धार में छोड़ दिया था। बालक मोज़ेज़ को नील नदी के किनारे भोजपत्र की टोकरी में छोड़ दिया गया था। देहरादून में एक परेशान हाल माँ ने अपनी बच्ची को काग़ज़

के एक कार्टन में रखकर लाउंड्री रूम के पास छोड़ दिया था। उसको इस बारे में उसकी माँ ने बताया था।

यह फ़ेस्टिवल भी एक तरह से नदी जैसा ही था और उसकी किताब अनिर्बन एम के सुरक्षित हाथों में थी। 'तुम जो भी हो मैं हमेशा से ही अजनबियों की करुणा पर निर्भर रही हूँ।' उसको यह लाइन हमेशा से अच्छी लगती रही है टेनेसी विलियम्स। ए स्ट्रीट कार नेम्ड डिज़ायर।

अगर वह ऐसे जताने लगा मानो यह उसी की किताब हो तो क्या होगा, कहीं उसने इस किताब को किसी अन्तरराष्ट्रीय प्रकाशक को बेच दिया और अगर यह किताब दुनिया भर में बेस्टसेलर हो गयी तो?

'अगर ऐसा हुआ तो भी मुझे बहुत ख़ुशी होगी', उसने अपने आप से कहा। 'मैं किताब को दुनिया में भेजने के लिए तैयार हूँ।'

दार्शनिक भाव से वह घूम–घूम कर फ़ेस्टिवल के स्टॉल देखने लगी। बैंगनी रंग की एक बहुत सुन्दर शॉल उसको दिखाई दी, बैंगनी रंग की शॉल जिसके ऊपर नीले रंग के फूल बने हुए थे। शॉल महँगी थी लेकिन उसने उसको ख़रीद लिया, अपने क्रेडिट कार्ड से। उसके बाद वह अपने कमरे की ओर चल पड़ी, पैसे बचाने के लिए वह पैदल ही जा रही थी। उसको अपने हाथ में दो बैग लेकर चलने की आदत थी। एक बैग के साथ चलना उसको अजीब लग रहा था। वह अपने उस कैनवस बैग के वज़न को महसूस कर रही थी और उसके अन्दर अपने किताब के वज़न को।

उस रात उसने बत्ती बुझा ली और ऐसे महसूस करने लगी मानो उसका निधन हो गया हो। ऐसे जताने लगी मानो उसको अपनी इन्द्रियों से कुछ अनुभव नहीं हो रहा हो। सबसे पहले उसने अपनी आँखों को बन्द किया। अँधेरे में जो छायाएँ बन रही थीं उसको देखना बन्द किया। रुद्राणी की बन्द आँखों में उस औरत की छवि उभरने लगी जो स्टॉल लगाकर गोलगप्पे बेच रही थी, और जो देखने में किसी राजकुमारी जैसी लग रही थी, जबकि वह जानती थी कि

इस बात की शायद ही कोई सम्भावना थी कि इस जन्म में दोनों की भविष्य में कभी मुलाक़ात भी हो पाती। उसने उस छवि को परे किया और कुछ नहीं सोच रही थी। कान। उसने अपने कान बन्द कर लिए। कानों से उसको नीचे दोनों बहनों की बातचीत की आवाज़ सुनाई दे रही थी, और टेलीविज़न की आवाज़ भी। नाक। नाक पहले से ही बन्द था। फ़ेस्टिवल के मैदान से उड़ती धूल के कारण उसकी एलर्जी बढ़ गयी थी। उसको किसी भी चीज़ की गन्ध नहीं आ रही थी, और उसकी नाक में खुजली हो रही थी, और उसके नथुने अजीब तरह से भारी लग रहे थे, और ख़बरदार, मानो उसको इस बात का पता हो कि वह उनके ऊपर नज़र बनाये हुए थी। साँस। सबसे पहले साँस जाती है।

स्पर्श। स्पर्श का अनुभव। उसका दिमाग़ एक बार फ़िर से खेल रहा था, और उसको रूपर्ट मर्क की उँगलियाँ महसूस हो रही थीं, मुलायम और सख़्त, उसकी त्वचा पर।

उसके बाद नींद, जो मृत्यु है। मृत्यु जो कि नींद की बहन है। क्या उसको शब्द कभी नहीं छोड़ेंगे, नींद में या मृत्यु में भी?

अनिर्बन एम अन्दर–ही–अन्दर सिहर रहा था। उसका भाई चिन्तन बनर्जी 'आँकड़े और आर्थिक विकास का सच' विषय पर बोलने वाला था। यह मुक्त संसार था, लगभग या होने ही वाला था, लेकिन चिन्तन जो पहले वामपन्थी आदर्शवादी था जो अब व्यावहारिक दक्षिणपन्थी हो गया था, और इस बात से वह सदमे में आ गया था।

अनिर्बन जब बच्चा था तो वह चिन्तन को अपना हीरो मानता था; वे देश भर की फौजी छावनियों में साथ रहे, साथ खेलते थे, कानपुर, अम्बाला, रानीखेत में, उनके पिता का ट्रांसफ़र होता रहता था। चिन्तन हार्वर्ड में पढ़ने चला गया। अनिर्बन ने वह मार्ग चुना जिसके ऊपर कम लोग चलते थे। उसने डांस का कोर्स किया,

फिर लन्दन जाकर डिजिटल कम्यूनिकेशन में कोर्स किया। उसके बाद उसने एक साल शान्तिनिकेतन में बिताया, और उसने जो राह चुनी थी उसको लेकर बहुत चिन्तित रहता था, सेक्स को लेकर अपनी प्राथमिकता को लेकर वह चिन्ता में रहता था, अपने राजनीतिक रुझानों को लेकर परेशान रहता था।

ग्राफिक उपन्यासकार के रूप में अनिर्बन की सफलता, आईस्पाई नाम से गुमनाम स्तम्भ लिखने में उसको जिस तरह से सफलता मिली उससे ख़ुद अनिर्बन भी हैरान था। उसका एक एजेंट था जो उसकी प्रतिभा में बहुत भरोसा करता था, किताबों और अलग–अलग प्रोजेक्ट्स पर काम करने से उसकी कमाई ठीकठाक हो जाती थी, और दुनिया में उसका अपना एक मुकाम था। उसमें किसी तरह की महत्त्वाकांक्षा नहीं थी, लेकिन उसको यह बात समझ में आ गयी थी कि वह एक सफल इन्सान था, भले ही बहुत सफल न हो।

वह लगभग हर साल जयपुर फ़ेस्टिवल में आता था, लोगों की भीड़ के बीच में रहने और किताबों की दुनिया में खो जाने के लिए।

वह चिन्तन से दुबारा मिलने को लेकर कोई उत्साहित नहीं था। उसके लिए उसके अन्दर अभी भी उन दिनों का प्यार था जब वह उसको अपना हीरो मानता था। चिन्तन का हाल के दिनों में विचारधारा से जो भटकाव हुआ था उसके कारण वह बहुत गुस्से में था। उसको उसके सत्र में बैठने का मन नहीं हो रहा था। अपने हीरो को गिरता हुआ देखने के लिए अलग ही तरह की करुणा चाहिए होती है, और उसको यह नहीं पता था कि उसके अन्दर उस तरह की करुणा थी।

अनिर्बन के हाथ में अभी भी कैनवस का वह बैग था जिसमें रुद्राणी राणा की पाण्डुलिपि थी। प्रेस के लिए बने टैरेस पर वह उसको भूल ही गया था, और उसने यह तय किया था कि चिन्तन के सत्र के बाद वह जाकर उसको अपने कमरे में रख देगा।

जैसी कि उम्मीद थी दक्षिणपन्थी अर्थशास्त्रियों का सामना वामपन्थी और उदारवादी अर्थशास्त्रियों से हो रहा था। सीमा रेखा तय कर दी गयी थी, और वे अपने–अपने पक्ष को लेकर मज़बूती से अड़े हुए थे। वह देर से पहुँचा और एक कोने में बैठ गया। सत्र में भीड़ तो थी लेकिन बहुत अधिक नहीं थी।

चिन्तन बनर्जी बहस के केन्द्र में था, उसके लम्बे बालों से सफ़ेदी झाँक रही थी, और उसके व्यक्तित्व में अभी भी वह रुआब था जिससे बचपन में अनिर्बन बहुत प्रभावित रहता था।

वह बहुत सारे आँकड़ों की बात कर रहा था जिसको अनिर्बन समझने की कोशिश भी नहीं कर रहा था। 'ऐसा लग रहा है कि विपक्षी दल और उनकी समर्थक आभिजात्य मीडिया मोदी सरकार को बदनाम करने के लिए किसी भी हद तक जाने के लिए तैयार रहते हैं। अपने ढंग से आँकड़ों की व्याख्या करते हैं और उसके माध्यम से अभियान चलाते हैं–'

अनिर्बन ने इस बहस से अपना ध्यान हटा लिया। उसने ध्यान दिया कि चिन्तन का पेट निकल आया था। गाल अभी नहीं फूले थे। वह कार्टूनिस्ट था और इस वजह से चेहरे, हावभाव आदि को बहुत ध्यान से देखता था।

उसने अपने भाई का स्केच बनाना शुरू किया। उसके बालों में सफ़ेदी की जो रेखा थी उसने उसी से कार्टून बनाने की शुरुआत की, लेकिन वह इसकी तलाश में नहीं था। उसने इस बात पर ध्यान दिया कि उसके बालों में सफ़ेदी की जो रेखा थी वह इतनी सही तरह से थी कि अच्छी लग रही थी। यह एक तरह से चिन्तन के व्यक्तित्व को और उभारने के लिए बनाया गया था।

आँखें? चिन्तन की आँखें दर्शकों में कुछ खोज रही थीं, उसमें गर्मजोशी थी जो बहुत अभ्यास से आयी थी, एक तरह से सम्मोहन के अभ्यास से। लेकिन यह कोई नयी बात नहीं थी। जब चिन्तन छोटा था तब भी उसके अन्दर यह क्षमता थी कि किसी को वह यह महसूस करवा सकता था कि वह सुन रहा था और बस आपको ही जवाब दे रहा था।

अनिर्बन ने अपने स्केच में हाथ के ऊपर ध्यान लगाया। उसके हाथ ख़ूब हिल रहे थे, पवनचक्की की तरह, या बचपन में वे काग़ज़ की जिस चक्की के साथ खेलते थे उसकी तरह। उसने अपने स्केच में उसके हाथ के आसपास रफ़्तार की लहर बना दी, और बाक़ी स्केच उसी के आसपास बनाया।

सत्र के बाद दोनों कॉफ़ी पीने के लिए मिले, लेखकों के लाउंज में बहुत भीड़ थी और उन लोगों ने वहाँ नहीं जाना ही बेहतर समझा। वे इधर–उधर की बात करते रहे, दूरी को बातों से पाटने की कोशिश करते रहे, परिवार से जुड़ी बातें करते रहे, बचपन के दिनों को याद करते रहे। अनिर्बन ने यह तय किया कि वह विचारधारा के बारे में बात नहीं करेगा, या नैतिकता के बारे में; वह अपने शब्द ऐसे आदमी तक पहुँचाने में नष्ट नहीं करेगा जिसने अपनी भलाई के लिए व्यावहारिक रास्ता अपना लिया था।

लेकिन वह अपने आपको रोक नहीं पाया। जब उठकर जाने का समय आया, जब दोनों गले मिले और फिर मिलने–जुलने की बात करने लगे तो उसने चिन्तन की आँखों में देखे हुए पूछा, 'दादा आपको रात में नींद कैसे आती है?'

चिन्तन ने कोई जवाब नहीं दिया। चिन्तन की आँखों में उसको वही चमक दिखाई दी जो उसको बचपन से अच्छी तरह से याद थी। वह अनिर्बन की आँख में आँख मिलाये बिना उसको देखता रहा।

उसके बाद उसने मुस्कुराते हुए अनिर्बन का हाथ दबा दिया। 'बचपना छोड़ो भाई– अब तो बड़े हो जाओ?' उसने अनिर्बन को एक बार और गले से लगाया और चला गया।

अनिर्बन लेखकों के लाउंज में गया, उसको कैनवस बैग लेना था। वह फ़ेस्टिवल में शब्दों के शोर से थक गया था, अपने आसपास की चहल–पहल से। लाउंज में जाकर वह एक कोने में कुर्सी पर बैठ गया, और दूर लगे वीडियो स्क्रीन को देखने लगा।

उसके बगल की कुर्सी पर एक सुन्दर आदमी आकर बैठ गया। उसके चेहरे पर हल्की मुस्कान थी, और उसको देखकर लग रहा था

कि वह बातचीत करने के मूड में था। कोई और दिन रहा होता तो अनिर्बन उसको जवाब देने में दिलचस्पी दिखाता, उसको सुनता, नोट लेता। लेकिन चिन्तन बनर्जी के साथ मिलकर उसका मूड ख़राब हो गया था, और हाँ वह निराश था, कि उसके बचपन का हीरो दुनियावी सफलता के झाँसे में पड़ गया था और एक ऐसा फ़र्जी आदमी बन गया था जिससे उसको नफ़रत होने लगी थी।

वह टॉयलेट में गया और लाइन में खड़ा होकर इन्तज़ार करने लगा। एक महिला का लैपटॉप खो गया था और वह पागलों की तरह से व्यवहार कर रही थी। वह बावलों की तरह कुछ–कुछ बोले जा रही थी, अपनी क़िस्मत को कोसे जा रही थी। वह ऐसे विलाप कर रही थी जैसे गीत गा रही थी। क्या वह कवि थी?

वह बाहर निकलने ही वाला था कि एक बेहद सुन्दर युवक ने उसको कमरे की दूसरी तरफ़ से आवाज़ लगाई, 'आप अपना बैग भूल गये हैं!'

उसके हाथ में रुद्राणी राणा का कैनवस बैग था, जिसमें उसकी वह पाण्डुलिपि थी जो उसने बड़े विश्वास के साथ अनिर्बन को दी थी। उसको अपने ऊपर बहुत शर्मिन्दगी महसूस हो रही थी। वह इतना लापरवाह कैसे हो सकता था, इतना बेदिमाग़ काम उससे कैसे हो गया

अनिर्बन ने अपना परिचय दिया। उसका शुक्रिया अदा किया। उसको उस बैग के बारे में बताया कि उसमें क्या था, और किस तरह से एक कम बोलने वाली लेखिका ने उसको अपने जीवन भर का काम सौंप दिया था। किस तरह से उसका यह कर्तव्य था कि वह उसको पढ़े, उसका आकलन करे, और उसकी इसमें मदद करे ताकि यह किताब दुनिया के सामने आये।

उस नौजवान ने अपना परिचय दिया। वह एक सम्पादक था, अनुवादक और कवि था। वह एक नामी प्रकाशक के लिए काम भी करता था। उसका नाम था युआन–युआन टोरेस।

अनिर्बन अपने घुँघराले बालों को खुजलाने लगा। 'यहाँ तो आसपास सभी कवि ही हैं', उसने मुस्कुराते हुए कहा। 'मैं आपकी कविता पढ़ना चाहूँगा– शायद मैं आपकी कुछ कविताओं को लेकर चित्र भी बनाना चाहूँ। और अगर आप साहित्यिक किताबों के प्रकाशन में मदद करते हैं तो शायद आप उस बेहतरीन इन्सान रुद्राणी की जीवन भर की मेहनत से लिखी गयी किताब की पाण्डुलिपि भी पढ़ सकें?'

युआन टोरेस का उस दिन कोई सत्र नहीं था। उसने अपने सोफ़े को पीछे किया और रुद्राणी राणा का वह मोटा उपन्यास पढ़ने लगा। अगर कोई उसको ध्यान से देख रहा होता तो वह पाता कि स्पाइरल बाइंडिंग वाली किताब को पढ़ते हुए उसके चेहरे पर तरह–तरह के भाव आ–जा रहे थे। कभी वह विस्मित हो रहा था, कभी हैरान हो रहा था, कभी चकित हो जाता था, कभी बहुत ख़ुश हो जाता था तो कभी खिलखिलाकर हँसने लगता– वह किताब को ऐसे पढ़ रहा था जैसे कोई बच्चा पढ़ रहा हो। वह क़रीब एक घण्टे तक उस किताब में अपना सिर गड़ाये रहा और उसके बाद कॉफ़ी पीने और हाथ–पैर सीधे करने के लिए उठा।

अनिर्बन अपने सिर को खुजाता हुआ उसकी तरफ़ बढ़ा। 'हेलो यार' वह बोला। 'मुझे यह बच्चा वापस चाहिए! मैं इसको खो नहीं सकता। यह उसके जीवन भर का काम है।'

'वह चाहे जो भी हो, उसका काम बहुत मौलिक क़िस्म का है', युआन टोरेस ने जवाब दिया। 'मैं इसका फ़ैसला नहीं कर सकता हूँ कि यह किताब कितनी अच्छी या बुरी है लेकिन मैं यह बात कहना चाहता हूँ कि मैंने ऐसी कोई किताब अपनी पूरी ज़िन्दगी में नहीं पढ़ी। मैं उससे किस तरह मिल सकता हूँ– इस ज़हरीली क़लम वाली औरत से?'

'आपको कैसे पता चला? आपने कैसे अनुमान लगाया?' अनिर्बन ने पूछा। हैरानी के मारे उसका मुँह खुला हुआ था।

'क्या जानता हूँ?' युआन ने जवाब दिया, वह भी उतना ही हैरान था।

'यह बात कि वह लेखिका यानी मेरी दोस्त चिट्ठियों में जली कटी बातें लिखती है– अपने मज़े के लिए, सच को बयान करने के लिए।' अनिर्बन ने कहा।

युआन ऐसे देख रहा था मानो उसको कुछ समझ नहीं आया हो। अनिर्बन समझ गया कि युआन ने बात–बात में एक बात कही थी, उसने ग़लत समझ लिया, और इस तरह से उसने अपना वादा तोड़ दिया।

'मेरे कहने का मतलब था', वह बोला। 'मैं एक रूपक का प्रयोग कर रहा था।'

युआन ने उसको कुछ उत्सुकता से देखा और फिर इस बात को रहने दिया।

'मैं उससे मिलना चाहूँगा', उसने फिर से कहा। 'मैं उँगली रखकर तो यह नहीं कह सकता हूँ लेकिन कुछ तो बात है उसके लिखने में।'

अनिर्बन ने रुद्राणी के उपन्यास वाले कैनवस बैग को उठा लिया और अपने सीने से भींच लिया। 'मुझे इस प्यारे बच्चे को सँभाल कर रखना है–' वह बोला। 'आज मुझे दो प्रकाशकों की पार्टी में जाना है। आप भी मेरे साथ चलना चाहेंगे?'

शराब, हँसी–मज़ाक के बाद दोनों एक साथ बिस्तर में थे, एक–दूसरे की बाँहों में सिमटे हुए थे। वह कैनवस बैग जिसके अन्दर अनसबमिटेड था, बिस्तर के नीचे पड़ा था, जी कोई बिल्ली हाथ–पैर मोड़ कर सोयी हो या कोई कुत्ता।

सुबह के शोर–शराबे में उसकी नींद खुली और उसके बाद वह फिर से सो गया। दूर से एक ट्रेन की सीटी सुनाई दे रही थी, एक मोर के बोलने की आवाज़। उन लोगों ने कमरे के पर्दे नहीं गिराये थे, और कमरे में हल्की–सी रौशनी आ रही थी। युआन उसके बगल में सोया पड़ा था। उसकी त्वचा पीले गुलाब की पँखुड़ियों की तरह से लग रही थी।

अनिर्बन बहुत सन्तोष का अनुभव कर रहा था, उसको अच्छा महसूस हो रहा था। वह अपने अन्दर की इस भावना को समझता था। वह एक बार फिर से प्यार में पड़ रहा था।

कार्मेन लकड़ी के तख़्त पर नंगी लेटी हुई थी। उसने अपने आपको आयुर्वेदिक मसाज का तोहफ़ा दिया था। उसने केरल में 15 दिनों के लिए आयुर्वेदिक मसाज के लिए बुकिंग की थी, जयपुर में उसको बानगी दी जा रही थी, फ़ेस्टिवल के बाद वह सुमेध के बिना वहाँ जाने वाली थी। शिरोधारा क्रिया में न जाने कौन–सा तेल माथे पर घण्टों टपकता रहता था, उससे राहत तो महसूस हो रही थी, लेकिन उसके कारण कुछ मानसिक दशा भी इधर–उधर हो जा रही थी। उसके बाद उसके तेल में नहाये शरीर को दो मज़बूत महिलाएँ दबा रही थीं।

वह इस बात को भूल चुकी थी कि जब कोई छूता है तो कैसा महसूस होता है। कुछ साल पहले से ही सुमेध के साथ उसका सारा शारीरिक सम्पर्क टूट चुका था। वह उससे बचता था, और कार्मेन को उससे नफ़रत–सी होने लगी थी। वह बहुत घिनौना था।

ख़ूब मालिश के बाद वह अपने शरीर को फिर से पहचानने में लग गयी थी, अपनी मांसपेशियों को, जिनको वह पूरी तरह से भूल गयी थी। अपनी पीठ को, अपने पुट्ठों को, अपनी जाँघ के अन्दरूनी हिस्से को। कुछ देर के बाद वह सो गयी, तेल और ख़ुशबू के प्रभाव के कारण, पता नहीं नींद में वह ख़्वाब देख रही थी या कि सोच रही थी कि सुमेध उसकी पिटाई कर रहा था।

'रुक जाओ सुमेध', वह चीख़ने लगी। 'रुक जाओ! मैं अब और सहन नहीं कर सकती!' उसके बाद वह अपनी ही आवाज़ की शर्मिन्दगी के कारण उठ गयी। मालिश करने वाली महिलाओं के ऊपर कोई फ़र्क़ नहीं पड़ रहा था, हालाँकि उन्होंने मालिश करना छोड़ दिया था।

'माफ़ करना, मुझे नींद आ गयी थी', वह बोली, और वह उसके शरीर को फिर से दबाने लगी।

सुमेध पिछले कुछ दिनों से उसके साथ अच्छे से बर्ताव कर रहा था। उसको समझ नहीं आ रहा था कि उसके अन्दर क्या चल रहा था। वह बहुत ही उलझा हुआ इन्सान था, ऊपर से अच्छा दिखाई देता रहता था लेकिन अन्दर ही अन्दर उसका मूड बदलता रहता था। उसको यह बात कभी समझ में नहीं आयी कि उसने उसके सामने शादी का प्रस्ताव रखा क्यों था, और उससे भी कम उसको यह बात समझ में आयी कि ख़ुद उसने हाँ क्यों कर दी थी।

उसने अपना ध्यान अपने शरीर पर लगाया, मालिश का उसके शरीर पर जो असर हो रहा था उसके ऊपर। मालिश हो जाने के बाद वह इतनी अलसायी हुई थी कि उसका नहाने का मन ही नहीं हुआ, उसने अपने शरीर को धो–पोंछ लिया और होटल में अपने कमरे में लौट आयी। कमरे में उसके मेज़ से दो केले उठाकर खाए और सो गयी।

मालिश करने वाली महिलाओं ने उसको खाने–पीने से मना किया था और उसने वही किया। आधी रात के बाद उसकी नींद खुली, उसको बहुत ज़ोर की भूख लगी हुई थी। सुमेध कमरे में लौट कर नहीं आया था। न तो फ़ोन पर उसका कोई मैसेज आया था। न ही उसका कोई मिस्ड कॉल था। अच्छा–

उसको दुबारा नींद आने में कुछ समय लगा। उसको कुछ घिनौना जैसा लग रहा था, और उसके शरीर से पसीना नहीं आ रहा था। उसको कुछ बेचैनी जैसा अनुभव हो रहा था। उसको अपने कुत्ते की चिन्ता हो रही थी। अपने बीगल कुत्ते की, जिसका नाम डारविन था, उसको वह अपने पड़ोसी के पास छोड़कर आयी थी, अपने सबसे अच्छे दोस्त लुइस के पास। डारविन सोच रहा होगा कि वह कहाँ है, उसको उसकी याद आ रही होगी।

उसने लुइस को फ़ोन करने की कोशिश की लेकिन फ़ोन लगा नहीं। थक–हार कर वह सो गयी, उसकी नींद ज़ोर की आवाज़ से खुली।

सुबह हो गयी थी। उसका पति सुमेध कुमार अभी भी उन्हीं कपड़ों में था जो उसने कल दिन में पहन रखे थे, वह नीचे फ़र्श पर सोया हुआ था। फलों की टोकरी टूटी पड़ी थी, चारों तरफ़ फल बिखरे पड़े थे। सेव, अनान्नास, चीकू, अमरूद सब पड़े हुए थे।

उसको ऐसा लगा जैसे वह किसी सुर्रियल पेंटिंग के दृश्य जैसा लग रहा था, और वह मन–ही–मन मुस्कुराने लगी। तब उसको समझ में आया कि केले के छिलके पर उसका पैर फिसल गया था और वह गिर गया था। केले के छिलके कचरे की पेटी में डालने के लिए उठी थी जो उसने ज़मीन पर ही फेंक दिये थे।

वह गुस्से में था। 'तुम इस तरह से क्यों मुस्कुरा रही हो कमीनी? कमरे से नारियल तेल की बास क्यों आ रही है? मैं इस नर्क में क्यों लौट आया?'

उसको देख कर वह मुस्कुराने से अपने आपको रोक नहीं पा रही थी। इससे पहले उसने किसी को केले के छिलके पर फिसलकर गिरते हुए नहीं देखा था। ऐसा लग रहा था कि देर रात देखी गयी किसी फ़िल्म का कोई सीन हो।

सुमेध ने उसके ऊपर हमला कर दिया। वह बिस्तर की तरफ़ झुककर उसकी पिटाई करने लगा वह उससे बचने की कोशिश करने लगी। उसने उसकी कलाई पकड़ने की कोशिश की। नारियल तेल अभी भी उसके शरीर में लगा हुआ था, जिसके कारण सुमेध उसको पकड़ नहीं पा रहा था।

वह नशे में नहीं था। बहुत गुस्से में था। 'तुम एक गोरिल्ला हो', उसने चिल्लाते हुए कहा, 'बदसूरत गोरिल्ला! तुमने जानबूझकर केले के छिलके नीचे फेंके थे। ताकि तुम मेरे ऊपर हँस सको! मैं तुमको सबक सिखाऊँगा।'

वह भी गुस्से में थी, और डरी हुई भी थी। कार्मेन ने उसको एक लात जमा दी। सुमेध ने बिस्तर के पास वाला लैम्प उठा लिया ताकि वह उसको उससे मार सके। तार टूट गयी और उसके कारण वहाँ से चिंगारी निकलने लगी।

वह थक–हार कर सोफ़े पर बैठ गया और रोने लगा। उसने उसको शान्त करवाने की कोशिश की, लेकिन प्यार जताने के लिहाज़ से अब बहुत देर हो चुकी थी। वह जूते पहने हुए ही सोफ़े पर लेट गया।

'मुझे सोना है', वह बोला। 'मेरे पास मत आना बन्दरिया कहीं की।'

'रात भर कहाँ थे तुम? 'कार्मेन ने उससे अचानक गुस्से में आते हुए पूछा।

उसने कोई जवाब नहीं दिया, ऐसे जताता रहा मानो वह सो गया हो। वह आसपास कोई ऐसी चीज़ देखने लगी जिसको उसके ऊपर फेंक सके। बिस्तर के पास वाली मेज़ पर एक डिजिटल घड़ी पड़ी हुई थी। उसने घड़ी उठाकर उसके ऊपर फेंक दी। घड़ी उसके ऊपर नही लगी। वह फ़र्श पर गिर गयी। घड़ी टूटी नहीं।

उसने एक आँख खोली और उसको देखने लगा। 'ये सब क्या है, वह बोला। 'यह सब क्या है। मैं दूसरे कमरे में जा रहा हूँ। तुम होटल के स्टाफ को जवाब देना कि ये सब क्या किया है।'

और वह जा चुका था।

बाद में वह घण्टों अपने शरीर से साबुन लगाकर तेल की चिकनाई मिटाने की कोशिश करने लगी। वह कमरे को ठीक–ठाक करने लगी जो कोई मुश्किल काम नहीं था। टूटा हुआ लैम्प, बिखरा हुआ फलों का टोकरा। वह उसके बारे में बता सकती थी। और अपने ग़ायब पति के बारे में।

कार्मेन ने सुबह का वक़्त उपन्यास पढ़ते हुए बिताया, उसके वापस आने का इन्तज़ार करते हुए। वह कुछ देर के लिए आया, सूटकेस में अपने कपड़े डाले, उसको ज़हर भरी निगाहों से देखा और फिर बाहर चला गया। उसने उससे कुछ नहीं कहा। उनके रिश्ते का अन्त आ गया।

जयपुर। जनवरी। इतवार

ज़ोया मनकोटिया अभी भी उस चिट्ठी के कारण दुखी थी। 'मुझे बहुत गन्दा लग रहा है', उसने उससे कहा जो उसको सुन रहा था। 'आख़िर किस तरह का इन्सान मुझे इस तरह की चिट्ठी भेज सकता है जिसके ऊपर बिल्ली की फ़ोटो बनी हुई हो? क्या इसका कोई मतलब है? क्या यह सेक्सुअलिटी का रूपक है?'

माया मुखर्जी उसकी बगल में बैठी हुई थी, वह उसको बहुत सहानुभूति के साथ सुन रही थी। कई फ़ेस्टिवल में दोनों साथ–साथ जाती रही हैं, बोलती रही हैं, और एक–दूसरे को दोस्त समझती थीं। ज़ोया ने कार्ड उसकी दिशा में बढ़ा दिया, और माया ने बड़े ध्यान से उसका निरीक्षण किया।

'अच्छा', वह हैरान होते हुए बोली। 'मुझे भी ऐसी एक चिट्ठी मिली है! लेकिन वह अच्छी वाली है!' उसके बाद वह अपने बैग में वह पोस्टकार्ड तलाश करने लगी जिसके ऊपर ऊँट की तस्वीर बनी हुई थी, जो किसी ने उसके कमरे में फेंक दिया था।

उसको पढ़ने के बाद ज़ोया का चेहरा उतर गया। 'इससे कुछ फ़र्क़ नहीं पड़ता', उसने अपनी आँखों से आँसू पोंछते हुए कहा।

'मुझे इस बात से कोई फ़र्क़ नहीं पड़ता कि तुमको इस इन्सान से सकारात्मक पत्र मिला माया, लेकिन मुझे तो उसने कमीनी ही कहा। हम जो होते हैं वही होते हैं, लेकिन अगर हम अपने स्वभाव के विरुद्ध जाते हैं और उस भिन्नता को बचाने के लिए तैयार रहते हैं तो लोग हमसे और चिढ़ते हैं।' वह किसी तरह मुस्कुरा तो रही थी लेकिन माया को यह बात समझ में आयी कि उसको अभी भी परेशानी हो रही थी।

'पता नहीं कि यह कौन है', उसने कुछ सोचते हुए कहा। 'मेरी चिट्ठी के ऊपर तो साइन भी किया हुआ था, लेकिन वह समझ में नहीं आ रहा था, लेकिन तुम्हारी चिट्ठी पर किसी का साइन भी नहीं था। और दोनों पर बैंगनी स्याही से लिखा हुआ था, दोनों की हैंडराइटिंग एक जैसी तिरछी है। उसने लिखा है, "लिखना जादू होता है के जवाब में तुमने बिना किसी पूर्वग्रह के सोच समझ कर जवाब दिया।" किसी ने कल सत्र में मुझसे सवाल पूछा था, और जितने अच्छे से हो सकता था मैंने जवाब दिया था, लेकिन भीड़ में मुझे यह दिखाई नहीं दिया था कि वह कौन थी, वहाँ बहुत भीड़ थी। मेरे ख़याल से वह कोई औरत थी, एक बूढ़ी औरत–'

'कमीनी!' ज़ोया बोली। 'दुआ करती हूँ कि वह बुढ़िया मरने के बाद नरक में सड़ेगी! उसके ऊपर कार चढ़ जाये, उसको हाथी कुचल दे।' उसके बाद वह अफ़सोस जताते हुए अपने होंठों को काटने लगी।

'पता नहीं मुझे क्या हो गया था', उसने बड़ी मद्धिम आवाज़ में कहा। 'यह अच्छी बात नहीं है। मुझे लगता है कि मैं कमीनी ही हूँ। पता नहीं मुझे क्या हो गया है?'

उसने बिल्ली वाली उस कार्ड को समेटा और अपने बैग में वापस रख लिया। 'म्याऊँ! म्याऊँ!' वह बोली। 'अब मैं इससे निकलना चाहती हूँ। चलो कुछ और बात करते हैं माया।'

'मुझे ख़ुशी हुई कि तुमने ऐसा किया', माया बोली। 'मुझे नहीं लगता है कि कोई आपको तकलीफ़ पहुँचाये तो बदले में आपको भी

उसे तकलीफ़ पहुँचानी चाहिए।' उसने ज़ोया को गले से लगाया और दोनों बैठकर कुछ दूसरी ज़रूरी बात करने लगीं।

अनिर्बन एम बगल की मेज़ पर अपने सत्र की तैयारी कर रहा था, उसका सत्र ग्राफ़िक उपन्यासों पर था। वह बीच–बीच में उनकी बातचीत भी सुन रहा था। ज़ोया ने जब बैंगनी लिफ़ाफ़ा निकाला तो वह उसको देख रहा था।

'जाने दो', उसने उससे कहा। 'शायद वह अपने आप से ही कह रही थी, क्या पता वह अपने गुस्से अपनी भावना को ही जता रही हो।'

उसको लगा कि उसने कुछ ज़्यादा ही बोल दिया था। लेकिन अब अच्छा तो यही होता कि वह इस बात को जाने दे।

सत्र अच्छा रहा, युवाओं को पसन्द आया। सत्र के समाप्त होने के बाद उसने वह दिन युआन के साथ बिताया, उसके साथ जयपुर शहर में घूमता रहा, एक बाहरी आदमी की निगाह से उस शहर को देखता रहा। वे हवा महल गये, जन्तर–मन्तर गये, सड़क के किनारे ठेले से जलेबी खायी। युआन ने उसको बताया कि हमेशा से उसका मन हाथी की सवारी करने का था, इसलिए वे ऑटो में सवार होकर आमेर क़िला गये, उन्होंने देखा कि एक हाथी बड़े धीरज के साथ क़िले की तरफ़ बढ़ रहा था, महावत उसको अंकुश चुभा रहा था।

'यह बहुत शर्मनाक है', युआन के कहा। 'दुनिया का सबसे शानदार जीव पर्यटक की तरह से उत्सुकता से पहाड़ी पर चढ़ रहा है।'

वे हाथी से नीचे उतर गये, और युआन ने हाथी को बड़े प्यार से थपथपाया। 'तुम बहुत प्यारे लड़के हो!' उसने कहा। 'दुनिया को स्वयं को नीचे मत झुकने दो। उनको अपना पिछवाड़ा दिखा दो।'

'यह एक लड़की है', महावत ने हाथी के बारे में बताया।

'सब एक जैसे ही होते हैं', युआन ने हँसते हुए जवाब दिया। आगे का रास्ता दोनों ने हाथ में हाथ डालकर पार किया।

ऊपर पहाड़ी पर चढ़कर अनिर्बन को अचानक रुद्राणी की याद आयी। उसको रुद्राणी को एक बार और खोजना पड़ा, उसको बताना

पड़ेगा कि उसके उपन्यास के पहले पाठक ने उपन्यास की बहुत तारीफ़ की है, उसने कहा है कि इसमें जीवन की हलचलें हैं।

उसने उसको कॉल करने की कोशिश की लेकिन फ़ोन का नेटवर्क नहीं लगा, सिग्नल नहीं आ रहा था। जब वह वापस लौट रहा था तो उसने एक बार और इसको फ़ोन मिलाने की कोशिश की लेकिन उसने फ़ोन नहीं उठाया।

उस शाम अनिर्बन को अपने भाई का मैसेज आया। 'एक बार फिर से जुदा होने से पहले थोड़ी देर के लिए मिलते हैं भाई', चिन्तन का मैसेज आया था।

'ठीक भाई', उसने कहा। 'जब कहो, जहाँ कहो।' उसके दिमाग़ में कोई योजना चल रही थी जिसको वह मुलाक़ात के दौरान अपने तक ही रखना चाह रहा था।

यही तय पाया गया कि दोनों शाम में रामबाग के बार में मिलेंगे। अनिर्बन ने युआन को अपने साथ चलने के लिए कहा, इसमें कुछ मुश्किल नहीं थी क्योंकि वैसे भी ताज होटल उनकी सूची में था।

अनिर्बन काले रंग की टी शर्ट पहनकर तैयार हुआ और गले में उसने डिजाइनर गुलबन्द डाल लिया, और उसने ठण्ड से बचने के लिए काले रंग की शॉल लपेट रखी थी।

पोलो बार में धन सम्पत्ति, ऊँचे लोगों, सुविधा–सम्पन्न लोगों की ख़ुशबू भरी हुई थी। वहाँ पहले के ज़माने के सिगार जैसी ख़ुशबू थी। दीवारों पर ट्रॉफियाँ थीं, स्मृतिचिह्न, तलवारें टँगी हुई थीं और कुछ धुँधली तस्वीरें थीं, कैबिनेट में शराब भरा हुआ था, तरह–तरह के शराब।

चिन्तन बनर्जी मेन्यू को बड़े ध्यान से पढ़ रहा था, क़ीमत देखकर उसकी आँख दायें–बायें हो रही थी।

शिफोन साड़ी पहने एक दुबली औरत मेज़ पर उससे बात करने के लिए आयी। चिन्तन अपने बाल सही करते हुए उसकी आँख में आँख डालकर देखने लगा।

जब उसने अनिर्बन को देखा तो आगे झुकते हुए उसने उसको बड़े प्यार से गले से लगा लिया। जब युआन ने अपना परिचय दिया तो वह युआन से भी बहुत विनम्रता से पेश आया।

'मैं तो सिंगल माल्ट लूँगा', चिन्तन बनर्जी ने घोषणा की। 'और एशियन स्टाइल में प्रॉन मिल जाये।'

उसने उनको मेन्यू थमा दिया। पगड़ी वाला एक वेटर आसपास घूम रहा था।

अनिर्बन ने मेन्यू को ध्यान से देखा, उसकी आँखों में शरारती मुस्कान आ गयी। युआन का ध्यान इस बात पर गया कि चिन्तन और अनिर्बन के गालों पर एक जैसे डिम्पल पड़ते थे।

'एक बोतल शैम्पेन प्लीज़', उसने वेटर से कहा। 'साथ में तीन गिलास भी ले आना। हम लोगों को किसी चीज़ का जश्न मनाना है।'

चिन्तन को कुछ भी समझ में नहीं आ रहा था, और उसकी मुस्कान में वह भाव दिखाई दे रहा था।

'1930 में जयपुर की पोलो टीम ने उस साल आयोजित पोलो के सभी बड़े अन्तर्राष्ट्रीय टूर्नामेंट जीते थे, और उसी ख़ास उपलब्धि की याद में इस बार की स्थापना की गयी थी', चिन्तन ने बताया।

युआन अभी भी मेन्यू को देखे जा रहा था। 'यह तो बहुत बड़ी बात है', उसने जवाब दिया। उसके बाद उसने वेटर से कहा, 'हो सके तो मुझे 1857 ब्लडीयस्ट ब्लडी मेरी ला दो।'

शैम्पेन आया और वेटर ने उसका ढक्कन उड़ाया।

'मेरी ज़िन्दगी का बहुत ख़ास मौक़ा है भाई', अनिर्बन ने युआन की पीठ पर हाथ रखते हुए कहा। 'मैं तुमको अपनी मंगेतर से मिलवाना चाहता हूँ भाई– युआन से।'

चिन्तन को बहुत आश्चर्य हुआ, फिर वह चौकन्ना हुआ। उसकी भौंहें चढ़ी हुई थीं, अनिर्बन उसको ध्यान से देख रहा था। शायद वह पहली बार अवाक् हो गया था।

युआन को भी हैरानी हुई लेकिन कुछ ही देर के लिए। उसके बाद उसने अपने आपको सँभाल लिया। उसके चेहरे पर शान्त बल्कि कहना चाहिए कि शर्मीली मुस्कान तैरने लगी लेकिन उसकी आँखों में शरारती चमक थी।

'ओह!' चिन्तन बोला, 'ओह!'

उसी समय एक फ़िल्म स्टार, जो सांसद भी था, वहाँ आया। उसने चिन्तन को पहचान लिया और उसकी मेज़ की दिशा में आगे बढ़ा।

'मुझे लगता है कि आप यहाँ लिट्रेचर फ़ेस्टिवल में आये हैं?' उसने पूछा। 'मेरी आत्मकथा का कल लोकार्पण है। ये मेरे लिए बहुत इज़्ज़त–अफ़जाई की बात होगी कि आप उसमें आयें, अगर स्टेज पर आयें तो और अच्छी बात होगी?'

चिन्तन बनर्जी फिर से सहज हो गया, 'दुर्भाग्य से मेरे दोस्त मुझे जल्दी दिल्ली लौटना है, जहाँ काम है और नौकरी की ज़िम्मेदारी भी है', उसने जवाब दिया। 'मैं आपको अपने चचेरे भाई से मिलवाता हूँ अनिर्बन से– और ये उनके पार्टनर युआन हैं?'

ग्रील्ड प्रॉन आ गया था। बहुत स्वादिष्ट बना हुआ था। चिन्तन ने तीन खाया और फिर अपने फ़ोन में लग गया।

'इसके लिए एक और सिंगल माल्ट', अनिर्बन ने वेटर से कहा। उसके बाद वह अपने भाई की तरफ़ मुड़ा।

'चिन्तन आज तुम्हारे साथ यहाँ मुझे इतनी ख़ुशी हो रही है। जानते हो युआन यह आदमी बचपन से बड़े होने तक मेरा हीरो था। मुझे ऐसा लगता था कि सूरज इसके पीछे से निकलता था!'

चिन्तन ने अपनी व्हिस्की के गिलास में बर्फ़ का एक और टुकड़ा डाल लिया। उसको कुछ समझ में नहीं आ रहा था कि बातचीत किस दिशा में जा रही थी।

'लेकिन इसने मेरा भरम तोड़ दिया। हम सबका भरम तोड़ दिया। यह बिक गया। इसने अपनी महत्त्वाकांक्षाओं को बेच दिया। यह मेरा आदर्श इन्सान था लेकिन यह कमज़ोर इन्सान निकला।'

उसने अपने गिलास का शैम्पेन पी लिया और फिर माहौल को नाटकीय बनाने के लिए उसने गिलास को उल्टा कर दिया।

'तो यह है बेहद सफल, अपने आपसे बहुत ख़ुश, दक्षिणपन्थी जो लोगों के क़त्लेआम को सही ठहराता है और सिंगल माल्ट पीता है, जबकि इसको गाय का मूत पीना चाहिए।'

गुस्से के मारे चिन्तन का चेहरा लाल हो गया। 'मुझे इस बारे में तुमसे बात नहीं करनी है अनिर्बन', वह बोला। 'लेकिन जब हम तुलना कर ही रहे हैं तो मैं भी तुम्हारे बारे में अपनी बात कह ही देता हूँ। तुम्हारा बचपना गया नहीं है, जोकर हो, गम्भीर लोगों का मज़ाक उड़ाने में तुमको मज़ा आता है। तुम चाहते हो कि मैं रोऊँ, किसलिए क्योंकि तुम वामपन्थी हो और तुम्हारे अपने सुविधाजनक विश्वास के कारण।'

वह साँस लेने के लिए रुका। 'सबसे बड़ी बात यह है कि मैं समलैंगिक लोगों से नफ़रत नहीं करता हूँ। मैं इसमें विश्वास करता हूँ कि सबको अपने ढंग से जीने की आज़ादी है, लेकिन मैं अस्वाभाविक सेक्स में यक़ीन नहीं करता। तुम्हारे साथ क्या ग़लत हुआ है अनिर्बन? हम लोगों ने तुम्हारी परवरिश में क्या कमी रखी?'

उसके बाद वह युआन की तरफ़ मुड़ा। 'मुझे तुमसे मिलकर खुशी हुई दोस्त। लेकिन अब मैं यहाँ से चलना चाहूँगा। मैं नहीं चाहता कि कोई मेरा इस तरह से मज़ाक़ उड़ाये। उम्मीद करता हूँ कि अनिर्बन यहाँ का बिल चुका देगा।'

वह बार से निकल गया। युआन अनिर्बन की तरफ़ मुड़ा कि उसकी प्रतिक्रिया देख सके। उसका दोस्त बेतहाशा हँसे जा रहा था, अपने पेट को पकड़–पकड़ कर हँसे जा रहा था।

'यह क्या था?' युआन ने आश्चर्य से पूछा।

'वह मेरे ऊपर चढ़ना चाहता था लेकिन उससे पहले मैंने ही उसका काम तमाम कर दिया', अनिर्बन ने जवाब दिया। 'जीत मेरी हुई! मैंने मेरे–तुम्हारे रिश्ते को लेकर जो ग़लत बात कही उसके लिए माफ़ी, लेकिन मुझे उसको हर मोर्चे पर पीछे धकेलना था। ऐसा क्यों है कि दक्षिणपन्थी समलैंगिक रिश्तों का विरोध करते हैं। चाहे–'

और वह एक बार फिर ज़ोर–ज़ोर से हँसने लगा।

'मुझे एक बार फिर 1857 ब्लडीयस्ट ब्लडी मेरी मिल जायेगी?' युआन ने पूछा। 'और बिल ले आइएगा। आज रात की पार्टी मेरी तरफ़ से।'

'मैं अपने सारे क्रेडिट कार्ड लेकर आया हूँ', अनिर्बन ने कहा, वह अभी भी हँसे जा रहा था। 'बिल चाहे जो भी आये मेरे पास हैं पैसे। तुम वैसे भी विदेश से कम बजट में आये होगे, सारा गड़बड़ा जायेगा।'

अब हँसने की बारी युआन की थी। सब कुछ उल्टा–पुल्टा हुआ जा रहा था और अब वह अपने आपको हँसने से रोक नहीं पा रहा था।

'मेरे प्यारे अनिर्बन, मैं यह बताना चाहता हूँ कि मेरे पास पैसों की कमी नहीं है। अच्छा कमाता हूँ। अमीर परिवार में पैदा हुआ हूँ। इसलिए आज का बिल मुझे चुकाने दो। मुझे कोई परेशानी नहीं होगी।'

वे उस ठण्डी रात में बाहर सड़क पर निकल आये। अनिर्बन ने अपना शॉल ओढ़ लिया था और अपने फ़ोन में कुछ देख रहा था।

'उसका फ़ोन ख़ामोश है', उसने कुछ चिन्तित होते हुए कहा। 'एलेनर रिग्बी का फ़ोन स्विच ऑफ़ आ रहा है। दुआ करता हूँ कि वह ठीक होगी, उसको कुछ भी नहीं हुआ हो।'

रुद्राणी राणा के साथ कोई हादसा नहीं हुआ था अभी तक, सिवाय इसके कि उसका फ़ोन खो गया था। उसको अपने फ़ोन के खोने का पता उस समय चला ज़ब वह उस दिन अन्तिम सत्र के बाद फ़ेस्टिवल से लौट रही थी। एक पगड़ी वाला आदमी कठपुतली का खेल दिखा रहा था।

कठपुतलियों ने भी पगड़ी बाँध रखी थी और कठपुतलियों में पति–पत्नी के जोड़े बनाये हुए थे। रुद्राणी ने बिना कुछ सोचे–समझे एक जोड़ा कठपुतली का ले लिया। उसके उसने कठपुतली के जोड़े को अपने बैग में ठूँसने की कोशिश की लेकिन वह बैग में अँटा नहीं और कठपुतली वाले के पास साथ में देने के लिए कोई झोला नहीं था।

जब वह अपने बैग में कठपुतली रखने की कोशिश कर रही थी तो उसका फ़ोन बजा, या उसको लगा कि उसका फ़ोन बज रहा था। उसने फ़ोन की तलाश में अपना पूरा बैग ख़ाली कर दिया लेकिन फ़ोन उसको कहीं नहीं मिला, उसने फ़ोन कहीं गिरा दिया था।

ज़ाहिर है उसका फ़ोन नहीं बज रहा था। आजकल सबके फ़ोन में एक जैसा ही रिंग टोन होता है। फ़ोन ज़रूर उसके बैग से गिर गया होगा, इतना पुराना फ़ोन था उसका कि उसको चुराने में किसी की क्या दिलचस्पी रही होगी।

उसने फ़ैसला किया कि अपना फ़ोन खोज कर रहेगी। रुद्राणी अपने बैग में एक छोटा–सा टॉर्च रखती थी, वह टॉर्च जलाकर ज़मीन पर देखते हुए डिग्गी पैलेस की दिशा में बढ़ने लगी, धीरे–धीरे उन रास्तों पर देखती हुई वापस जा रही थी जिन रास्तों से वह दिन भर आ–जा रही थी।

वह लोगों से टकरा रही थी, लेकिन उसने निश्चय कर लिया था कि फ़ोन को खोज कर रहेगी।

लेकिन शायद उसके फ़ोन ने भी तय कर लिया था कि उसको नहीं मिलेगा।

फ़ेस्टिवल के बाद उस जगह पर दुबारा जाना उसके लिए एक अलग तरह का अनुभव था। भीड़ जा चुकी थी, जैसे समुद्र का चढ़ा पानी उतर जाता है, और डिग्गी पैलेस के लॉन ख़ाली थे, कुछ लोग ज़मीन पर बैठे थे, राजस्थानी लोक संगीत सुन रहे थे।

हवाओं में अभी उत्तेजना थी, दिन भर की जमा की गयी ऊर्जा रात की ठण्ड के साथ जा रही थी। रुद्राणी ने अपना नया शॉल निकाला और लपेट लिया, और लॉन के एक कोने में बैठ गयी।

'पधारो म्हारे देस' की गूँज हवाओं में सुनाई दे रही थी। 'केसरिया बालमा पधारो म्हारे देस–' गायक की भारी आवाज़ रेगिस्तान की हल्की हवा में ख़ुशियाँ भरने वाली थी। यह रेगिस्तान का गीत था, योद्धाओं और प्रेमियों का गीत, जिसको पहली बार अल्लाह जिलाई बाई ने बीकानेर के दरबार में गाया था।

रुद्राणी ट्रैवल गाइड ख़ूब ध्यान से पढ़ती थी और उसको इस बारे में पता था, उसको तो ढोला मारू के बारे में भी पता था, और उसको बहुत सारी बातों के बारे में पता था, यहाँ के लोगों, शब्दों के बारे में।

उसने कठपुतली को सहलाते हुए उससे बहुत मद्धिम आवाज़ में कहा, लेकिन कोई उसको सुन नहीं रहा था।

'तुम मेरे ढोलु हो, युवा राजकुमार', उसने पगड़ी और मूँछों वाले पुतले से कहा। 'और तुम मेरी जान हो राजकुमारी मारू', उसने उनमें से लड़की वाली कठपुतली से कहा।

उसने दोनों को अपनी बगल में बिठा लिया ताकि वे भी वहाँ के कार्यक्रम को देख सकें, संगीत सुन सकें। दूर कोने में एक ठिए से उसने अपने लिए कबाब ख़रीदे। उसके बाद उसने डिग्गी लॉन के कोने–कोने से अपने फ़ोन की तलाश शुरू की।

उसको लगा कि उसको उसका फ़ोन मिल गया था, कि उसी समय एक कुत्ता उसकी तरफ़ आया, और एक तेज़ आ रही मोटरसाइकिल उसके सामने आकर रुकी। ढोला और मारू उसके हाथ से गिर गये, और उसने फ़ोन अपने हाथ में उठा लिया, लेकिन उसका सन्तुलन बिगड़ गया और वह गिर गयी और उसका सिर एक पत्थर से टकरा गया।

पहले किसी का ध्यान इस तरफ़ नहीं गया कि वह गिर गयी थी। कुत्ते ने उसको सूँघा और आगे बढ़ गया। मोटरसाइकिल वाला तेजी से पीछे की तरफ़ मुड़ा और भाग गया।

चना ज़ोर गरम बेचने वाला एक लड़का उसको बचाने के लिए आया।

'आंटी जी, आंटी जी, आप ठीक हैं न?' उस बच्चे ने अपने नन्हे हाथों से उसके हाथ सहलाते हुए पूछा।

एक पुलिस वाला आया, फिर एक व्हीलचेयर आयी, और एक वोलंटियर आया। और उसको गेट के पास फर्स्ट एड केन्द्र के पास ले जाया गया। उसके चेहरे पर ख़ून था, उसने जीभ से उसका स्वाद लिया था, उसके ख़ून में मिट्टी मिली हुई थी।

जब वे उसको व्हीलचेयर पर बिठाकर ले जा रहे थे तो वह चिल्लाई– ढोला मारू! उसका फ़ोन उसके हाथ में था और उसका बैग उसकी गोद में। पहले तो उन लोगों को उसके रोने का कारण समझ में नहीं आया, और वे उसको लेकर आगे बढ़ते रहे, लेकिन वह छोटा बच्चा समझ गया और वह उसका पुतला वापस लेकर आ गया।

ज़्यादा चोट नहीं आयी थी, लेकिन उसके सिर में दो टाँके लगे थे, और उसको टेटनेस की एक सूई लगाई गयी थी। उसको एक कप गरम मीठी चाय पिलाई गयी और मसालेदार कचौड़ी खिलाई गयी। उसके लिए एक टैक्सी बुलाई गयी और वह अपने कमरे के लिए निकल गयी। वहाँ दोनों बहनें टीवी देख रही थीं इसलिए उन्होंने उसके ऊपर ध्यान नहीं दिया, या उसके माथे में बँधी पट्टी को देखकर कुछ नहीं कहा।

वह अपने बिस्तर में घुस गयी और उसके कठपुतलियों को अपनी बगल में लिटा लिया। उसको उनकी संगत में राहत महसूस हो रही थी। आज ढोला और मारू उसका ध्यान रखने वाले थे। उसकी पाण्डुलिपि अनसबमिटेड और कैनवस बैग के नहीं होने की भरपाई उन दोनों से हो जा रही थी।

उसने अपना फ़ोन चेक किया। अनिर्बन एम के तीन मिस्ड कॉल थे और एक मैसेज।

'शुभ रात्रि ढोला मारू', उसने उनींदी आवाज़ में कहा। 'अनिर्बन को मैं कल कॉल कर लूँगी।'

उस रात नींद में उसको सपना नहीं आया। सुबह उठी तो ऐसा लग रहा था जैसे वह नशे में हो। उसका सिर भारी था। तरह–तरह के जिन सपनों से उसकी नींद खुल जाया करती थी आज वैसा कुछ नहीं था।

और वह फिर सो गयी। सपने में उसकी माँ आयी, मेट्रन मिसेज़ राणा, सफ़ेद साड़ी में, गर्दन पर लटकता जूड़ा। साड़ी के ऊपर उन्होंने कार्डिगन पहन रखा था। बाटा के स्कूल शूज, उसी तरह का जूता रुद्राणी ने भी पहना हुआ था। रुद्राणी भी स्कूल जाने के लिए तैयार थी, नीले रंग की स्कर्ट, सफ़ेद, सफ़ेद सूती ब्लाउज़ और नीले रंग की ब्लेज़र।

'चलो अब', उसकी माँ कह रही थी। 'जल्दी चलो। समय हो गया है।' रुद्राणी का हाथ पकड़कर वह सड़क पर निकल गयी, बाहर बहुत तेज़ हवा चल रही थी। तब रुद्राणी को यह समझ में आया कि उसका स्कूल बैग घर में ही रह गया था। वह अचकचाई हुई अवस्था में उठी।

उसने अपने मुँह पर पानी के छींटे मारे, अपने दाँत साफ़ किये, उसके कई दाँत ग़ायब थे और आज एक और दाँत हिल रहा था। उसने आँख से हर्बल आई ड्रॉप निकाला और उसको आँख में डालने लगी। कुछ देर के लिए उसकी आँखों के सामने धुँधलापन रहा और फिर उसको दिखाई देने लगा।

पिछले कुछ दिनों में वह इतना चली थी कि उसके पैरों में दर्द हो रहा था। चाय का एक प्याला और टोस्ट और फिर से अच्छी हो जायेगी। दिन का सामना करने के लिए पूरी तरह से तैयार।

उसको अनसबमिटेड की कमी महसूस हो रही थी। उसने अपने जीवन भर का काम कैसे एक अजनबी को दे दिया? अगर उस आदमी के ऊपर कार चढ़ गयी तो? क्या पता उसने डिग्गी पैलेस के लॉन में पाण्डुलिपि छोड़ दी हो? और फिर यह किसी ज़रूरतमन्द लेखक को मिल गया होता, और कहता कि वह पाण्डुलिपि उसकी थी?

वह बहुत घबरायी हुई थी। 'रुद्राणी तुमने इतनी जल्दबाज़ी में कैसे फ़ैसला किया?' उसने अपने आप से ज़ोर से कहा। वह तनाव की गोलियाँ खाने से बचती थी, उससे कुछ फ़र्क़ नहीं पड़ता था। उसने दस बार गहरी साँस ली, और अपने सूटकेस में द *कलर पर्पल* उपन्यास की प्रति ढूँढ़ने लगी।

उसको एक और ख़तरनाक विचार आया। अगर उसकी किताब चल गयी तो क्या होगा? अगर उसका प्रकाशन हो गया तो, अगर वह सच में लेखक बन गयी तो? यह सोचकर उसको डर लगने लगा। असफल होने से तो अच्छा यही था कि कभी कोशिश ही नहीं की जाये। हर रोज़ पाठकों की माँग के अनुसार परीक्षा देना– शायद सबसे बुरा यही होता है।

वह सूटकेस में किताब ढूँढ़ने लगी। द *कलर पर्पल*। जब वह परेशान होती थी उस किताब को खोल लेती थी, उससे उसको राहत महसूस होती थी। उसने उस किताब को यूँही खोल लिया।

'हमें सफल होने के लिए उससे अलग कुछ नहीं होना होता है जो हम होते हैं। जब हमें यह बात समझ में आती है कि हमारे अपने अनुभव ही असीमित हैं। यह ज़िम्मेदारी दुनिया की है कि वह चाहे तो इस बात को पहचान ले।'

उसने आंटी लाइन को फिर से पढ़ा, अपने लिए पढ़ा। 'यह ज़िम्मेदारी दुनिया की है कि वह चाहे तो इस बात को पहचान ले।'

एलिस वाकर ने एक बार फिर से उसको उबार लिया। उसने यह तय किया कि वह एक अभियान पर निकलेगी। शब्दों, वाक्यों और कहानियों को भूल जाने के अभियान पर।

उसको क्या करना चाहिए? वह अपना दिन किस तरह काटेगी? और फिर उसको यह सूझा– वह अपने बाल कटवायेगी। अपने खिचड़ी बालों से मुक्ति पायेगी। वह अपने आपको नये सिरे से खोजेगी। वह नये सिरे से अपने आपको गढ़ेगी। वह अपने चेहरे के हिसाब से बाल कटवायेगी।

जब वह निकली तो बाद में दिमाग़ में यह ख़याल भर था कि उसको बाल कटवाने जाना है। वह किसी ऐरे–गैरे ब्यूटी पार्लर में बाल कटवाने नहीं जाना चाहती थी। नहीं, वह किसी आधुनिक ब्यूटी पार्लर में जायेगी, वह किसी अच्छे हेयर ड्रेसर से बाल कटवायेगी, जो उसके चेहरे को एकदम नया रूप दे सके।

उसने उन लड़कियों से जानना चाहा, जिनके घर में वह रह रही थी। 'मैंने सुन रखा है कि राजपूताना में एक अच्छा स्पा है। मेरी रिश्ते की एक बहन वहाँ काम करती थी।' उनकी बातों से लग रहा था कि उनको अच्छी तरह से पता था। उसने टैक्सी पकड़ी। राजपूताना होटल के सुरक्षा जाँच से जब उसका बैग गुज़र रहा था तो उसको बहुत कुछ याद आने लगा, उसको अपने कैनवस बैग की जुदाई सताने लगी, अपनी पाण्डुलिपि अनसबमिटेड की।

'बेवकूफ़ मत बनो रुद्राणी', उसने अपने आप से कहा, और उस सुन्दर होटल में चली गयी। ठण्ड अभी भी थी लेकिन होटल का एयरकंडीशनर बहुत तेज़ चल रहा था। उसने अपना नया बैंगनी शॉल अपने ऊपर अच्छे से लपेट लिया और स्पा का रास्ता पूछने लगी।

होटल की लॉबी के एक माले नीचे एक विनम्र महिला ने सैलून के रिसेप्शन पर उसका स्वागत किया। एक अधेड़ आदमी था जिसके बालों में हिना लगी हुई थी, और पतली मूँछें, बहुत परेशान हो गया। उसने उसके बालों में हाथ फेरा और उसकी खोपड़ी को ऐसे देखने लगा मानो वह कोई मिट्टी वैज्ञानिक हो।

'मैं आपको एकदम नया लुक दूँगा मैडम', उसने घोषणा की। 'उसके बाद आपके अच्छे से अच्छे दोस्त भी आपको पहचान नहीं पायेंगे।'

रुद्राणी इस बारे में सोचने लगी कि उसका कोई अच्छा दोस्त तो था ही नहीं। सच में उसका कोई दोस्त था ही नहीं। क्या वह अनिर्बन को अपना दोस्त मान सकती थी?

उस आदमी ने अपना काम शुरू किया, और उसकी आँखों के सामने उसका चेहरा उभर आया, एकदम नया रूप, उसके गालों की हड्डियाँ और उसका माथा सब जैसे नया–नया लग रहा था।

'आपकी त्वचा बहुत सुन्दर है मैडम', हिना वाले उस आदमी ने कहा। 'और जब मैं बाल में काम कर दूँगा तो आपके बाल भी बहुत सुन्दर लगेंगे।' उसने देखा कि उस आदमी के कोट पर लिखा हुआ था– मोमिन। यह उसका नाम था।

उसने अपना काम कर लिया। वह अलग लग रही थी और बेहतर लग रही थी।

मोमिन अभी भी परेशान लग रहा था, उसको अलग–अलग ऐंगल से शीशा दिखा रहा था जिससे वह देख सके कि वह कैसी लग रही थी।

'आपके बालों को मैंने फेदर फिनिश दिया है', उसने बताया। रुद्राणी को यह शब्द सुनकर अच्छा लगा।

'फेदर फिनिश क्या होता है?' उसने पूछा।

'मैंने इसको चिड़िया के पंखों की तरह से बनाया है', उसने बताया। वह मैगज़ीन के पन्ने पलट रही थी जबकि मोमिन उसके बाल बनाने में लगा हुआ था। उसके बाद उसने उस फ़ैशन मैगज़ीन के एक पन्ने की ओर इशारा किया। उसके ऊपर एक सुन्दर स्त्री की फोटो बनी हुई थी, एक बूढ़ी औरत की फ़ोटो, उसके सिर पर बैंगनी बाल लगे हुए थे।

'मैं ऐसी दिखना चाहती हूँ', वह बोली। 'क्या आप मुझे ऐसा बना देंगे?'

उसने उसको हैरानी के भाव से ऊपर से नीचे देखा। उसके बाद वह आदमी मैगज़ीन को ध्यान से पढ़ने लगा।

'आजकल बैंगनी रंग के बालों का क्रेज है', उसमें लिखा हुआ था। उसने पहले फ़ोटो को देखा, फिर उसको और फिर ख़ुशी के मारे ज़ोर–ज़ोर से हँसने लगा।

'मैं बिल्कुल बना दूँगा ऐसे बाल मैडम', वह बोला। 'मुझे आपकी चुनौती स्वीकार है। बालों के बहुत सारे शेड्स हैं मेरे पास बैंगनी रंग के।'

'मुझे बैंगनी रंग पसन्द है', रुद्राणी ने जवाब दिया। 'मेरे बालों को बैंगनी कर दीजिए मिस्टर मोमिन।'

उस आदमी ने रुद्राणी से कहा कि जब तक वह बाल का काम कर रहा है तब तक वह अपने पैरों की सफ़ाई करवा ले। उसको एक घण्टा लगा और नतीजा तो जैसे हिलाकर रख देने वाला था। वह पूरी तरह से एकदम बदल गयी थी।

मिस्टर मोमिन ने उसके बालों के सिरे को रंग दिया था, जिनको उसने पंखों की तरह बनाया था और बाक़ी बालों को चमका दिया था। उसने ख़ुश होते हुए अपने आपको देखा। वह कोई अजीबोगरीब नहीं लग रही थी बल्कि बड़ी स्टाइलिश लग रही थी, साहसी लग रही थी। जैसे कॉमिक कार्टून में विच के किरदार को बनाया जाता है। वह जैसी थी वह उन बालों में वैसी ही लग रही थी। 'आपने तो बिल्कुल हैरान कर दिया मैडम। आपको देखकर ऐसा लगा ही नहीं था कि आप ऐसा करवाएँगी। लेकिन आप तो असली हिम्मती निकलीं मैम।'

उसके सामने जब बिल आया तो उसने पलक भी नहीं झपकाई, उसने मिस्टर मोमिन के लिए अच्छा–ख़ासा टिप भी छोड़ दिया। वह बड़े शान से होटल से निकली और सीधे फ़ेस्टिवल की दिशा में चल पड़ी।

डिग्गी पैलेस की ओर जाने वाली सड़क पर अलग–अलग उम्र, राष्ट्रीयताओं, पृष्ठभूमियों के लोग दिखाई दे रहे थे। सब फ़ेस्टिवल की दिशा में जा रहे थे।

हाथ–पैरों की सफ़ाई करवाने और बाल कटवा लेने के बाद वह बहुत जोश में आ गयी। वह तेज़ी से चलती जा रही थी, उस तरह से थकी–हारी अन्दाज़ में नहीं चल रही थी जिस अन्दाज़ में वह पहले चलती थी।

नोबेल पुरस्कार विजेता विद्याधर शंकरदास फ्रंट लॉन में बोलने वाले थे। वे सदाबहार लेखक थे। शायद उस समय के सबसे बड़े जीवित लेखक थे। वह उनको सुनने का तय करके आयी थी और

किसी तरह से उसने अपने लिए कुर्सी का इन्तज़ाम भी कर लिया, टेंट को थामने वाले खम्भे के पास, जहाँ से उसको उनकी झलक भी दिखाई दे सकती थी।

वह दुबले–पतले इन्सान थे, वे बहुत विनम्र आँखों से सामने बैठे लोगों को देख रहे थे। स्टेज पर चढ़ने में उनको मदद लेनी पड़ी, और वे छड़ी का सहारा लेकर चल रहे थे, लेकिन वे इतना तनकर चल रहे थे कि लग ही नहीं रहा था कि उनको चलने के लिए सहारा लेना पड़ता था।

विद्याधर शंकरदास की आवाज़ माइक्रोफ़ोन में ऐसे आ रही थी जैसे वे फुसफुसा कर बात कर रहे हों, लेकिन बड़े आराम से उनकी आवाज़ पिछली क़तार तक सुनाई दे रही थी, और उसके आगे तक भी। 'अब मैं तो बूढ़ा हो चुका हूँ', वह बोली। 'छियासी साल का बुद्धिमान बूढ़ा। और मैं आप सभी लेखकों, पाठकों, किताब प्रेमियों से यह कहना चाहता हूँ। इतनी सारी किताबें लिखी जा रही हैं, इनका उद्देश्य क्या है, मक़सद क्या है? बहुत सारी किताबों के ऊपर आज के डिजिटल जनतन्त्र में बहुत अधिक दबाव रहता है। इस डिजिटल जनतन्त्र ने विचारों को अवमूल्यित किया है, साहित्य को अवमूल्यित किया है।'

दर्शक उसमें डूबे हुए थे। उसकी आवाज़ की ख़ूबसूरती में, वह जिस तरह से अपनी बात कर रहे थे, उसके माध्यम से अपने विचारों को साझा कर रहे थे।

विद्याधर शंकरदास के साथ एक बड़े प्रसिद्ध सम्पादक और आलोचक बात कर रहे थे, जो ज़ाहिर है कि उनसे बहुत अधिक प्रभावित था। 'मैं आप लोगों से यह बात साझा करना चाहता हूँ कि आप लोग ध्यान से सुनें–' उसने कहा। 'मुझे सवाल सुनायी नहीं दे रहे हैं क्योंकि मैं अपनी सुनने वाली मशीन भूलकर आ गया हूँ। इसलिए जो मेरा दिल कह रहा है मैं वही बोल रहा हूँ। और मैं आगे भी इसी तरह से बोलता रहूँगा। उम्मीद करता हूँ कि आप लोग मेरी बात को सुनेंगे।'

कोई सीटी बजा रहा था, कोई ताली बजा रहा था, दर्शकों में बहुत उत्साह था।

विद्यासागर शंकरदास बोलते जा रहे थे, ऐसा लग रहा था जैसे वहाँ मौजूद लोगों के लिए वह कविता, संगीत पॉप्युलर कल्चर की क्लास हो। उनकी आवाज़ ऐसी थी कि वहाँ मौजूद हर सुनने वाले को ऐसा लग रहा था जैसे वह आवाज़ बस उसी के लिए आ रही थी।

अनुरा बहुत सावधानी से देख रही थी, बहुत सावधानी से। 'यह बूढ़े तो बिल्कुल नहीं हैं', उसने मन–ही–मन सोचा। इनका दिमाग़ तो बिल्कुल जवान है। शायद उतना ही जवान जितना कि मेरा है।'

अपने आँखों के कोरों से वह अपने आगे की पंक्ति में एक आकृति को देख रही थी, उससे दो क़तार आगे बायीं तरफ़ बैठी हुई थी। एक औरत थी जिसके बाल बैंगनी थे, आजकल की लड़कियों जैसे छोटे कटे हुए थे। वह काफ़ी जानी–पहचानी लग रही थी और नहीं भी लग रही थी।

'आइए भविष्य के बारे में बात करते हैं', नोबेल पुरस्कार विजेता ने कहा। 'लोग मुझे यह कहते हैं कि अब भविष्य आ गया है। दुनिया– कम से कम हमारी दुनिया बहुत तेज़ी से बदल रही है। मैं हो रहे इन बदलावों को देखने के लिए जीवित नहीं रहूँगा– यहाँ तक कि उन बदलावों को देखने के लिए भी जो बहुत आसपास घटित होने वाले हैं– लेकिन आप में से बहुत सारे युवा दोस्त इन बदलावों को देखेंगे।'

उसकी आँखें दर्शकों को देखने लगीं। अनुरा को ऐसा लग रहा था मानो वह केवल उससे बात कर रहे हों। 'हमारी कहानियाँ भी बदलेंगी, उसी तरह उनको सुनाने का ढंग भी। आर्टीफ़िशियल इंटेलिजेंस के कारण इन्सान की सामूहिक चेतना में भी नयी तरह की अनुगूँज सुनायी देगी। मैं कोई तकनीकी का विशेषज्ञ नहीं हूँ लेकिन मैं इस बदलाव को महसूस कर सकता हूँ, इसके बारे में अनुमान लगा सकता हूँ, इसको भविष्य की फुसफुसाहटों में सुन सकता हूँ।'

अनुरा को ऐसा लगा जैसे उसके पूरे शरीर में कँपकँपी दौड़ गयी हो। यह नोबेल पुरस्कार विजेता उसके जीवन, उसके भविष्य की बात कर रहा था। उसने अपने बगल में बैठे फरहान का हाथ उत्साह में आकर पकड़ लिया।

उसके आगे बैंगनी बालों वाली जो महिला बैठी हुई थी वह खड़ी होकर तालियाँ बजाने लगी। सामने लगे स्क्रीन पर उसके चेहरे को जूम करके दिखाया गया तो अनुरा को समझ में आया कि क्यों उसको उस औरत का चेहरा जाना–पहचाना लग रहा था। वह वही ट्रेन वाली महिला थी, जिसके पास दो बैग थे, जिसमें कुछ रहस्यमयी–सी चीज़ थी। उसने अपने बाल कटवा लिए थे और उनको बैंगनी रंग से रंग लिया था।

यह अजीब बात थी, लेकिन वैसी अजीब, वैसी हैरत में डालने वाली बात नहीं थी जैसी कि विद्याधर शंकरदास भविष्य के बारे में बातें कर रहे थे। उसने उस अकथनीय बदलाव को पहचाना, फिर उसको छोटी–सी रहस्यमय घटना समझकर भुला दिया, जिसको परखने की ज़रूरत नहीं थी।

'हमारे सभी कल के लिए–' विद्याधर ने अपनी बात को समाप्त करते हुए कहा, और लोग खड़े होकर तालियाँ बजाने लगे।

अनुरा और फरहान को अगले सत्र में बोलना था जिसका शीर्षक था 'कल्पना'। उस सत्र में कुछ सात युवा वक्ता थे, सभी वक्ताओं को सात मिनट दिये गये थे जिसमें उनको शब्दों के साथ अपने सफ़र के बारे में बोलना था।

अनुरा घबरायी हुई थी। इससे पहले इतने लोगों के सामने उसने कभी बोला नहीं था, जबकि फरहान अच्छा डिबेटर था और डिबेट में भाग लेने के लिए जाता रहता था।

'एकदम शान्त रहना', फरहान ने उसको समझाते हुए कहा। 'यही क़ायदा है। शान्त रहना है।'

और उसने कोशिश की। लेकिन उस दिन जो हुआ उसने उसके जीवन में सदा के लिए कुछ बदल कर रख दिया था।

शुरुआत बहुत अच्छे से हुई। युवाओं के लिए उपन्यास लिखने वाले एक बेहद प्रसिद्ध लेखक उस सत्र का संचालन कर रहे थे। उसने सभी पेनलिस्ट का परिचय हँसी–मज़ाक़ और उदारता के साथ करवाया। एक किशोर जो शौक़िया ऐस्ट्रॉनॉट था, ब्रह्माण्ड के रहस्यों के बारे में बात करने लगा। उसने अपनी बात का अन्त कार्ल सागान की इन पंक्तियों के साथ किया : 'यह कहा जाता रहा है कि खगोलशास्त्र इन्सान के अहंकार को मिटाता है, उसके चरित्र का निर्माण करता है। जब हम दूर से अपनी इस छोटी–सी धरती को देखते हैं तो इन्सान होने का अहंकार बहुत तुच्छ लगने लगता है। मेरे लिए यह हमें इसके प्रति और ज़िम्मेदार बनाता है कि हम एक–दूसरे से अधिक करुणा से पेश आयें, और उस नीले बिन्दु से प्यार करना सीखते हैं जिसको हम कभी जानते हैं।'

और यह उद्धरण *पेल ब्लू डॉट : ए विजन ऑफ़ द ह्यूमन फ़्यूचर इन स्पेस* से लिया गया है', उसने अपनी बात का समापन करते हुए कहा। 'यह मेरे हीरो कार्ल सागान का लिखा हुआ है।'

तालियों की गूँज को थमने में कुछ समय लगा। उसके बाद बोलने का मौक़ा था फरहान के लिए। उसने इस बारे में बात की कि लेखन का उसके लिए क्या मतलब था,, और किस तरह से वह अपने ब्लॉग में सच को, तथ्यों को सबसे अहम समझता है।

राष्ट्रीयता, धर्म, क़बीले ये सब लेबल भर हैं : हम लोगों को इन्सान के हालात को लेकर सच्चा होना चाहिये।

अचानक टेंट के एक कोने में हलचल होने लगी, एक बदमाश लड़का अपनी कुर्सी से उठ खड़ा हुआ। 'अरे देशद्रोही', वह चीख़ते हुए बोला, 'पाकिस्तान चले जाओ, सेकूलर कहीं के!' वह बोले जा रहा था लेकिन उसकी आवाज़ सुनायी नहीं दे रही थी। सुरक्षा वाले आये और उसको ले जाने लगे। वह चिल्लाये जा रहा था, और जब उसको ले जा रहा था तो ख़ामोशी फैल गयी थी, यहाँ तक कि टीवी कैमरे भी उसके बाहर जाने को दिखा रहे थे।

फरहान ने एक बार फिर से माइक थामा और स्थिर आवाज़ में बोलने लगा।

'मैं आप लोगों से यह आग्रह करना चाहता हूँ कि इस बाधा को नज़रअन्दाज़ कीजिए।' उसने कहा, अचानक उसकी आवाज़ बच्चों जैसी लगने लगी थी, जो कि वह था भी, 15 साल का बच्चा। अनुरा ने ध्यान दिया कि उसके हाथ काँप रहे थे।

'मुझे पहले बोलने वाले वक्ता ने कार्ल सागान का उद्धरण दिया', फरहान ने आगे कहा, उसकी आवाज़ इतनी स्थिर थी कि उसकी बगल में बैठी अनुरा को छोड़कर किसी को भी यह बात समझ में नहीं आयी कि वह काँप रहा था। 'मैं भी उनको उद्धृत करना चाहूँगा। इस ब्रह्माण्ड में हम सब अमूल्य हैं। अगर कोई इन्सान आपसे असहमत है तो उसको रहने दीजिए। अरबों–खरबों आकाश गंगा में उस जैसा कोई दूसरा नहीं मिलेगा। मैं बस मानव जीवन के यथार्थ की बात कर रहा था।'

वह अपने सात मिनट पूरा होने तक बोलता रहा। उसके बोलने के दौरान जो बाधा आयी थी उसके लिए संचालक ने उसको अतिरिक्त समय दे दिया था।

उसके बाद कुछ और वक्ता थे। अनुरा को सबसे आख़िर में बोलना था। उसने पाया कि वह भी काँप रही थी, और उसके अन्दर बेबात का गुस्सा भरता जा रहा था। उसको कुछ सुनायी नहीं दे रहा था, जो बोला जा रहा था उसको कुछ समझ नहीं आ रहा था। जब उसके बोलने की बारी आयी तो उसको बस वही याद रहा जो फरहान ने उससे कहा था।

'शान्त रहना। यही क़ायदा है। शान्त रहना।'

उसको कुछ ध्यान नहीं कि उसने उन सात मिनटों के दौरान क्या कहा, लेकिन उसको इतना समझ में आ गया था कि उसने बहुत अच्छे से बोला था, धाराप्रवाह, बहुत विश्वसनीय ढंग से। फिर उसको एक बार और गुस्सा आ गया। इस गुस्से के साथ उसके अन्दर प्यार भी उमड़ रहा था, फरहान के लिए।

उस दिन शाम में उसने उसको किस कर लिया, और फरहान पीछे हट गया, चौकन्ना हो गया। 'मेरे ख़याल से तुमको यह सब नहीं करना चाहिए', वह बोला। 'तुम महज़ 12 साल की हो।'

'और तुम भी महज़ 15 साल के हो', उसने जवाब दिया। 'और हम लोग शायद बहुत से बड़े लोगों से अधिक बड़े हैं।'

इस बात को दोनों ने वहीं ख़त्म किया, सब कुछ पहले जैसा ही हो गया, लगभग।

जयपुर, जनवरी। सोमवार

सोमवार। फ़ेस्टिवल का अन्तिम दिन था। अन्तिम दिन जिस दिन वीकेंड में फ़ेस्टिवल में भाग लेने वाले लोग जा चुके थे। मुम्बई, दिल्ली, चेन्नई, बेंगलुरु, या दुनिया भर में अपने–अपने घर के लिए लौटने की तैयारी कर रहे थे।

रुद्राणी पहले भी इस फ़ेस्टिवल में आ चुकी थी, लेकिन उसको इस अन्तिम दिन बहुत मज़ा आया। उसको ऐसा महसूस हो रहा था जैसे यह एक तरह से फ़ेस्टिवल उसी के लिए था, और ऐसे लोगों के लिए जो पीछे रह गये थे।

सोमवार को जब वह उठी तो उसको थकान महसूस हो रही थी, वह पराजित महसूस कर रही थी और अकेली। उसके टाँके दर्द कर रहे थे, और उसको अच्छा महसूस नहीं हो रहा था। यहाँ तक कि ढोला मारू के होने से भी उसको ख़ुशी नहीं हो रही थी। उसने अनिर्बन को वापस फ़ोन भी नहीं किया था और अपने आपसे इस बात को लेकर जूझ रही थी कि फ़ेस्टिवल में आने के कारण उसको क्या लाभ हुए, क्या हानि हुई।

'मैं बहुत उत्साहित हूँ भी हूँ और बहुत ख़ाली भी महसूस कर रही हूँ', उसने अपनी नोटबुक में लिखा, उसने शीर्षक दिया था 'अपने लिए नोट्स।' 'मुझे नये अनुभवों की तलाश है जो मुझे तरोताज़ा कर दें।'

उसका फ़ोन बजने लगा, और एक बार फिर से अनिर्बन का फ़ोन था। 'सब ठीक है न?' उसने बड़ी चिन्ता भरी आवाज़ में पूछा। 'हम लोगों को ज़रूरी बात करनी है। क्या फ़ेस्टिवल में मिलें? या मैं आपसे मिलने आ जाऊँ?'

वह यह नहीं चाहती थी कि वह उसके कमरे में आये, उसको इस हालत में देखे। 'मैं फ़ेस्टिवल में दोपहर में आऊँगी नौजवान', वह बोली। 'ठीक तीन बजे प्रेस टैरेस में तुम्हारा इन्तज़ार करूँगी।'

दर्दनाशक गोलियाँ खाने के बाद दोपहर तक उसकी हालत कुछ सुधर गयी, चाय और टोस्ट भी खा लिया था उसने। उसको ढोला और मारू को इस तरह से पीछे छोड़कर जाना अच्छा नहीं लग रहा था, लेकिन दोनों को अपने साथ लेकर जाना भी उसको व्यावहारिक नहीं लग रहा था।

तीन बजे वह प्रेस टैरेस पहुँच गयी। अनिर्बन भी समय से आ गया, उसके साथ एक बहुत सुन्दर नौजवान भी था, जिसका परिचय अनिर्बन ने कवि–अनुवादक के रूप में करवाया। 'युआन ने आपका उपन्यास पढ़ लिया है', उसने बताया, 'और उसको लगता है कि यह उपन्यास शायद अन्तरराष्ट्रीय स्तर पर पाठकों को अच्छा लगेगा। इसको लगता है कि यह आपको कुछ लोगों से जोड़ सकता है– यह एक सम्पादक है, प्रकाशकों को प्रकाशन के लिए किताब सुझाता है।'

'मेरा मन यह कहता है कि आपको इसको बहुत अधिक महत्त्व नहीं देना चाहिए', युआन ने कहा। 'लेकिन किसी–न–किसी रूप में यह किताब पाठकों तक पहुँच जायेगी, अपने पाठक खोज लेगी।'

उसका दिल इतनी ज़ोर से धड़क रहा था जितनी ज़ोर से पहले कभी नहीं धड़का था। उस आदमी के शब्द जैसे नक्षत्रों से टकराकर वापस आ रहे थे, ऐसे जैसे हज़रत मूसा को सिनाई पर्वत पर इलहाम हुआ था।

'आपने अपने बालों का क्या किया है?' अनिर्बन ने बड़ी सावधानी से पूछा।

रुद्राणी ने उसको सुना ही नहीं, उसकी बात का कोई जवाब नहीं दिया।

एक अकेली रहने वाली स्त्री चाहे वह उपन्यासकार ही क्यों न हो लेकिन वह व्यावहारिक पक्ष को नज़रअन्दाज़ नहीं कर सकती है न।

'काग़ज़ी कार्रवाई करते हैं', उसने उस बातचीत का सिरा सँभालते हुए कहा। 'बात पैसों की नहीं है, मैं पहचान चाहती हूँ– अपनी किताब की पहचान चाहती हूँ, अपनी कहानी की पहचान चाहती हूँ– मैं अपनी पहचान की बात नहीं कर रही हूँ।' उसने अपने बैग से एक नोटबुक निकाली।

उसमें वह एक पन्ने पर हलफ़नामा लिखने लगी।

'मैं रुद्राणी राणा अपने होशो–हवास में यह घोषणा करती हूँ कि और अपनी तरफ़ से अनिर्बन एम को इसके लिए अधिकृत करती हूँ कि वह मेरी तरफ़ से मेरे उपन्यास *द फेस बाई विंडो* के प्रकाशन अधिकार के लिए बातचीत करें और इससे जुड़े सभी मसलों में मेरी तरफ़ से वे हस्ताक्षर करने के लिए अधिकृत हैं। नीचे उनके हस्ताक्षर को भी मैं प्रमाणित कर रही हूँ।'

लिखकर उसने नीचे साइन किया और अनिर्बन की तरफ़ साइन करने के लिए आगे बढ़ा दिया।

'तुम गवाह बन सकते हो', रुद्राणी ने युआन से कहा। जब उसने साइन कर दिये तो उसने अपने बैग से अपना आधार कार्ड निकाला। नीचे उसने अपना आधार नम्बर और पैन नम्बर भी लिख दिया, और उसने दोनों का ध्यान से मिलान कर लिया।

'ये लो', उसने देते हुए कहा। 'अब यह तुम्हारा है– जो चाहे करो। हो सकता है कि सम्पत्ति के एक केस के सिलसिले में मुझे देहरादून जाना पड़ जाये। मुझे पता है कि इन चीज़ों में समय लगता है और मैं किसी चमत्कार की उम्मीद तो नहीं ही कर रही।'

कुछ देर तक वे सब ख़ामोशी से बैठे रहे।

'और जहाँ तक बाल की बात है–' रुद्राणी ने अनिर्बन को अपने डंडे से इशारा करते हुए कहा, '– यह सब अपने हालात से आगे बढ़ जाने की प्रक्रिया का ही हिस्सा है। पिछले साल के शब्दों के लिए पिछले साल की ही भाषा काम आती है– और आने वाले साल के शब्दों के लिए–' वह आगे की लाइनें भूल गयी।

'ओह', वह बोली। 'मेरी याद्दाश्त मुझे धोखा दे रही है। क़तरा–क़तरा मेरी ज़िन्दगी ढल रही है।'

जिस लाइन को रुद्राणी राणा भूल गयी थी उसको अनिर्बन ने पूरा कर दिया। 'क्योंकि पिछले साल के शब्द पिछले साल की भाषा के होते हैं। और अगले साल के शब्दों को किसी और आवाज़ का इन्तज़ार रहता है।'

युआन अन्दर तक भर गया था। बूढ़ी औरत, उसकी किताब, युआन का नया प्रेमी–'अन्त का मतलब होता है एक नयी शुरुआत', उसने कहा।

तीनों एक नयी शुरुआत से बँध रहे थे, इतनी भीड़ में तीनों की भेंट अचानक हुई, और अप्रत्याशित तरीक़े से तीनों बहुत गहरे जुड़े जा रहे थे।

'मुझे लगता है कि मेरे ग्रहों की चाल कुछ बदली है', उसने जैसे राज़ की बात बताते हुए कहा। 'मेरे पिता की ज़मीन पर अस्सी साल से भी अधिक समय से यह केस चल रहा था। और अचानक ऐसा लगने लगा है कि यह मामला अब सुलझ जायेगा। एक बिल्डर को उस ज़मीन की ज़रूरत इतनी अधिक हो गयी है कि वह सब को भुगतान करने के लिए तैयार है–'

अनिर्बन ने अपने सामने बैठी उस वृद्ध स्त्री को देखा, जिन्होंने अपने बालों को बैंगनी रंग में करवा रखा था, वह इतनी उम्मीद, हिम्मत और धीरज से भरपूर लग रही थी कि उसको उनके लिए अपनापन महसूस हो रहा था।

'कहने का मतलब यह है कि अगर ग्रह–नक्षत्रों की स्थिति सही रही तो मैं अमीर औरत बन सकती हूँ। और अगर यह किताब आ गयी, और चल गयी तो मशहूर भी हो जा सकती हूँ।'

उसके होंठों पर कॉफी का हल्का–सा झाग बाक़ी रह गया था और गालों पर चोकलेट एक्लीयर। उसने उम्मीद के साथ शेक्सपियर की यह लाइन उद्धृत की–*देयर इज़ अ टाइड इन द अफेयर्स ऑफ़ मेन, विच टेकेन ऐट द फ्लड, लीड्स ऑन द फोर्चून*। कह कर उसने अपनी छड़ी सँभाली, बैग उठाया और डगमगाते हुए अपने पैरों पर खड़ी हो गयी।

समय आ गया था उनके अलग–अलग रास्तों पर जाने का। रुद्राणी बहुत बुरी तरह से थक गयी थी, लेकिन इस बात को वह मानना नहीं चाह रही थी। वह अपने कमरे में वापस लौटना चाहती थी, अपने पैर फैलाकर, दर्द भगाने की गोली का डबल डोज लेना चाहती थी और ढोला मारू के साथ समय बिताना चाहती थी, जो ज़रूर यह सोच रहा होगा कि वह कहाँ गयी। अनिर्बन ग्राफ़िक और ईमोजी को लेकर एक सत्र में जाना चाहता था। उधर युआन का एक स्पेनिश दोस्त किसी और सत्र में बोल रहा था।

'क्या आप आज रात राइटर्स बॉल में हमारे साथ चलना चाहेंगी रुद्राणी जी?' अनिर्बन ने पूछा।

उसके चेहरे पर हल्की–सी मुस्कान फैल गयी। 'लेकिन मैं अभी असली लेखक नहीं हो पायी हूँ न', उसने जवाब दिया। 'वापस जाने के बाद देखो मुझे कैसा महसूस होता है। कल दोपहर की ट्रेन से मैं दिल्ली के लिए निकल जाऊँगी।'

अन्ना वाइल्ड ने अपने सत्र में ज़्यादा कुछ कहा नहीं। वैसे भी पैनल में बहुत भीड़ थी, जिसके कारण कोई भी बहुत बोल नहीं रहा था। उसने एक तरह की रहस्यमय ख़ामोशी ओढ़ रखी थी।

एलेन गिंसबर्ग और उसके प्रेमी पीटर ओर्लोवस्की के बारे में उसने कुछ ख़ास बताया नहीं। उसने रॉबर्ट स्वोबोदा के साथ मुलाक़ात के बारे में कुछ बताया नहीं।

बहुत सारी यादें थीं जिनका वह सामना नहीं करना चाहती थी, जिनको वह स्वीकार नहीं करना चाहती थी। अन्ना को ऐसे लग रहा था जैसे वह सपने में चल रही हो, ऐसे सपने में जो दुःस्वप्न की कगार पर था। यह वह भारत नहीं था जिसको वह जानती थी, जिसको वह प्यार करती थी, जिस देश के कोने–कोने का सफ़र उसने किया था, और जिसको वह अपने दिल में बसाये कोलराडो लेकर गयी थी।

इस अस्त–व्यस्त देश के साथ उसका प्रेम, इसकी अलौकिक संस्कृति के साथ उसका प्रेम अभी तक सुलझा नहीं था। अभी वह उसी देश में थी, जिसका वही इतिहास था, लेकिन फिर भी वह किसी और जगह में तब्दील हो चुका था। समय बदल गया था, लोग बदल गये थे, तीस साल भारत से बाहर रहने के कारण वह भी बदल गयी थी। लेकिन जिस देश में उसने शिक्षा दीक्षा ली थी उसका नज़रिया अब बदल चुका था।

वह गर्मियों के दिन थे। हाइट–ऐशबरी, 1967। तब वह सफ़र शुरू हुआ था, भारत का सफ़र। बाँधनी की टी–शर्ट और गाँजे की गन्ध। यहाँ कविता की शुरुआत हुई थी, और यात्राएँ, अन्दर और बाहर की यात्राएँ।

अमेरिका बदल चुका था। भारत बदल चुका था। फिर भी भारत राग उसके अन्दर वैसे का वैसा था। वह धुएँ की तरह से घुसा था और उसकी साँसों में रह गया था, उसकी नज़र में, वह जो थी उसमें।

अगर आप सैन फ्रांसिस्को जा रहे हैं, तो इस बात का ध्यान रखना कि अपने बालों में फूल लगा लेना–' वह इस गीत को गुनगुना रही थी, उस गीत को जो वह कसम खाकर कह सकती थी कि भूल गयी थी, या जिसको उसने दशकों से न याद किया था न जिस गाने के बारे में सोचा था।

'बालों में फूल लगाये साधारण लोग। कहाँ चले गये, वे सीधे–सच्चे लोग?'

इस फ़ेस्टिवल में कुछ ऐसा था जो उसको उन दिनों की याद दिला रहा था, यह यादों को जगा रहा था। यह इस बात की भी याद दिला रहा था कि वे यादें कितनी क्षणभंगुर थीं, समय बीतने के साथ हर चीज़ की यही नियति होती है कि वे कभी जो होते हैं उसके उलट हो जाते हैं।

लेखकों के लाउंज में गेंदे के फूल टँगे हुए थे। इसकी गन्ध को वह भारत से जोड़कर देखती थी, बनारस से जोड़कर, उस समय उसके जो गुरु थे उनकी, और घाट पर जलती चिताओं की जहाँ वह उनसे आख़िरी बार मिली थी।

ज़ाहिर है कि वह इस बात को समझती है कि यह सब गड़बड़झाला था, एक भ्रम और अपने साथ खेला जाने वाला एक खेल। जितने भारतीय थे उतने ही भारत थे, सबके अपने–अपने रहस्य थे और अपने–अपने विरोधाभास। फिर भी इस बदलाव के कारण, खौलते गुस्से के कारण, तनाव के कारण उसको ऐसा लग रहा था जैसे उसके साथ छल हुआ हो। जब उसकी यात्रा पुस्तक *द ईनर आई* का पहली बार प्रकाशन हुआ था तो उसने अपने आपको हिन्दू कहा था, भारत माता की बेटी। ऐसा लग रहा था जैसे सौतेली माँ ने उसकी जगह ले ली हो, या उसको गोद लेने वाले पिता ने।

इस फ़ेस्टिवल में ऐसा बहुत कुछ था जिसने उसको दूसरे भारत में पहुँचा दिया था, दिमाग़ के मेले में। डिग्गी पैलेस में आकर उसको वह सब याद आ गया था जो उसके दिल में कभी पुराना नहीं पड़ा, जिसमें इसके विरोधाभासों की मासूमियत बाक़ी थी। उसको अपने अतीत का अनुभव याद आ रहा था, जिसमें उसकी यादों के जाले उलझे हुए थे, लेकिन बदलाव आया और सब कुछ बहा ले गया।

अन्ना वाइल्ड को यह बात समझ में आ गयी थी और वह सोच रही थी कि उसने बहुत व्यवस्थित तरीक़े से गेंदे के फूलों की माला

के पत्तों को अलग–अलग कर दिया था। वे अपनी ख़ुशबू के साथ बिखरे हुए थे, जिनको कल बुहार दिया जाने वाला था।

वह फ़ेस्टिवल का अन्तिम दिन था, ज्वार–भाटे जैसा लग रहा था।

बेताब को बहुत थकान भी लग रही थी और वह बहुत उत्साहित भी था। पिछले कुछ दिनों में उसको जिस तरह के अनुभव हुए थे वह अभी भी उनको समझने की कोशिश कर रहा था। वह आदमी जो नोएडा के 1 कमरे के फ़्लैट में रहता था, जिसने चुपचाप बड़ी डकैती करने का साहस किया था, वह अब दूर की याद की तरह से लग रही थी।

वह ग़रीब था, उसके पिता को कैंसर था, इसी वजह से उसने डाका डाला था। उसने बड़ी चतुराई से वह हासिल कर लिया था जो समाज से उसको चाहिए था। उसने जीवन के जंगल से अपनी पसन्द का फूल तोड़ लिया था। लेकिन वह कवि कैसे बन गया?

बेताब अपने ख़यालों में तरह–तरह के रूपकों से जूझ रहा था। 'जीवन रूपी जंगल से अपनी पसन्द के फूल को तोड़ लेना।' उर्दू में यह बहुत अलग लग रहा था लेकिन फिर भी वह उसको लेकर सहज नहीं था।

'लेखक वह होता है जो इस बात को समझने के लिए कि वह क्या सोच रहा है अपने विचारों को बार–बार बनाता है, और जितने सुन्दर तरीक़े से हो सकता है वह दुनिया के साथ उसको साझा करता है।'

इस जटिल व्याख्या से वह ख़ुश हो गया, सन्तुष्ट हो गया।

'मैं चोर के रूप में पैदा नहीं हुआ था', उसने मन–ही–मन सोचा 'मैं एक कवि के रूप में पैदा हुआ था, और मैं कवि ही रहूँगा।'

वह उम्मीद और संकल्प से भर गया; उसको अपने जीवन में आगे का रास्ता गूगल मैप की तरह से सीधा सहज दिखाई दे रहा था।

यह ऐसे था जैसे वह किसी बड़ी चोरी की तैयारी कर रहा हो। उसने दिमाग़ में नक़्शा बनाया, जिसमें उसके लक्ष्य का भूगोल और इतिहास दोनों बना हुआ था। उसके बाद उसने मन–ही–मन यह कल्पना की कि वह उसके अन्दर घुस रहा था, इस दौरान जो बाधाएँ आ सकती थीं उसने उनकी कल्पना की।

आज वह किसी अँधेरे, ख़ाली जगह में नहीं घुस रहा था। उसने आँखें बन्द कीं और मन में यह नक़्शा बनाया कि वह कहाँ जायेगा, वह क्या करेगा।

वह अपने आपको अपनी कविता के पतंग की तरह देख रहा था, सरसों के खेतों के ऊपर उड़ते हुए, रेगिस्तान की पीली रेत के ऊपर उड़ते हुए। और फिर उसके सामने नीला समुद्र पसरा हुआ था; लेकिन न तो वह न ही उसकी पतंग को कुछ हो रहा था। वे बिना किसी अतिरिक्त मेहनत के लहरों के ऊपर उड़ रहे थे, और उसके बाद उनके सामने आकाश और समुद्र का असीम विस्तार था।

और अब वह एक बाज के रूप में था, ऊँचा और ऊँचा उड़ता हुआ, जहाँ चाहे वहाँ उड़कर जाता हुआ, उसके नीचे धरती चमक रही थी और उसकी वापसी का इन्तज़ार कर रही थी जिस तरह से माँ अपने बच्चे का इन्तज़ार करती है।

वह हमेशा की तरह जब उठा तो उसकी आँखों में आँसू थे। फिर उसके व्यावहारिक स्वभाव ने ठण्डे दिमाग़ से मंज़िल तक पहुँचने के लिए योजना बनाना शुरू किया, साजिश करना शुरू कर दिया।

मन–ही–मन वह अपने आपको हमेशा की तरह घुसपैठिए की तरह से सोचने लगा, एक ऐसे अदृश्य के रूप में जो हर होने वाली चीज़ में बाधा पहुँचाना चाहता हो। और वह बॉलीवुड में पहुँच गया था, वहाँ वह सिंहासन पर बैठा हुआ था, उसके अल्फ़ाज़, उसकी आवाज़ सभी भारतीयों के दिल में गूँज रही थी। प्रेमी और आज़ाद ख़याल लोग, बूढ़े शादीशुदा जोड़े और स्कूल जाने वाले बच्चे, समाजवादी, सोशलाइट सब उसकी गीतों के मज़े उठा रहे थे, उसकी लिखी कविताओं का आनन्द उठा रहे थे, उसके सपनों को साझा कर रहे थे।

हाँ, वह उन लोगों के दिलों को चुरायेगा, लेकिन वह अपने सपनों को नहीं बेचेगा, या उनके सपनों को।

अल्लामा इक़बाल की जानी–पहचानी लाइनें उसको याद आ गयीं।

ख़ुदी को कर बुलन्द इतना
कि हर तहरीर से पहले
ख़ुदा बन्दे से यह पूछे
बता तेरी रजा क्या है?'

उसका दिमाग़ काम करने के जाने–पहचाने तरीक़ों की आज़माइश के बारे में सोचने लगा। वह मुम्बई में एक बहुत छोटा–सा फ़्लैट लेगा। दादा सदारंगानी के सम्पर्क के लोग उसको अपना आधार बनाने में मदद करेंगे।

वह अपने स्टाइल को बदल लेगा। उसका जो पिछला पेशा था उसमें उसको बहुत अधिक सावधानी की ज़रूरत पड़ती थी, और उसको मजबूर होकर राडार से बचकर रहना पड़ता था।

लेकिन चमक–दमक भरी फ़िल्मी दुनिया में अपने आपको स्थापित करने के लिए उसमें एक स्टाइल होना चाहिए, कुछ भड़कीलापन होना चाहिए। उसको एक मेंटर की ज़रूरत थी, या शायद दो गुरुओं की, और उसको सम्पर्कों की ज़रूरत थी, बावजूद इसके कि वह उर्दू का बेस्टसेलिंग शायर था जिसको जयपुर लिट्रेचर फ़ेस्टिवल में इनाम मिला था।

लेकिन अचानक उसने यह सोचा कि अगर वह सफल नहीं हो पाया तो, यह सोचकर वह अन्दर से सिहर उठा। अगर फ़िल्मी गीतकार के रूप में उसका सिक्का नहीं जम पाया तो क्या होगा?

उसको यह डर सताने लगा कि कहीं वह ग़रीब हो गया तो, ग़रीबी में जो अपमान होता है या सोचकर उसको ऐसे महसूस हुआ जैसे उसको किसी ने मारा हो। वह कल्पना कर रहा था कि वह नोएडा के एक कमरे के फ़्लैट में रह रहा है और उसके चारों तरफ़ किताबों का ढेर है, उन किताबों का जो बिकी ही नहीं।

वह लिफ्ट में गुणवन्ती देवी से टकरायेगा, और वह भी उसकी ही तरह से उदास होगी, शायद उससे भी ज़्यादा उदास। वह उसको बड़े आदर से सलाम करेगा, और वह कभी इस बात को जान नहीं पायेगी कि यही वह आदमी था जिसने उसका माल हड़प लिया था, और फिर उसको उड़ा भी दिया।

बेताब यह सोचकर ही इतना डर गया कि वह फिर से ग़रीब हो जायेगा कि वह घास पर गिर गया, आसपास की भीड़ से बेपरवाह। वह अपने पिता के बारे में सोच रहा था कि वह टेलरिंग शॉप में काम कर रहे थे, और उनके ग्राहक लगातार उनका अपमान किये जा रहे थे।

वह सोचने लगा। वह एक बार और चोरी करेगा, बैंगनी रंग के दो हज़ार के नोटों से अपना भाग्य चमकायेगा, और बॉलीवुड में किसी शहज़ादे की तरह से जायेगा।

यह आसान रहेगा। नोटबन्दी का असर ख़त्म हो गया था, जीएसटी नामक एक नया क़ानून आया था जिसने कर देने वालों और कर चोरी करने वालों की एक नयी जमात पैदा कर दी थी। नये नोटों में काले धन के रूप में नोटों की गड्डियाँ की गड्डियाँ जमा की जा रही थीं, वे चीख़–चीख़ कर कह रही थीं कि उनको वहाँ से ले जाया जाये। और वह अपने अतीत के अनुभव से इस बात को जानता था कि इस तरह की नगदी आयकर से छुपाकर जमा की गयी होती है और इनके बारे में शायद ही पुलिस को बताया जाता था।

वह उठा और टहलता हुआ चाय की दुकान पर चला गया, जहाँ मसाला चाय मिट्टी के प्यालों में दी जाती थी। उसने दो कप चाय पी, और फिर एक कोने में बैठ गया, वहाँ से फ़ेस्टिवल के नज़ारे तो ले ही रहा था और अपने साथ इस बात को लेकर बहस भी कर रहा था कि अपने पुराने पेशे में लौटने का क्या मतलब था, चाहे वह आख़िरी बार के लिए ही क्यों न हो।

उसने तय किया कि एक चक्कर फ़ेस्टिवल के बुक शॉप का लगा लेना चाहिए, यह देखने के लिए कि उसकी किताब अभी

भी डिस्प्ले में थी या नहीं। वहाँ किताबों को अंग्रेज़ी के अल्फाबेट के हिसाब से सजाया गया था और उसकी किताब अंग्रेज़ी के बी अक्षर के नीचे थी। रज़ी ख़ान सिंह बेताब की किताब *वक़्त चोर हैं* प्रकाशक– अल्फ़ाज़ प्रकाशन। शेल्फ में अभी भी पाँच प्रतियाँ रखी हुई थीं। ऐसा लग नहीं रहा था कि किताब की एक भी प्रति अभी तक बिकी थी।

उसी समय टेंट में पीछे की तरफ़ हो–हल्ला होने लगा। किताब की दुकान के कर्मचारी एक दुबले–पतले लड़के की पिटाई कर रहे थे। एक सिक्योरिटी गार्ड बीच–बचाव करने की कोशिश कर रहा था। दुकान में चोर–चोर की आवाज़ गूँज रही थी।

'उन लोगों ने एक चोर को पकड़ लिया था!' एक दाढ़ी वाला आदमी अपनी पत्नी को समझा रहा था। 'इसने गल्ले पर हाथ साफ़ करने की कोशिश की थी, दिन भर की कमाई उसी गल्ले में थी। वह टेंट में पीछे की तरफ़ से घुसा था जहाँ किताबों के कार्टन रखे हुए थे।'

दो पुलिस वाले आये। चोर के हाथ में हथकड़ी डाल दी गयी थी, और जब उसको अपमानित करते हुए बाहर ले जाया जा रहा था तो वह रो–रो कर यह कह रहा था कि वह अपराधी नहीं था।

बेताब को उसके प्रति सहानुभूति महसूस हुई। ग़लत तो किसी के साथ भी हो सकता है, कहीं भी हो सकता है। लेकिन उसने ठीक तरह से योजना बनाकर चोरी नहीं की थी। टेंट में किताब की दुकान में रौशनी बहुत थी, बहुत सारे लोग थे, इसलिए सफल होने की सम्भावना बहुत कम थी। वह क्या सोच रहा था?

उसने कुछ किताबें ख़रीदीं और अपने क्रेडिट कार्ड से उसका भुगतान कर दिया। कविता की किताब। रूपी कौर की किताब *मिल्क एंड हनी*। वह अन्तिम सत्र के लिए आयी थी, उसके फैंस तो जैसे पगलाये हुए थे। उसने एक किताब ख़रीदी *प्लूटो* जो गुलज़ार की थी। उर्दू कविताओं का एक संकलन ख़रीदा जो गुलज़ार हुसैन का था, जो जावेद अख़्तर के दादा थे और मुज्तर ख़ैराबादी के नाम से लिखते थे।

जब वह बाहर निकला तो उसने देखा कि कुछ महिलाएँ सिक्योरिटी गार्ड के ऊपर चिल्ला रही थीं। उसने उन औरतों को ध्यान से देखा, अमीर मेमसाहिबें थीं, बालों को सजाये, हाथ में महँगे हैंडबैग लिए, जिनको वे हमेशा एक ख़ास तरह से लटकाये रहती थीं। हालाँकि उन तरह की औरतों से न तो वह कभी मिला न ही उसको ऐसी औरतों से बात करने का मौक़ा मिला था।

उन मेमसाहिबों को देखकर उसको उन औरतों की याद आती थी जो उसके पिता को इस बात के लिए अक्सर गालियाँ देती थीं कि उनको कपड़े सिलना नहीं आता था। पुराना गुस्सा उसके अन्दर भरा हुआ था। वह यूँही आसपास घूमने लगा, ताकि सुन सके कि वहाँ क्या चल रहा था।

उन महिलाओं में से एक महिला एक किताब का भुगतान करना भूल गयी थी। सिक्योरिटी गार्ड ने उसको पकड़ लिया था।

'तुम जानते हो मैं कौन हूँ?' उसने उससे पूछा। 'मैं तुमको नौकरी से निकलवा सकती हूँ। तुमको जेल में बन्द करवा सकती हूँ बेवकूफ़ आदमी।'

उसकी एक दोस्त उसके लिए एक गिलास पानी लेकर आयी ताकि उसका गुस्सा ठण्डा हो सके। सिक्योरिटी गार्ड उसको बहुत सहजता से सँभाल रहा था।

'ग़लती तो किसी से भी हो जाती है मैडम जी', वह बोला। 'मुझसे, आप से, किसी से। मैं तो यही कह रहा हूँ कि आप किताब का भुगतान करना भूल गयी हैं। इसलिए अब जाकर इसका भुगतान कर दीजिए?'

वह जिस सहज भाव से बोल रहा था उससे वह और गुस्से में आ गयी। उसकी आँखों में आँसू आ गये थे, और उसका लाल लिपस्टिक वाला मुँह भावुक होने के कारण इतना हिल रहा था कि बेताब उसको पढ़ नहीं सकता था। उसने सिक्योरिटी गार्ड के ऊपर अपने बैग से हमला कर दिया।

उसके बाद उसने उसके हाथ से किताब छीन ली और गार्ड के मुँह पर मार दी। 'उल्लू के पट्ठे इस किताब को तुम ही रख लो', उसने जैसे फुफकारते हुए कहा। 'हालाँकि मुझे नहीं लगता है कि तुमको पढ़ना आता भी होगा?'

उसके बाद वह अपने दोस्तों के साथ वहाँ से निकल गयी। सिक्योरिटी गार्ड ने बड़े दार्शनिक अन्दाज़ में अपने कन्धे उचका दिये।

'ये अमीर लोग, इन लोगों को लगता है कि वे अलग तरह के हैं', उसने बिना किसी कड़वाहट के कहा। 'और वे होते भी हैं। लेकिन एक न एक दिन उनको ज़रूर इसकी क़ीमत चुकानी पड़ेगी।'

बेताब को ऐसा लग रहा था जैसे वह नैतिक शिक्षा का कोई नाटक देख रहा हो। शायद वह नाटक उसी के लाभ के लिए खेला जा रहा था। वह कुछ समझ न आने वाले अन्दाज़ में अपना सिर हिलाने लगा, वह अभी भी यह तय करने की कोशिश कर रहा था कि पूरी तरह से कविता लेखन में रम जाने के पहले उसको एक बार और बड़ी चोरी करनी है।

उसने प्रोग्राम की सूची पढ़ी। अलग–अलग जगहों पर चार अलग–अलग सत्र चल रहे थे। चारबाग में रूपी कौर का सत्र चल रहा था। एक सत्र भाषा की राजनीति पर चल रहा था। तीन नये उपन्यासकार 'लास्ट वर्ड्स' पर बोल रहे थे। फ्रेंच अनुवाद पुरस्कार का आयोजन चल रहा था।

वह सुन–सुन कर थक चुका था, पाँच दिनों में उसने इतनी तरह की बातचीत सुन ली थी कि वह पूरी तरह से थक गया था। उसको एक बात समझ में आ गयी थी कि लेखकों की दुनिया में घुस पाना उसी तरह से था जिस तरह से आभिजात्य वर्ग में घुसपैठ। यहाँ भी क़िस्मत का खेल, हार, निराशा का उसी तरह से राज था।

वह खोया हुआ महसूस कर रहा था, बेचैन लग रहा था, और वह ख़ाली मंच के सामने बैठ गया, जिसको फ़ेस्टिवल की आख़िरी चर्चा के लिए सजाया जा रहा था। दो दिन पहले इसी जगह पर

उसने कविता पाठ किया था, अपनी कविता 'कटी पतंग' के लिए इनाम जीता था। वह एक चोर से एक कलाकार में बदल गया था। वह अपनी कविता के पतंग जैसा महसूस कर रहा था, जो उड़ने के लिए तैयार था।

शब्दों का धोखा पैसे के धोखे जैसा नहीं होता है। पैसा मुद्रा, सोना या नगदी होता है, जिसमें धारक को उसके मूल्य के बराबर राशि देने का वादा होता है। पैसे के बारे में वह उस दिन तक यही सोचता था, 8 नवम्बर के उस मनहूस दिन तक जब पैसा काग़ज़ के टुकड़े के सिवा कुछ भी नहीं रह गया था, प्रधानमन्त्री की सनक के कारण वह काग़ज़ के ऐसे टुकड़े में बदल गया था जिसका कोई मोल नहीं रह गया था।

शायद शब्द भी ऐसे होते हैं, वे लुभावने भी होते हैं और छलिया भी। जब तक उनका भ्रम बना रहता है तभी तक उनकी वैधता बरकरार रहती है। वे प्रतीक होते थे, ध्वनियाँ होते थे– उनका हक़ीक़त से क्या वास्ता या जीवन से? वे महज़ छायाएँ होते थे, जिनको लोग अपने ज़ेहन में ज़िन्दगी देते थे।

उसने सिर झटक कर ऐसे उलझे हुए ख़याल के बोझ से अपने आपको आज़ाद कर लिया।

उसी समय वह सुन्दर दिखाई देने वाली वोलंटियर उसके पास आयी जिसने उसको यह सूचित किया था कि उसने पुरस्कार जीत लिया था, वह हाथ में एक लिफ़ाफ़ा लेकर आयी थी। 'आपका बहुत अभिवादन मिस्टर बेताब!' उसने कहा। 'आज हमारा फ़ेस्टिवल समाप्त हो रहा है और हम चाहते हैं कि अगर आपके लिए सुविधाजनक रहे तो आज रात राइटर्स बॉल में आइए। सामने के गेट से एक बस वहाँ के लिए 7 बजे छूटेगी और दूसरी बस 7:15 बजे।'

राइटर्स बॉल– किसने सोचा होगा? वह अचरज के साथ हाथ में निमन्त्रण पत्र को देख रहा था। हाँ, वह राइटर्स बॉल में जायेगा। वह ज़रूर जायेगा।

रुद्राणी राणा राइटर्स बॉल में नहीं गयी, वैसे भी उसको वहाँ जाने का निमन्त्रण नहीं मिला था। अनिर्बन ने मैसेज किया था, जिसके जवाब में उसने लिख दिया था कि वह बहुत थकी हुई थी और वह आराम करना चाहती थी।

उसको कुछ दिन से फिर आँख में चमकदार धब्बे परेशान कर रहे थे, लेकिन वह उसके ऊपर ध्यान नहीं दे रही थी। वह जानती थी यह ख़तरनाक बीमारी नहीं थी। आँखों के डॉक्टर ने उसको सारी बात समझाई थी।

'हमारी आँखों के भीतर तरल द्रव्य होता है, जब वह सिकुड़ने लगता है तो वह रेटिना को खींचता है, जिसके कारण रेटिना की कोशिकाएँ इन चकत्तों की बौछार कर देती हैं। यह कोई ऐसी ख़तरनाक बात नहीं है, आपको चिन्ता करने की कोई ज़रूरत नहीं है–यह बस बुढ़ापे की निशानी है।'

उसकी आँखों में यह रौशनी की चमक के बारे में डॉक्टर के बताने के बावजूद उसको ऐसा लगता था कि यह ऊपर से आ रहा किसी तरह का संकेत था। रौशनी देखना, आवाज़ें सुनना– यह सब ज़रूर लेखक की ज़िन्दगी का हिस्सा थे।

उसने अपने भरे हुए सूटकेस से एक नोटबुक निकाली और लिखना शुरू कर दिया। एक लेखक को रुकना नहीं चाहिए। कभी नहीं।

नाइट फ्लैशेज : ए नॉवल।

'पिछले साल के शब्द पिछले साल की भाषा के लिए थे। और अन्त का मतलब नयी शुरुआत से भी होता है।'

वह अपने सामने नोटबुक फैलाए बिस्तर पर पसरी हुई थी। राजस्थानी पुतले, ढोला और मारू कमरे में पड़ी एकमात्र कुर्सी पर बैठकर उसको उत्सुकता के साथ देख रहे थे।

'सॉरी', उसने उन पुतलों की दिशा में उँगली दिखाते हुए कहा। 'सॉरी ढोला–मारू, लेकिन तुम तो पुतले हो–ज़िन्दगी तो तुमको मैंने दी है। लेकिन अब मैं बहुत व्यस्त होने वाली हूँ, फिर से एक कहानी

लिख रही हूँ, ऐसी कहानी जो पहले कभी नहीं लिखी गयी। इसलिए आपको कुछ समय के लिए बस धीरज रखने की ज़रूरत है, और जब मैं लिखने लगूँ तो उस समय ख़ामोश बने रहने की।

बस में बहुत भीड़ थी, उसमें थके हुए लेखक भरे हुए थे। बेताब को एक सुन्दर आदमी के बगल में बैठने की सीट मिली। वह और युआन टोरेस बातें करने लगे, और वह स्पेनिश कवि इस बात से बहुत ख़ुश था कि वह एक और कवि के साथ बैठा हुआ था।

'उर्दू भाषा के कवि से मिलकर मुझे बेहद ख़ुशी का अहसास हो रहा है', वह बोला। 'आपके देश में ऐसे बहुत सारे लोग हैं जो अंग्रेज़ी भाषा में लिखते हैं, वह बहुत धौंस जमाने वाली और आक्रामक महिला है। उसके बिना मेरा काम तो नहीं चल सकता है लेकिन मुझे नहीं लगता है कि मैं उसको पसन्द भी करता हूँ।'

राइटर्स बॉल में बहुत शोरगुल था, वहाँ राजस्थान के सभी रंग मौजूद थे। अनिर्बन, युआन और बेताब एक कोने में बैठ गये, जहाँ बहुत सारा रेड वाइन था।

बेताब को शराब का कोई ऐसा शौक़ नहीं था, हालाँकि वह कभी–कभी अपने उस्ताद दादा सदारंगानी के साथ रॉयल सल्यूट व्हिस्की पीता था। डबल ब्लैक उसका पसन्दीदा विदेशी ब्रांड था।

युआन टोरेस ने उसको वाइन के रहस्यों के बारे में बताया। 'आपके इंडियन वाइन बहुत अच्छे होते हैं', उसने तारीफ़ करते हुए कहा। 'मेरे नाम की एक वाइन है टोरेस, स्पेन के पेनेडेस इलाक़े में बनायी जाती है, स्पेन में सबसे अधिक वाइन उसी इलाक़े में बनायी जाती है, और इसकी जड़ें कैलिफ़ोर्निया और चिली तक फैली हुई हैं। लेकिन मेरी पसन्दीदा वाइन और है, रियोजा, जो दुनिया भर में सबसे अच्छी वाइन मानी जाती है, जो अंगूर से बनायी जाती है। बढ़िया वाइन पीना कविता पढ़ने जैसा होता है– उसका मज़ा उठाने

के लिए आपको उसकी क़िस्म का पता होना चाहिए, उसकी बनावट का। आप अपनी कविता के बारे में मुझे कुछ और बताइये', उसने कहा। 'अनिर्बन इनकी कविता को मुझे अंग्रेज़ी में समझाओ।'

बेताब ने अपने मोबाइल में अनिर्बन को कविता दिखाई, और वह उसको ध्यान से ऊपर–नीचे करते हुए पढ़ने लगा, उसके बाद उसने ड्राइंग पैड निकाला और उसके ऊपर कटी पतंग की फ़ोटो बना दी, और उसने कविता का अंग्रेज़ी अनुवाद कर दिया। वह उस कविता को धीरे–धीरे नाटकीय ढंग से पढ़ने लगा।

बेताब शब्दों के इस सफ़र से हैरान था। 'एक बार और पढ़िए भाई साहब', उसने विनती की, लेकिन अनिर्बन को अपना गिलास दुबारा भरने के लिए बार में जाना था।

और फिर दूसरा चमत्कार हुआ। युआन ड्राइंग पैड पर लिखने लगा, ऐसी लिपि में जिसको देखकर लग रहा था जैसे फूलों की माला हो। उसने लिखने के बाद कई बार उन लाइनों को पढ़ा और उसके बाद उसने बेताब की तरफ़ ऐसे देखा मानो उसने मोर्चा फतह कर लिया हो।

'आपकी कविता मैंने स्पेनिश भाषा में कर दी', वह बोला। और फिर उसने उसको उसकी कविता का स्पेनिश भाषा में पाठ सुनाना शुरू कर दिया।

अनिर्बन वाइन के दो भरे गिलासों को हाथ में थामे हुए लौट आया, जिसको उसने तीन बराबर हिस्सों में बाँट दिया।

अनिर्बन के आने के बाद युआन ने एक बार फिर से कविता का पाठ किया। वाइन, अनिर्बन द्वारा कविता का अंग्रेज़ी अनुवाद और अब अपनी कविता को स्पेनिश भाषा में सुन लेने के बाद बेताब को ऐसा महसूस हो रहा था मानो वह किसी और ही दुनिया में हो, अपने उस रूप से बहुत अलग जो उसका वास्तविक रूप था। न जाने क्यों उसको गुणवन्ती देवी का चेहरा भूत की तरह उसकी आँखों के सामने आ रहा था; उसका वही चेहरा जो उसने पिछली बार नोएडा में लिफ्ट में देखा था। उसकी आँखों से लगातार आँसू बह रहे थे,

क्यों, किसके लिए और किस बात के लिए यह उसको समझ में नहीं आ रहा था।

राइटर्स बॉल में गायत्री भी आयी थी। वह सुमेध के साथ आयी थी; दोनों एक–दूसरे में खोए हुए थे, मानो दोनों ने प्रेम प्याला पी लिया हो।

सुनहरे बालों वाली कार्मेन केरल के लिए निकल चुकी थी, वह वहाँ 15 दिनों के लिए आयुर्वेदिक स्पा करवाने के लिए गयी थी, उसको यही लग रहा था कि वह सुमेध को छोड़ रही थी, उसको सुमेध के धोखे का कोई इल्म नहीं था।

1960 और 1970 के दशक के गाने बजाये जा रहे थे, 'दम मारो दम' की धुन पर गायत्री और सुमेध झूम रहे थे। उसने हल्के गुलाबी रंग की साड़ी पहन रखी थी जिसकी किनारी रुपहले रंग की थी, जिसको अनिर्बन ने प्याज़ी रंग का कहा था।

उसको एक–एक चीज़ ऐसी सुन्दर लग रही थी जैसी फ़िल्म में जीनत अमान थी– जवान, उन्मुक्त, विद्रोही। उसने प्यार पाया था, या प्यार ने उसको पाया था।

हम सब की परवाह करें क्यों? दुनिया ने हमको दिया क्या?

उस गाने की धुन पर दोनों खुलकर नाच रहे थे। लेखक अच्छे डांसर नहीं होते हैं लेकिन वहाँ एक से एक बौद्धिक डांस के मूड में आ गये थे। वे गाने की ताल से ताल मिलाते हुए, हाथ लहराते हुए डांस कर रहे थे।

गायत्री उस डांस की जान थी, वह लहरा–लहरा कर डांस कर रही थी। सुमेध कुमार उसके साथ ताल मिलाने की पूरी कोशिश कर रहा था, लेकिन वह संगीत में इतनी खो गयी थी, वह उसके सामने बहुत फूहड़ और दब्बू नज़र आ रहा था।

अनिर्बन एम और युआन भी उठकर वहाँ डांस करने लगे।

सुमेध कुमार पहले बाथरूम गया और फिर बेंत की एक कुर्सी पर आराम से बैठ गया, एक बार फिर दर्शक की भूमिका में आ गया। वह कार्मेन के बारे में सोच रहा था कि वह कहाँ होगी, पता नहीं

क्यों चली गयी, बस एक लाइन लिखकर चली गयी कि वह जो समझता रहे, समझे। उसको होटल के एक कर्मचारी ने जो चिट्ठी दी थी उसके ऊपर लिखा हुआ था–'बाद में मिलते हैं अजनबी'। पढ़ने के बाद उसने उसको फ़ोन करने की कोशिश की थी, लेकिन उसका फ़ोन लगातार स्विच ऑफ़ आ रहा था। क्या वह किसी दूर देश की फ्लाइट में सवार थी? कहाँ जा रही थी? किसके पास जा रही थी?

उसको गायत्री को छोड़ना ही नहीं चाहिए था, इतने सालों तक। वह उसके जीवन में वापस आ गयी थी और वह सुरक्षित महसूस कर रहा था। यह बात किसी के भी शुरुआती प्रेम में होती है। वह सुमेध को सबसे अच्छे से जानती थी, और वह अभी भी बहुत हद तक वही था– केवल एक अमेरिकी प्रोफ़ेसर के रूप में जो अपने रिश्तों को लेकर कुछ समझ नहीं पाता था और उसके यहाँ और वहाँ के जीवन में दूरियाँ बहुत बढ़ गयी थीं।

और वह साड़ी में अच्छी लग रही थी, बहुत अच्छी। हल्का गुलाबी रंग उसके ऊपर फब रहा था और चाँदी की बालियों ने उसके चेहरे को एक अलग ही आभा दे दी थी। हाँ उसने सही काम किया था। उन लोगों ने सही काम किया था। किसी–न–किसी तरह से सब कुछ ठीक हो जायेगा।

बहुत अधिक डांस करने के कारण उसकी पीठ में खिंचाव हो गया था। लेकिन गायत्री ख़ुश लग रही थी और वह इसी बात से ख़ुश था।

गायत्री कई कारणों से ख़ुश थी। वह इसलिए ख़ुश थी कि सुमेध कुमार उसकी ज़िन्दगी में वापस आ गया था; वह उसके पास वापस लौट आया था, यह कोई दैवी घटना ही थी जिसको वह समझ नहीं पायी थी।

वह इस बात से भी ख़ुश थी कि उसने अपनी पाण्डुलिपि को फेंक दिया था। वह शाम के समय टहलती हुई मान सागर झील के पास गयी थी। द *हार्ट हैज इट्स रीजन्स* की पाण्डुलिपि जिसके ऊपर वह दो साल से काम कर रही थी, जिसके 27,000 शब्द वह लिख चुकी थी।

उसने उसको भूरे रंग के काग़ज़ में लपेट रखा था, उसके ऊपर गेंदे के फूलों की माला थी।

गेंदे के फूलों की माला उसने उस औरत से ली थी जो राधाकृष्ण के एक छोटे से मन्दिर के बाहर फूल बेच रही थी।

राधा भगवान कृष्ण की पत्नी नहीं थी। अगर उसको सही याद था तो उन्होंने रुक्मिणी से विवाह किया था, और सत्यभामा से भी। उन्होंने उन 16,100 बन्दी महिलाओं से भी विवाह किया था जिनको राक्षस नरकासुर ने बन्दी बना रखा था।

उसने घुटनों के बल झुककर राधाकृष्ण की मूर्ति की पूजा की। दान पात्र में उसने सौ रुपये का नोट भी सरका दिया। मन्दिर के बाहर एक औरत गेंदे के फूल बेच रही थी। उसने अपनी पाण्डुलिपि को गेंदे के फूलों में लपेटा और झील के किनारे चल पड़ी। सूर्यास्त का रंग गेंदे के फूलों जैसा था। उसने पैकेट को पानी में फेंक दिया, जिसमें वह धीरे–धीरे डूब गयी।

'मैं प्रेम को जीना चाहती हूँ, उसके बारे में लिखना नहीं', उसने अपने आपसे कहा। उसको यह याद नहीं आ रहा था कि ये अल्फ़ाज़ उसने ज़ोर से कहे थे या मन–ही–मन अपने आप से कहे थे।

द हार्ट हैज इट्स रीजन्स, को उसने बहुत ध्यान से लिखा था, भाषा को अच्छी तरह से सुधारा था, प्लॉट और क़िरदार सब बड़े प्यार से बनाये थे, उसको उसने मानवनिर्मित मान सागर झील में फेंक दिया था। वह एक सांकेतिक बात थी, अपने आपमें लौटने की उसकी घोषणा थी।

'ज़िन्दगी, न कि शब्द', उसने इस बार अपने आपसे ज़ोर से यह बात कही। शाम ढल गयी थी। गेंदे के फूलों की माला गहरे पानी में डूब चुकी थी, सूर्यास्त का नारंगी रंग आकाश से जा चुका था।

स्पाइरल बाइंडिंग वाली पाण्डुलिपि पानी में डूब जायेगी और उसी में ख़त्म हो जायेगी। काग़ज़ तो गल जायेगा। केवल प्लास्टिक की स्पाइरल बाइंडिंग रह जायेगी, प्राचीन काल के जलीय जीवन के अवशेष रह जाते हैं।

जब वह वापस जा रही थी, ऑटो की तलाश कर रही थी तो उसको कार्ल्सन की याद आयी। उसका पति जो अब उसका पति नहीं रह गया था। वह अतीत जो वर्तमान नहीं रह गया था। उसने आह भरी। अतीत की सारी कहानियों को उसने फेंक दिया था। अब उसके लिए एक नया भविष्य इन्तज़ार कर रहा था।

उसने उस उपन्यास के बारे में फिर से सोचा जिसको उसने फेंका था, और वह किस तरह से मान सागर झील की शान्त लहरों के नीचे पड़ा हुआ होगा।

अगर समय की रफ़्तार चक्रीय होती है तो पुरानी कहानियाँ हमेशा लौट आती हैं। क्या यह महज़ आदत की सुविधा थी कि वह सुमेध के पास वापस आ गयी? दुखी हो जाने की आदत? क्या उसके अन्दर कभी इतना साहस हो पायेगा या इतनी हिम्मत कि वह इस कहानी को ठुकरा दे?

शायद किसी दिन। लेकिन आज नहीं। आज नहीं।

राइटर्स बॉल में मौजमस्ती जारी थी। बैंड ने 80 के दशक के फ़िल्मी गाने बजाने शुरू कर दिये थे। गायत्री अभी भी डांस कर रही थी, प्याज़ी रंग की अपनी साड़ी में झूम रही थी।

कन्धे से उसका पल्लू सरक गया था। उसका झीना छोटा ब्लाउज़ दिखाई दे रहा था।

सुमेध उसके पास आया। वह परेशान लग रहा था, नाख़ुश भी, उसने फुसफुसाते हुए गायत्री के कान में कुछ कहा। गायत्री को उसकी साँसों से लहसुन और कबाब की गन्ध आ रही थी, लेकिन उसको यह समझ में नहीं आया कि वह कह क्या रहा था।

वह उसको एक कोने में ले गया और बोलने लगा। 'तुम्हारा ब्लाउज़ बहुत टाइट है, छोटा भी है, इससे ऐसा लग रहा है जैसे तुम्हारे बूब्स बाहर आ जायेंगे।' सुमेध ने उसके कन्धे पर पल्लू ठीक कर दिया और उसके गाल पर किस कर लिया।

गायत्री आश्चर्य से उसको देखे जा रही थी। उसके बाद उसने उसको आँख मारते हुए कहा, 'मेरी ब्लाउज़, मेरे बूब्स'। फिर वह डांस फ्लोर पर वापस चली गयी।

बाद में, जब डान्स ख़त्म हुआ तो वह इस बारे में सोच रही थी कि उसकी त्वचा को लेकर वह कितना असहज था। कुछ था इसमें जो गड़बड़ था, कुछ था जो उसको गड़बड़ लग रहा था।

'मुझे यह सीखना पड़ेगा कि इसको किस तरह से सँभाला जाये', उसने अपने आपसे कहा। 'नहीं तो–'

इस बीच बेताब स्टेज पर गया और उसने माइक थाम लिया। अनजाने हाथों में जाने के बाद माइक कुछ देर शोर मचाता रहा, फिर चुप्पी छा गयी, आसपास की बातचीत की आवाज़ उसमें सुनाई दे रही थी, हँसने की आवाज़, गिलासों की आवाज़।

यह सब किसी कविता की तरह से दार्शनिक लग रहा था। अनिर्बन ने अपने स्पेनिशभाषी मित्र से स्पेनिश भाषा में आई लव यू कहा। उसने स्पेनिश भाषा के शब्दों का उच्चारण बहुत ध्यान से किया। उसने बोलने के पहले बाथरूम के आईने में अभ्यास भी किया था, और अपने आई पैड के ऑडिओ चैक से उसको मिलाकर भी देख लिया था।

माइक अब बेताब के क़ब्ज़े में था, और धीरे–धीरे लेकिन पूरी तरह से आत्मविश्वास के साथ गा रहा था।

वह फ़ैज़ अहमद फ़ैज़ की शायरी गुनगुना रहा था। फ़ैज़ अहमद फ़ैज़ की क्रान्तिकारी शायरी उसको उतनी पसन्द नहीं थी लेकिन आज वह बड़े जोश के साथ फ़ैज़ की ग़ज़ल गुनगुना रहा था।

बोल कि लब आज़ाद हैं तेरे– बोल ज़बाँ अब तक तेरी है।

वह आगे की लाइनें भूल गया, उसने सिर झुकाया और ज़ोरदार तालियों के बीच मंच से नीचे उतर गया। उसके बाद बाक़ी लेखकों ने मंच सँभाला, अलग–अलग भाषाओं और जुबानों में वे कविताएँ सुना रहे थे जिनको सभी समझ भी नहीं पा रहे थे।

और ज़ोया मनकोटिया? जब से उसको रुद्राणी राणा का ज़हर बुझा ख़त मिला था तब से वह उस ख़त को एक दिन में कई–कई बार पढ़ती रहती थी। पढ़ने पर उसको हर बार पहले से ज़्यादा तकलीफ़ होती थी। उसको इस दर्द की आदत पड़ गयी थी, तकलीफ़ देने वाले इन शब्दों की मिठास की।

प्लुटार्क के अनुसार क्लियोपेट्रा ने अपनी मौत के लिए ज़हर का चुनाव किया था, और इसके लिए उसने मिस्र के ज़हरीले नाग के डंक का चुनाव किया था।

'किसी गन्दे दिमाग़ के ईर्ष्यालु का काम होगा यह', उसके दोस्त उसको राहत दिलाने के अन्दाज़ में कहते थे। 'कोई हताश लेखक, या गन्दा ट्रोल।' लेकिन उसने जो लिखा था उसमें कुछ सच्चाई भी थी इसलिए वह उन शब्दों को भूल नहीं पा रही थी।

ज़ोया मनकोटिया राइटर्स बॉल में नहीं गयी थी। वह अपने कमरे में ही रही, और एक बोतल जैक डेनियल्स व्हिस्की की लेकर वह अपने कमरे की छोटी–सी बालकनी में बैठी हुई थी। सोडा की एक बोतल उसने नीचे फ़र्श पर रखी थी– रेगिस्तान की रात में वह जल्दी ही ठण्डा हो जायेगा। प्लास्टिक की मेज़ पर एक बर्तन में बर्फ़ रखी हुई थी।

नीचे कहीं आसपास बरात निकली हुई थी और आतिशबाज़ी की आवाज़ आ रही थी। उस बालकनी में समय ऐसा लग रहा था जैसे उसके लिए ठहर गया हो। ऐसा महसूस हो रहा था मानो वह एयरपोर्ट के ख़ाली लाउंज में हो, या टोक्यो के कैप्सूल पोड होटल कमरे में, जहाँ से रात का आकाश देख रही हो।

उसने अपने हैंडबैग से एक बार फिर से चिट्ठी निकाल ली। बैग में उसने प्लास्टिक के एक फोल्डर में चिट्ठी को सँभालकर रख रखा था। बालकनी में इतनी रौशनी नहीं थी कि वह उस चिट्ठी को पढ़ सके।

लेकिन उसको पढ़ने की कोई ज़रूरत नहीं थी। वह चिट्ठी तो उसको याद थी। उसके दिल में ख़ुद गयी थी।

'म्याऊँ! म्याऊँ! मिस मनकोटिया! मैं तुमको अच्छे से समझती हूँ। तुम्हारा कोई ऐतबार नहीं है। मैं तुम्हारे बारे में सब कुछ जानती हूँ, कितनी औरतों को तुमने धोखा दिया है। और तुम्हारी बौद्धिकता के तो कहने ही क्या हैं। और तुम्हारा उपन्यास, द *क्विल्ट* तो इस्मत चुग़ताई के *लिहाफ़* की नक़ल है। नक़लची, अश्लील लेखिका तुम्हारा टाइम अब पूरा हो चुका है।'

बिना सोडा के जैक डेनियल्स के दो पेग लगाने के बाद उसका दिमाग़ जैसे खुल गया था। उसने चिट्ठी के एक–एक बिन्दु को पढ़ा, नीचे से ऊपर तक।

उसका समय अभी पूरा नहीं हुआ था। वह अपने जीवन के सबसे अच्छे दौर में थी, स्वास्थ्य अच्छा था, पैसे पास में थे, कुछ लोग उसकी इज़्ज़त करते थे और उसकी तारीफ़ करते थे। समलैंगिकों से नफ़रत करने वाले उससे नफ़रत कर सकते थे लेकिन उसको कोई फ़र्क़ नहीं पड़ता था। उनका समय पूरा हो रहा था न कि ज़ोया का।

दो साल पहले उसके और उसकी पत्नी के ऊपर हमला किया गया था। अमेरिका के एक छोटे–से शहर में कैम्पस में उसके घर में। नया अमेरिका। दोनों बिस्तर में लेटकर प्यार कर रहे थे कि कुछ लोग उसके घर में घुस आये। चेहरे पर मास्क लगाये हाथ में चाबुक लिए। ज़ोया की पत्नी उसको बचाने के लिए उसके सामने आ गयी। उसने अपने ऊपर वार ले लिए।

उनमें से एक आदमी ने उसके मुँह पर अपने बूट से प्रहार किया। जिसके कारण उसकी नाक टूट गयी। उसके बूट में ख़ून लग गया था। ख़ून उसके बिस्तर पर लग गया, उसके बालों में, उनके चेहरों पर। हर कहीं ख़ून था।

बाद में उन लोगों को पुलिस ने खोज निकाला। उनमें से एक ने हमले की बात क़बूल कर ली। उसको जेल भेज दिया गया बाक़ी दोनों लोगों को छोड़ दिया गया।

समलैंगिकता के ऐसे विरोधियों का समय पूरा हो चुका था।

द *क्विल्ट* नकल करके नहीं लिखा था उसने। यह उसकी पत्नी से प्रेरित उपन्यास था, रोवेना से, उसकी वफ़ादार पत्नी से, उसकी साहसी पत्नी से, जिसने उसके सामने आकर उसके वार अपने ऊपर ले लिए थे।

उसने इस्मत चुग़ताई को पढ़ा था। लेकिन उसके उपन्यास की कहानी का इस्मत चुग़ताई के *लिहाफ* से कुछ लेना–देना नहीं था। फिर उसको उस चिट्ठी में लिखे शब्दों को याद करके अभी भी क्यों तकलीफ़ हो रही थी।

'मैं तुमको अच्छे से समझती हूँ। बेवफ़ा कुतिया कहीं की, मुझे तुम्हारे बारे में सब पता है, कितनी औरतों के साथ तुमने धोखा किया है।'

हाँ वह बेवफ़ा कुतिया है, भटकने वाली कुतिया। उसने बहुतों से प्यार किया, और सभी के प्यार ने उसके प्यार के ख़ज़ाने को बढ़ाया ही। उसने प्यार किया, उसको प्यार मिला। इसमें ग़लत क्या था?

उस बैंगनी पेन से लिखने वाली को क्या पता कि उसने अपनी ज़िन्दगी में क्या क्या भुगता है। उसने तो बस अपनी ज़िन्दगी की कथा कही है। अपनी आलोचना की। जो अल्फ़ाज़ कहे गये। जो किया गया। जो घाव रह गये।

जो होना था वो तो हो गया था। थोड़ा बहुत तो सब लोगों में होता है। और फिर हम इसको मिटाने की कोशिश करते हैं, सब कुछ साफ़ करने की। लेकिन दाग़ रह जाते हैं, और अन्दर का प्यार, वह ज़हर बन जाता है।

रोवेना को जब पता चला तो उसने आत्महत्या करने की कोशिश की थी। लेकिन वह बच गयी और दोनों एक–दूसरे से फिर से प्यार करने लगे; शायद रोवेना ज़ोया को पहले से भी अधिक प्यार करने लगी।

लेकिन उसके अन्दर का कीड़ा फिर से कुलबुलाने लगा। व्हिस्की के चार पेग के बाद याद करने में किसी तरह की तकलीफ़ नहीं हो रही थी। वह सोच रही थी कि क्या राइटर्स बॉल में जाने

के हिसाब से बहुत देर हो चुकी थी। फिर उसने तय पाया कि हाँ बहुत देर हो चुकी थी।

व्हिस्की के सुरूर के बावजूद उसके अन्दर चिट्ठी वाली बात अभी भी चल रही थी। वह सड़क के मोड़ की तरह था। क्या सच में था?

लेकिन अपने आपको माफ़ करने के लिहाज़ से भी बहुत देर हो चुकी थी। उसके लिए अभी भी समय था, और उसको करने का जरिया भी था। वह अपने आपको गुलाबी स्याही से चिट्ठी लिखेगी। अपने आपको चिट्ठी लिखेगी जिसके ऊपर ऐसे डाकघर की मुहर होगी जो जगह कहीं है ही नहीं। जिससे वह भेजने वाले के पास लौट आयेगी। ज़हर बुझी बातें लिखेगी, या शायद द *क्विल्ट* का दूसरा भाग।

'सच वही होता है जो वह होता है। हे सत्य! अगर सच कहीं है। मैं तुम्हारे लिए परेशान रहूँगी। लेकिन किसी तरह का नुक़सान नहीं करूँगी।'

व्हिस्की का एक और पेग लगाने के बाद वह सो गयी, वहीं बालकनी में उसी कुर्सी पर जो वैसी आरामदेह भी नहीं थी। वह काँपती हुई उठी। अँधेरा अभी भी था। रात ख़ामोश थी, बहुत ख़ामोश। बादलों के पीछे से रौशनी को चमकने में परेशानी हो रही थी।

वह अन्दर गयी और उसने एक चॉकलेट खा लिया। अपने दाँत साफ़ किये और चादर के नीचे घुसकर सो गयी। उसके बाद वह फिर से उठी और उसने आख़िरी बार उस चिट्ठी को पढ़ा जिसको बैंगनी रंग की स्याही से लिखा गया था। उसके बाद उसने उस चिट्ठी को फाड़कर डस्टबिन में फेंक दिया, जहाँ वह चॉकलेट बार के कवर के साथ पड़ी रही। वह सो गयी, जब वह उठी तो उसको हैंगओवर हो रहा था।

फ़ेस्टिवल समाप्त हो चुका था। अब वापसी का सफ़र था। ज़ोया अपने सामानों को अच्छी तरह से पैक करती थी। उसके बैग में सामान छितराए हुए नहीं थे। उसने कमरे की दराजों को देखा, उसमें जो बेकार की चीज़ें थीं उनको रहने दिया, उपहार में मिली किताबें, स्टेशनरी। उसने हाथ में लगाने वाला आयुर्वेदिक लोशन रख लिया और चाँदी का छोटा–सा लैम्प उसने छोटे बैग की बगल की पैकेट में रख लिया।

लेखकों की तरह से वह दिमाग़ में सब नोट्स बना रही थी। दूसरी बार सोचने पर उसने डस्टबिन को ख़ाली किया, जिसमें उसने फ़ालतू चीज़ों को रखा था। उसने डस्टबिन के नीचे हाथ डाला। वहाँ से उसने उस फटी हुई चिट्ठी को निकाला और भूरे रंग के लिफ़ाफ़े में ऐसे डाल लिया मानो वह पुलिसकर्मी हो और सबूत इकट्ठा कर रही हो।

ज़ोया मनकोटिया सफ़र के लिए तैयार हो गयी। नीचे काले रंग का ट्रैक पैंट और रुपहले रंग का जूता। 'भाड़ में जाये', उसने अपने आपसे कहा। 'मैं जो हूँ सो हूँ'। आईने में उसने ख़ुद को देखा और मुस्कुराने लगी, कमरे का दरवाज़ा बन्द करके निकल पड़ी।

कहानी के बाद की कहानी

अन्ना वाइल्ड। बनारस। फ़रवरी

क्वेंटीन क्रिप्स और अन्ना वाइल्ड बनारस में अस्सी घाट पर बैठे थे। दोनों की मुलाक़ात हार्मनी बुक स्टोर में हुई थी, और दोनों ने एक–दूसरे को पहचान लिया क्योंकि उन्होंने फ़ेस्टिवल में एक–दूसरे को देखा था।

क्रिप्स ने किताब की दुकान में पूछा कि क्या उनके पास *डिज़्नी एण्ड द अमेरिकन ड्रीम* किताब है। दुकान में वह किताब नहीं थी लेकिन दुकानदार ने वादा किया कि वह कुछ प्रतियाँ मँगवा देगा और उसने उसका नाम लिख लिया।

'क्या आप स्टैफर्ड क्रिप्स के परिवार से आते हैं?' उस आदमी ने उससे पूछा।

'नहीं–मुझे उनके परिवार का होना चाहिए क्या?'

और वहाँ अन्ना वाइल्ड आयी, उसने फ़ेस्टिवल में उसको सुना था। दुकान का मालिक राकेश ऐसा लगता था कि उसको जानता था, और उसने बहुत उत्साह दिखाते हुए अन्ना का स्वागत किया। हाँ उसके पास *थर्ड वे* की प्रतियाँ थीं और *ईनर आई* की भी, उसने पता करके उसको बताया कि वे किताबें स्टॉक में थीं।

भीड़ द्वारा किसी के मारे जाने की ख़बर थी, और उसके बाद कर्फ़्यू लगाये जाने की। राकेश ने उन दोनों से कहा कि वे अपने–अपने होटलों में लौट जायें। लेकिन उन दोनों ने उसकी बात नहीं मानी, दोनों घाट–घाट घूमते रहे, उस पवित्र नदी के घाटों पर।

दोनों में दोस्ती हो गयी थी, जिस तरह से सफ़र के दौरान सहयात्रियों, अजनबियों के साथ दोस्ती हो जाया करती है, ख़ासकर तब जब वे किसी और धरती पर होते हैं। अन्ना ने पाया कि क्रिप्स बहुत भोला–भाला था और इस वजह से वह प्रोटेक्टिव होने लगी थी। क्वेंटीन को ऐसा लग रहा था मानो वह किसी पोस्टकार्ड के फ्रेम में हो, उस पोस्टकार्ड पर शाश्वत भारत की छंवि हो, उस किताब में तमाम तरह की रूढ़ियाँ हों, कुछ भी नहीं छूटा हो। 'साठ के दशक में यहाँ कैसा था?' उसने उससे पूछा, उसकी आँखों में एक तरह से हैरानी की चमक थी, जैसे वह किसी परिकथा को सुनने की तैयारी में हो।

'कहावत है न कि अगर आपको साठ का दशक याद है तो आप ने उस दशक को ठीक से जिया ही नहीं।' उसने साफ़ जवाब दिया।

'और इसके बारे में तुम्हारी क्या राय है?' उसने डूबते सूरज के सामने हाथ लहराते हुए पूछा।

'किस बारे में?' अन्ना ने पूछा।

'भारत के बारे में– इस जगह के बारे में।'

अन्ना चारों तरफ़ देखने लगी। उसको पूरी तरह से सहज महसूस हो रहा था, ऐसे जैसे वह वहाँ से कभी गयी ही नहीं हो। वहाँ की हवा, नदी की गन्ध, इतने दिन बाद आने के उलाहने देते हुए जो उसका स्वागत कर रहे थे।

'मैं यहाँ एक तीर्थयात्री की तरह आयी थी', उसने जवाब दिया, 'चूँकि तीर्थयात्री विद्यार्थी भी होते हैं। इसलिए मैंने यहाँ बनारस हिन्दू यूनिवर्सिटी से संस्कृत की पढ़ाई की। मैंने अपने गुरु से फ़ैसलों को रोके रखना सीखा। मसालेदार खाना खाना सीखा, और जो पानी मैं पीती थी उसको लेकर सावधान रहना सीखा। मैंने पहले की अपनी

शिक्षाओं को भूलना सीखा, और मेरे लिए यह इस शहर का सबसे बड़ा उपहार है।'

'अपनी कहानी सुनाओ' क्रिप्स बोला, 'और अपनी शिक्षाओं के बारे में।'

वह कुछ देर के लिए ख़ामोश बैठी रही। सूरज डूब रहा था और नदी का रंग स्याह पड़ता जा रहा था। उसने ध्यान से देखा। अन्ना बहुत सुन्दर थी।

उसको एक कहानी याद आयी जो उसने भारत के एक धर्मग्रन्थ में पढ़ी थी। जब उसने पहली बार उस कहानी को पढ़ा तो वह बहुत प्रभावित हुई।

नारद ऋषि ने भगवान विष्णु से माया का मतलब पूछा और यह पूछा कि भ्रम की प्रकृति कैसी होती है? भगवान ऋषि को एक सरोवर के पास लेकर गये। 'चलिये इस सरोवर में डुबकी लगाते हैं', उन्होंने कहा। 'और शुद्धीकरण का संस्कार करते हैं।'

जब वे घुटने भर पानी में गये तो उन्होंने देखा कि वे कमल के फूलों और भौंरों से घिरे हुए थे। विष्णु ने नारद को एक सुन्दर स्त्री में बदल दिया। जब वह सरोवर से बाहर निकली तो उसकी आँखें सुन्दर चोगे धारण किये एक पुरुष से मिलीं। वह आदमी उसको अपने रथ के पास लेकर गया, और फिर दोनों पास के एक क़िले में गये। वह आदमी एक ताक़तवर राजा था, एक बुद्धिमान और उदार राजा, वह उससे विनती करने लगा कि वह उससे शादी कर ले। वह उसकी महारानी हो गयी, और उससे उस राजा को कई बच्चे हुए–चार बेटे और तीन बेटियाँ। उनका राज्य समृद्ध होता जा रहा था, तभी एक पड़ोसी राजा ने उस राज्य पर आक्रमण कर दिया। जमकर युद्ध हुआ। उस युद्ध में उसके चार में से तीन बेटे मारे गये। चौथा बेटा जब युद्ध के मैदान से विजेता के रूप में लौट रहा था तो वह अपने घोड़े से गिर गया। रानी जब मातम मना रही थी उसी दौरान राजधानी में बादल फट गया और बाढ़ आ गयी। पानी बढ़ते–बढ़ते क़िले तक आ गया और वह सब कुछ बहा ले गया। उसकें पति, उसकी बेटियाँ बाढ़ के पानी में सब बह गये।

जब वह अपने भाग्य को कोसते हुए रो रही थी उसी समय उसको एक आवाज़ सुनाई दी। 'नारद! हे नारद! आप अभी तक सरोवर में क्यों खड़े हैं? आपको वहाँ खड़े–खड़े आधा घंटा हो गया है।'

भगवान विष्णु उसको माया की शक्ति और भ्रम के स्वरूप को बताने के लिए प्रकट हुए। नारद अपने पूर्व रूप में वापस लौट आये, लेकिन जो सीख उनको मिली थी वह जन्म–जन्मान्तर तक एक सपने की तरह से उनके साथ चलती रही।

अन्ना ने यह तय पाया कि वह क्रिप्स को कहानी नहीं सुनायेगी– कहानी बहुत उलझी हुई थी और उसके लिए बहुत सारी व्याख्याओं की ज़रूरत थी। लेकिन उसकी कहानी सतह पर थी, उसकी यादें उभरती जा रही थीं, भूली हुई बातों की याद।

अन्ना वाइल्ड। जिसका जन्म अन्निका वाइल्डरटन के रूप में हुआ था। एक इकलौती लड़की की अकेली बेटी थी। जब वह 15 साल की थी तो उसने तीन उपन्यासों की सीरीज़ लिखने के बारे में फ़ैसला किया। तब वह अन्ना वाइल्ड हो गयी। यह त्रयी समय को लेकर थी, और अधूरी रह गयी, लेकिन उसके बाद से उसका लेखक नाम ही उसका नामं हो गया।

अन्ना वाइल्ड जब 22 साल की थी तो उसने एक नाटक लिखा, जो एक ऐसे आदमी के बारे में था जो अपने आप में ही खोया रहता था। यह किताब उनके नये नाम *आईके नेन* के नाम से प्रकाशित हुई। उसकी अपनी समझ में यह बहुत होशियारी भरा तरीक़ा था अपनी बिखरी हुई शख़्सियत को समेटने का। उसकी माँ को यह भरोसा था कि उसकी बेटी को कवि ही बनना है इसलिए उन्होंने उसको प्रकाशित करवा दिया, उसका बस एक बार मंचन हुआ, 1968 में पेरिस में जब नुक्कड़ नाटक के रूप में उसको खेला गया। अन्ना का एक प्रेमी था जिसने उस नाटक का फ्रेंच भाषा में अनुवाद किया और उसको बहुत सारे रूपों रेखाओं के सहारे उसको समझाना पड़ा कि अन्ना वाइल्ड, अन्निका वाइल्डरटन और आईके नेन एक ही इन्सान के अलग–अलग रूप थे।

पेरिस की गर्मी अन्ना को भारत ले आयी : वह पढ़ने के लिए आयी, और उसने पाया कि जगह–जगह बैरिकेड लगे थे, लम्बे बालों वाले और चौड़े पाँयचे वाली पैंट पहने लड़के विद्रोही गीत गा रहे थे, शहरी युद्ध की तैयारी चल रही थी जिसमें प्यार की भीनी ख़ुशबू फैली थी।

सोर्बोन को जनता का विश्वविद्यालय घोषित कर दिया गया। किसी भी चीज़ के लिए मनाही थी। क्या यह आज़ादी थी? क्या यह अराजकता थी? मई 1968 के बाद कुछ भी पहले जैसा नहीं रह गया और कुछ रहा भी नहीं।

फ्रांस कगार पर जाकर लौट आया। अन्ना वाइल्ड का अपने प्रेमी के साथ अलगाव हो गया। अन्निका वाइल्डरटन को अपनी माँ से ख़र्चा मिलता रहा। आईके नेन कैनवस पर भड़कीले रंग उकेरती रही। इन सबके बीच उसने जॉन रेनुआ की फ़िल्म *द रिवर* देखी, और उसके बाद कुछ भी पहले जैसा नहीं रह गया। फ़िल्म के पहले ही सीन में चावल के घोल से मिट्टी की ज़मीन पर एक घेरा खींचा जा रहा था, तो उसको लगा जैसे यह उसकी जगह है, यह उसकी पहचान है। 'आप लोगों में से जो लोग मनोरंजन की दुनिया में कुछ नया और कुछ अलग की तलाश में हैं– तो भारत टेकनिकलर में है। द रिवर।' यह केवल मनोरंजन नहीं था। यह उसकी ज़िन्दगी थी और हो सकती थी। उसने तीन बार सिनेमा हॉल में जाकर उस फ़िल्म को देखा, लगातार, और उसको लग गया कि उसको भारत जाना था, गंगा नदी के किनारे जाकर अपने आत्म की तलाश करनी थी।

अन्ना गुरुवार 4 जुलाई को एयर इंडिया की फ्लाइट से दिल्ली पहुँची। वापसी का टिकट एक साल तक के लिए वैध था। यहाँ उससे कहीं अधिक गर्मी थी जैसी कि किसी ने कल्पना की होगी। वाई.डब्ल्यू.सी.ए. में उसको ग्राउंड फ्लोर पर कमरा मिला था, वह अपने कमरे में सारे कपड़े खोलकर लेट गयी, ऊपर पंखा घूम–घूमकर गर्म हवा फैला रहा था। उसको कुछ समझ नहीं आ रहा था कि उसको आगे अब क्या करना था।

उस शाम वह वाई.डब्ल्यू.सी.ए. के पास ही हनुमान मन्दिर में गयी। वहाँ बहुत भीड़ थी और गन्दगी थी और ख़ुशबू फैली हुई थी और अचानक उसको बहुत सहज महसूस होने लगा। वहाँ चूड़ी बेचने वाले थे, फूल बेचने वाले थे और मिठाई बेचने वाले थे। ज़मीने पर पालथी मारकर बैठी महिलाएँ थीं जो महिलाओं को अपने सामने स्टूल पर बिठाकर उनके हाथ में मेहँदी लगा रही थीं। अन्ना ऐसी मन्त्रमुग्ध हो गयी कि वह गर्मी के बारे में भूल ही गयी। वह वहाँ अमेरिकी लोगों के एक समूह से बात करने लगी जिनको ऐसा लग रहा था कि वहाँ के बारे में बहुत कुछ पता था। वे अगले दिन पहाड़ पर जा रहे थे, एक आश्रम में जिनके बारे में उन्होंने सुन रखा था।

'हमारे साथ चलोगी?' उनमें से एक ने अन्ना से पूछा। 'वहाँ ठण्डक होगी। वहाँ बारिश भी हो रही होगी, क्योंकि मानसून आ गया होगा।'

अन्ना को इस बारे में कुछ पता नहीं था कि मानसून क्या होता है, लेकिन उसने जाने के लिए हामी भर दी। और वह गयी भी।

'अगर आपको साठ का दशक याद है तो इसका मतलब यह हुआ कि आपने उस दौर को जिया ही नहीं।' वैसे यह बात मज़ाक़ में कही जाती थी लेकिन यह बात थी भी। ऐसा माना जाता था कि सब लोग नशे में ऐसे डूबे रहते थे कि किसी को कुछ याद ही नहीं रह सकता था। जब वह पहाड़ पर पहुँची तो उसकी आँखें खुल गयीं। बस ऐसे हिचकोले लेते हुए चल रही थी कि लग रहा था कि पानी का जहाज़ ख़राब मौसम में फँस गया हो। रास्ते में बारिश हो रही थी और पानी खिड़की से बस के अन्दर आ रहा था।

वह अपने नये दोस्तों के बारे में कुछ भी नहीं जानती थी, लेकिन फिर भी उनके बीच एक विश्वास का रिश्ता बन गया था, वही अन्तरंगता जो एक क़बीले में रहने वाले लोगों में होती है। यात्रा के अन्तिम दौर के लिए उन्होंने एक खटारा टैक्सी पकड़ी, और वे हिमालय की गोद में बसे कैंची धाम पहुँचे। आसपास कोहरा पसरा

हुआ था, और हल्की बारिश भी हो रही थी। हवाओं में एक तरह का भीनापन था– वह बता नहीं सकती थी कि क्या अच्छा लग रहा लेकिन उसको इस सफ़र में मज़ा आ रहा था।

उनको नीचे की तरफ़ एक बड़े से कमरे में ले जाया गया, जिसमें किरासन तेल से चलने वाले स्टोव लगे हुए थे। ऊपर बिजली का बल्ब लटका हुआ था लेकिन उसकी रौशनी नीचे नहीं आ रही थी। दो गोरे, जो शायद अमेरिकी थे, और वे हारमोनियम जैसा कुछ बजा रहे थे। उनकी उँगलियाँ उसके सफ़ेद काले बटनों पर चल रही थीं और वे कोई ऐसा मन्त्र गा रहे थे जो उसको समझ नहीं आ रहा था। हरे राम, हरे कृष्ण, कृष्ण कृष्ण हरे हरे। एलेन गिंसबर्ग ने इस मन्त्र का जाप किया था, जॉर्ज हैरिसन ने भी। लेकिन इस तरह से नहीं, टीन की छत पर बारिश की बूँदों की आवाज़ें आ रही थीं, और हवा में अगरबत्ती की ख़ुशबू थी।

उस साल वसन्त में ऋषिकेश के एक आश्रम में बीटल्स के गायक आये थे और अख़बारों में इस बारे में भरा हुआ था। अन्ना को ऐसा महसूस हो रहा था जैसे वह सब एक सामूहिक सपने में भटक रहे हों। उसको यह बात भी समझ में आयी कि उसको बहुत भूख लगी हुई थी, लग रहा था जैसे उसने कई दिन से नहीं खाया हो। उसको केले दिये गये और ताँबे के एक कटोरे में गर्म दूध दिया गया। उसको एक चारपाई के पास ले जाया गया और एक कम्बल उसको दिया गया।

वह मुँहअँधेरे उठी और बाहर निकल गयी। उसको ऐसा लगा जैसे वह तारों से घिरी हुई हो, वह उनमें तैर रही थी। आकाश गंगा आकाश में साँप की तरह तैर रही थी, और उसकी चौंधियाई आँखों के सामने जैसे टूटे तारों की बारिश हो रही थी। वहीं उसको अपने आसपास कहीं अपनी माँ की आवाज़ सुनाई दी। 'अन्निका तुम ठीक तो हो?' उसकी माँ उससे पूछ रही थी। 'अन्निका तुम ठीक तो हो न?'

यह आवाज़ उसके दिल को छू गयी। 'मैं ठीक हूँ माँ', उसने जवाब दिया। 'मुझे आपकी याद आ रही है।'

'मुझे भी तुम्हारी याद आ रही है अन्निका', उसकी माँ ने जवाब दिया। 'मुझे फ़ोन करना। मुझे लगता है कि मैं जा रही हूँ।'

उसके बाद देवदार के पेड़ों के बीच से हवा चलने लगी। उसके बाद एक लालटेन की रौशनी में दरवाज़े से दो औरतें निकलीं। उन्होंने सफ़ेद रंग की साड़ी पहन रखी थी, और अपनी दिनचर्या के हिसाब से निकली थीं वे नीचे की तरफ़ जा रही थीं, जिधर से पानी की आवाज़ आ रही थी। उसको पत्थरों और चट्टानों से टकराकर आगे बढ़ती पानी की आवाज़ सुनाई दे रही थी। वह उनके पीछे–पीछे चल पड़ी, उसको लगा कि क्या पता माँ की आवाज़ फिर से सुनाई दे जाये, हवाओं में, पानी में। लेकिन कहीं कोई आवाज़ नहीं थी।

लालटेन को उन्होंने एक चट्टान पर रखा और पानी की दिशा में चल पड़ी। वह देख रही थी कि उस अँधेरे में दोनों पानी की तरफ़ गयीं, फिर नदी की ओर से हाथ जोड़े लौट रही थीं। अचानक हवा में चिड़िया के गाने की आवाज़ आ रही थी। सुबह हो रही थी।

अन्ना उनके पीछे–पीछे चलने लगी। 'एक्सक्यूज़ मी–' उसने आवाज़ लगाई। 'मुझे अपनी माँ को अमेरिका में फ़ोन करना है। कैसे कर सकती हूँ?'

उन दोनों महिलाओं में जो कम आयु की थी, एक अधेड़ महिला जिसके चारों तरफ़ ग़ज़ब की शान्ति पसरी हुई थी, उसने आगे बढ़कर मोर्चा सँभाला। उसने कम्बल लपेटे एक आदमी को बुलाकर कहा कि वह अन्ना को पीटीओ नैनीताल ले जाये। 'पोस्ट एंड टेलीग्राफ़ ऑफ़िस' उसने अन्ना को समझाया। 'तुम वहाँ से फ़ोन कर सकती हो पोस्ट मास्टर हैं शाह साहब, उनसे कहना कि माँ ने भेजा है।'

उसने अपनी साड़ी के पल्लू को खोला और उसमें से कुछ पैसे निकाले। 'हो सकता है कि तुमको इसकी ज़रूरत पड़ जाये', वह बोली। 'इस बात को याद रखना कि हम भी तुम्हारी माँ ही हैं। जाने से पहले थोड़ी चाय पीती जाओ।'

वह एक शेयर टैक्सी में बैठकर नैनीताल गयी। हरी झील। बाज़ार। पोस्ट ऑफ़िस। पोस्ट मास्टर मिस्टर शाह से मिलकर उसने न्यू यॉर्क में अपनी मौसी के पास फ़ोन लगाने के लिए कहा।

फ़ोन लगाने में ऑपरेटर को एक घण्टा लग गया। 'अन्ना बोल रही हूँ', वह बोली। 'माँ की चिन्ता हो रही है। मुझे ऐसा लगा कि वह मुझे आवाज़ लगा रही थी।'

उस समय न्यू यॉर्क में आधी रात से ज़्यादा वक़्त हो चुका था। दूसरी तरफ़ उसकी मौसी सुबक रही थी। 'अन्निका, अन्निका, तुमको कैसे पता चला? कल वह गिर गयी थी। वह तुमको याद कर रही हैं।'

अन्ना उसके बाद फिर कभी आश्रम लौटकर नहीं आयी। बस पकड़ कर दिल्ली गयी, वहाँ से टैक्सी पकड़कर हवाई अड्डे। 48 घंटे के बाद वह अस्पताल में थी, अपनी माँ के पास। अन्ना उसके बाद उस साल अपनी माँ के पास रही। उस साल बाद में उसकी माँ का देहान्त हो गया। फिर अन्ना वापस भारत लौट आयी।

अगली बार सब कुछ अलग था। वह किसी और ही मूड में थी, वह किसी और ही रास्ते निकल पड़ी। वह बनारस आयी और उसने अपनी पहली किताब लिखी– द *थर्ड आई*।

वह अभी बनारस में बैठकर उन दिनों को याद कर रही थी। 1977 में अपने निधन के एक सप्ताह पहले एलेन गिंसबर्ग ने एक कविता लिखी 'जो चीज़ें मैं नहीं करूँगा'–

'कभी काशी लौटकर नहीं आऊँगा। "जो दुनिया की सबसे पुरानी बसावट वाला शहर है"
न गंगा में नहाऊँगा न मणिकर्णिका घाट पर पीटर के साथ बैठूँगा।'

अन्ना ने जब इस कविता को पहली बार पढ़ा था तो उसने अपने आपसे यह वादा किया था कि वह कभी अपने अतीत को लेकर भावुक नहीं होगी, उस प्राचीन नगरी में अपने अतीत की तलाश में कभी नहीं भटकेगी।

लेकिन लिट्रेचर फ़ेस्टिवल का आमन्त्रण इतना लुभावना था कि वह मना नहीं कर पायी। यहाँ आने के बाद उसको अच्छा नहीं लगा कि वह उस जगह की तीर्थयात्रा पर न जाये जहाँ उसने अच्छे और बुरे दोनों तरह के ख़्वाब देखे थे। उन सालों के सदमे से उबरने के लिए उसको सालों ध्यान लगाना पड़ा था, और अपने पुराने रूप को वापस पाने में, जो कि आज वह है। अब वह यहाँ आ सकती थी, अपने वर्तमान के साथ, जिस तरह की परीक्षा से उसको गुज़रना पड़ा था उसको अपने मज़बूत दिल से याद करते हुए।

अन्ना अपने प्रेमी के साथ तन्त्र की दुनिया में चली गयी। उसके गुरु ने उसका नाम रखा वज्रयोगिनी। उसका प्रेमी आगे फ़िजिक्स की पढ़ाई के लिए चला गया। वह अपने गुरु के साथ उस रहस्यमय संसार में बनी रही।

उसके गुरु ने उसको अपने अहं से मुक्त होना सिखाया, जो बहुत तकलीफ़देह था। उसको अपने आसपास सब कुछ टूटता–बिखरता लग रहा था।

उसको मृत्यु से आसक्ति हो गयी थी। वह घण्टों घाट पर बैठकर जलती हुई चिताओं को देखती रहती थी। वह घी, सीली लकड़ी, जलती लाश की गन्ध को महसूस करती रहती थी। जब वह आश्रम में लौटकर आती थी तो सेक्स भी बहुत पाशविक मिठास भरा होता था। उसके गुरु कहते कि यह सेक्स नहीं, मैथुन नहीं दीक्षा थी। 'ज़िन्दगी का रास्ता मृत्यु से होकर गुज़रता है–' उसने समझाते हुए कहा, '–और मृत्यु का मार्ग शरीर के सुखभोग से होकर गुज़रता है।'

उसका दूसरा रूप था आई.के. नेन का जो साक्षी भाव से देखती रहती थी। 'यह एक दुष्ट आदमी है जो दूसरों की पीड़ा में सुख पाता है। अन्ना वाइल्ड इस बक़वास में फँस चुकी है। जाने कब वह जागेगी?'

एक दिन अन्ना वाइल्ड आश्रम से निकल गयी, अपने गुरु को छोड़कर, अपने साथ अन्निका वाइल्डरटन, आई.के. नेन को और वज्रयोगिनी को लेकर निकल गयी।

वह एक नाई के पास गयी और अपने लम्बे बालों को उसने मुँडवा लिया। उसने एक महीने ऋषिकेश में बिताने का फ़ैसला किया, और अपने दिल की एक–एक बात लिखने के लिए वह नदी के पास ऊपर तक की यात्रा पर गयी। द *थर्ड आई* में अनेक आवाज़ें हैं, वज्रयोगिनी की उग्र शिक्षाओं, अन्निका वाइल्डरटन के आश्चर्य और उत्सुकता की आवाज़ें, और आई.के. नेन की व्यंग्य भरी आवाज़ें।

उसने अपनी पाण्डुलिपि को एक जाने–माने अकादमिक प्रकाशन को भिजवा दिया और उसके अमेरिका आने के कुछ समय बाद ही किताब प्रकाशित हो गयी। उसके बाद वह लम्बे समय तक भारत लौटकर नहीं आयी, इस फ़ेस्टिवल के पहले बीच में वह कभी नहीं आयी। बनारस में घाट पर अन्ना वाइल्ड अकेली बैठी थी, उसके बाक़ी रूप भी उसके अन्दर कहीं–न–कहीं थे, उसी तरह जिस तरह से बिल्ली का अपने सन्तुष्ट बच्चों से हो सकता है।

उसकी कहानी। अन्ना वाइल्डरटन की कहानी, आई.के. नेन की कहानी। वज्र योगिनी की कहानी को वह किसी के साथ साझा नहीं करने वाली थी। वह संसार की बाक़ी कहानियों जैसी ही थी : सपने के भीतर के सपने की तरह।

'मेरे गुरु, उन्होंने मेरे विश्वास को तोड़ा' वह मन–ही–मन सोच रही थी। 'बाक़ी लोग तो ये सब करते ही रहते हैं, लेकिन वे मेरे गुरु थे। वह मेरे और अपने बीच की सीमा को नहीं मानते थे। उनका दावा यह था कि असल में उनके और ब्रह्माण्ड के बीच की तरह की सीमा नहीं थी। गुरुजी कहा करते थे कि ज्ञान मेरे सिर अचानक ऐसे गिरेगा जैसे नारियल के पेड़ से नारियल गिरता है। ज्ञान उसी तरह से आया भी। मेरी माँ मेरे लिए बहुत ख़ास थी। माँ ने मुझे अपनी इज़्ज़त करना सिखाया। लेकिन मेरे गुरुजी ने तो मुझे पुर्ज़े–पुर्ज़े बिखेर दिया। शायद मैं एक ख़राब शिष्य निकली, या मेरे अन्दर शिष्य वाला वह भाव था ही नहीं। लेकिन मैं निकल आयी।'

अन्ना वाइल्ड ने अपनी पीठ सीधी की, अपनी आँखों को बन्द कर लिया और एक गहरी साँस ली। क्वेंटीन उसको देख रहा था,

और उस ख़ामोशी को देख रहा था जो ट्रैफ़िक के उस शोर के बीच, सड़क पर फेरीवालों की आवाज़ों के बीच, घण्टियों की आवाज़ों के बीच, प्रार्थना की आवाज़ों के बीच उसके आसपास बनी हुई थी।

अपने ध्यान की अवस्था से बाहर आते हुए वह मुस्कुरायी। 'तुम्हारी क्या कहानी है क्रिप्स', उसने पूछा।

'मेरी कहानी दुनिया की सबसे पुरानी कहानियों में एक है। मैं जिससे प्रेम करता था वह औरत मुझसे अलग हो गयी। मैं उससे बहुत प्यार करता था। मैंने बहुत कोशिश की। बस यही कहानी है मेरी।'

वह उसको देख रही थी, ऐसे मानो उसको क्रिप्स की आँखों में बाहरी नदी दिखाई दे रही हो।

'तुम्हारा घाव भर जायेगा', वह बोली। 'तुम ठीक हो जाओगे। मुझे अपने आपको फिर से ठीक करने में कुछ वक़्त लगा, लेकिन मैं पहले से बेहतर होकर निकली। मैंने अपने अहं, अपने आत्म के बारे में कुछ सीखा। विडम्बना की बात यह थी कि गुरुजी ही वह नारियल जिसने मेरे सिर पर चोट की।'

वह कुछ देर के लिए चुप हो गयी। अगरबत्ती की ख़ुशबू, प्रार्थना की आवाज़ें, लहरें एक साथ तैर रही थीं।

'मेरे गुरु ने मुझे बहुत कुछ सिखाया। काश मैं भी बदले में उनको कुछ सिखा पायी होती।'

'यह सब किसी कहानी जैसा लग रहा है', क्रिप्स बोला। 'शायद मुझे तुमको ही अपना गुरु बना लेना चाहिए।'

वे शहर और उसकी कहानियों की तलाश में निकल पड़े।

बेताब। किसी स्थान पर। मार्च

बेताब टैरेस के किनारे पर बहुत सन्तुलन बनाये हुए चल रहा था। सुरक्षा गार्ड्स ने उसको नहीं देखा था, वह सीसीटीवी से भी बचकर निकला था, जो कुछ जगहों को छोड़ कर हर जगह पर लगे हुए थे। उसको ऐसा महसूस हो रहा था जैसे वह ज़मीन से कुछ इंच ऊपर चल रहा हो। ऐसा लग रहा था जैसे वह ध्यान की अवस्था में आकाश में चला जा रहा था। जेनरेटर सेट के पास उसको डीजल की गन्ध आ रही थी। जिस जगह पर कपड़े सूख रहे थे उस जगह पर डिटर्जेंट की गन्ध आ रही थी। वह जानता था कि उस समय टैरेस पर कोई नहीं था और ऊपर एक दरवाज़ा था जो नीचे की मंज़िल तक जाता था।

उस दरवाज़े से नीचे उतरने पर चौथी मंज़िल आयी जी लॉक थी, लेकिन उसने उसको बहुत आराम से पार कर लिया। वह प्लास्टिक के एक बड़े से बैग में लोहे की दो रेती, एक धारदार पत्ती, एक ख़ास तरह का चुम्बक और चाँदी का एक काँटा रखकर चल रहा था, बैग के ऊपर लिखा हुआ था 'कृष्णा टेलर्स, बीदनपुर।' उसका अन्धविश्वास था कि यह बैग उसके लिए हमेशा भाग्यशाली

साबित हुआ था, और वह उसको अपनी पहचान की तरह से टाँग कर चलता था।

बेताब ने बहुत महँगा स्पोर्ट्स शूज़ पहन रखा था, जिसको बहुत ध्यान से रगड़ कर ऐसा बनाया गया था कि वह पुराना लगे और अलग से किसी की उसके ऊपर नज़र न जाये। गुच्ची के मोजे जो टखनों तक आ रहे थे, जो उसने ऑनलाइन मँगवाये थे। उसको लेकर भी उसका अन्धविश्वास था। मोजे वह कभी काले रंग के नहीं पहनता था, या तो नीले या ग्रे रंग के मोजे। उसके नीचे उसने दो तेज़ धारदार पत्ती को दो तह करके छिपाया हुआ था। उसको अपने पैरों के नीचे वह धारदार हथियार महसूस होता रहता था और वह उससे चौकन्ना रहता था। उसने अपने तलवों को ठीक किया ताकि उसका सन्तुलन बना रहे, उसकी एकाग्रता बरकरार रहे। उसके बाद वह रेंगते हुए दरवाज़े की तरफ़ बढ़ा, बिना किसी आवाज़ के, जैसे मछली तालाब में तैरती है। दरवाज़े की आवाज़ हुई, जंग लग गयी थी शायद, लेकिन वह आवाज़ जिसको भी सुनाई दे रही थी उसको उस आवाज़ की आदत थी।

एक कुत्ते के भूँकने की आवाज़ आयी। एक आदमी के हँसने की। 'साला कुत्ता, इसका भौंकना कभी बन्द नहीं होगा', कह कर वह हँसने लगा। एक औरत ने हँसते हुए जवाब में कुछ कहा। नौकर। हरामी नौकर लोग। टैरेस पर सम्भोग कर रहे हैं।

वह जिस आत्मविश्वास की शान्ति से घिरा हुआ था वह हिल गया।

उस आदमी ने उस औरत से किस देने के लिए कहा और वह औरत हँसने लगी।

उसके अन्दर गुस्से का उबाल आया, जैसे चिंगारी भड़कती है। उसके बाद वह गुस्सा चिढ़ में बदल गया। इससे पहले उसने काम के दौरान अ।र उसके बाद कभी अपना आपा नहीं खोया था। पहली बार ऐसा हो रहा था, और यह कोई अच्छा संकेत नहीं था। अपने काम में उसको जिस तरह की महारत हासिल थी वह छूट रही थी।

जो कुछ हो रहा था वह उन सब बातों को समझने की कोशिश कर रहा था। एक आदमी और औरत साहिब लोगों से छिपकर कर रहे थे। वे नहीं चाहते थे कि कोई उनको खोज ले।

दरवाज़े के पास जेनरेटर सेट था, जिसके पीछे एक जगह थी जहाँ छिपा जा सकता था। दो दिन पहले उसने उस जगह को देख लिया था। वह रेंगते हुए जेनरेटर सेट के पास पहुँचा और खँखार कर अपना गला साफ़ किया। आत्मविश्वास से भरपूर अन्दाज़ में वह खँखारा।

उन लोगों ने उसकी आवाज़ सुन ली और वे पूरी तरह से ख़ामोश हो गये।

बेताब छह मिनट तक जेनरेटर सेट के पीछे छिपा रहा, वह अपनी साँसों से समय का अन्दाज़ा लगा रहा था। उसके बाद वह सीढ़ियों से नीचे उतरने लगा। नीचे एक कैमरा छिपा कर लगाया गया था लेकिन उसने उससे बचने का उपाय पहले ही कर लिया था। हो सकता था कि एक अनजानी–सी आकृति दिखाई दे जाती लेकिन उससे ज़्यादा कुछ दिखाई देने वाला नहीं था।

ताला बहुत सुन्दर था। महँगे तालों को तोड़ना आसान होता है। एक काँटा लिया कलाई से झटका दिया, और फिर एक झटका और ताला खुल गया। वह ताले से बात कर रहा था, उसके लिए गा रहा था, और वह जवाब भी दे रहा था।

बेताब अपनी जेब में फ़ोन लेकर चल रहा था, जो आमतौर पर वह नहीं करता था। अपने दस्ताने वाले हाथ में उसने फ़ोन लिया और उसका टॉर्च जला कर कमरे में देखने लगा। सोफ़ा पर रंगबिरंगे कुशन लगे हुए थे। एक मेज़ पर किताबों का ढेर लगा हुआ था। एक आईपैड रखा हुआ था।

वह झुककर किताबों को देखने लगा। गुलज़ार, जावेद अख़्तर। फ़ैज़ अहमद फ़ैज़। उर्दू में। देवनागरी में। अंग्रेज़ी में। उन किताबों पर निशान लगाकर रखा गया था। पीले काग़ज़ों का एक पैड था जो फ़िल्म की स्क्रिप्ट जैसा लग रहा था।

उसके दोनों तरह के जीवन यहाँ आपस में मिल गये थे। क्या उस फ़्लैट में कोई कवि रहता था? या मुम्बई में रहने वाली बेटी?

वह वहाँ क्या कर रहा था? चौथे माले के उस फ़्लैट में शायर बेताब क्या कर रहा था। एक फ़िल्म वितरक के घर में डाका डालने की कोशिश कर रहा था, जो विएना में अपनी पत्नी के साथ छुट्टी मनाने के लिए गया हुआ था?

उसको पता था कि तिजोरी पूजा वाले कमरे में थी। वह लक्ष्मी की मूर्ति के पीछे छिपाकर रखी गयी थी।

उसकी आस्था किसमें थी? लक्ष्मी में या सरस्वती में? धन की देवी में या विद्या की देवी में? वह कौन था? राजू या बेताब?

जवाब उसके अपने अन्दर से आया। वह एक कवि था। चोर नहीं।

लेकिन उसने तिजोरी को देखने का फ़ैसला किया। अब ताला तोड़ने के बाद तो वह काम को बीच में नहीं छोड़ सकता था न?

अगरबत्ती की बहुत तेज़ गन्ध थी। इलेक्ट्रोनिक लौ वाला एक लैम्प मन्दिर में जल रहा था। दीवारों पर देवी–देवता के चित्र लगे हुए थे।

पीतल की नक़्क़ाशी वाले लकड़ी के आले एक अलमारी में खुल रहे थे, जिसके पीछे पुराने डिज़ायन की तिजोरी थी। उसने अपने मोजे से चुम्बक निकाला। उससे वह तिजोरी को टटोलने लगा।

उसने कोशिश की और ताला एकदम खुल गया। बेताब ने अपने मोबाइल फ़ोन का टॉर्च जलाकर देखा, और उसके अन्दर के सामान को निकालने लगा। एक पन्नी में पन्ना रखा था। कम–से–कम 20 हज़ार डॉलर के नोट। रुपया नहीं था, नोटबन्दी के बाद का बैंगनी रुपया नहीं था।

अचानक उसको इस सारे खेल से ऊब महसूस होने लगी। उसने पन्ना रत्न को अपने अन्दर की जेब में डाल लिया। डॉलर को उसने प्लास्टिक के बैग में भर लिया।

उसको कुत्ते के भौंकने की आवाज़ सुनाई दी। उसको अपने दिल की तेज़ होती धड़कन सुनायी दी। वह देवी लक्ष्मी की मूर्ति के सामने बैठकर आशीर्वाद माँगने लगा।

'मुझे सफलता दीजिए देवी', उसने फुसफुसाते हुए कहा। 'और अपनी बहन सरस्वती से कहिए कि मुझे बुद्धि विवेक दें।'

एक और फ़ोटो वर्जिन मेरी की थी। उसकी मुस्कान देखकर उसको किसी कारण से अपनी माँ की याद आती थी। वह आदर से उनके सामने से गुज़रा और फिर उसको शान्ति महसूस होने लगी।

बेताब ने अपने चुम्बक के सहारे तिजोरी को फिर से बन्द कर दिया। एक बेडरूम के दरवाज़े के नीचे से हल्की–सी रौशनी आ रही थी। क्या कमरे में शायर सोया हुआ था?

उसने बहुत धीरे–से दरवाज़े को खोल दिया। कमरे में एक जवान लड़की सोयी हुई थी। उसके काले सीधे बाल तकिये पर बिखरे हुए थे। उसके कुछ बाल नीचे संगमरमर की फ़र्श पर झुके हुए थे। उसकी त्वचा भी संगमरमर जैसी थी। वह नींद में कुछ बुदबुदा रही थी और उसकी बन्द आँखें ऐसे हरकत कर रही थीं मानो वह कुछ देख रही हो।

बेताब को याद आया कि कानपुर के सिनेमा हॉल में मोर्निंग शो में उसकी पसन्दीदा फ़िल्म पाकीज़ा चल रही थी। वह उस फ़िल्म के उस सीन में था जिसमें वह राजकुमार यानी फ़िल्म का नायक सलीम बना हुआ था, वह राजकुमार था, वह कमाल अमरोही था।

और उसके सामने यह सुन्दरी लेटी थी, तवायफ़ साहिबजान, मीना कुमारी। वह उसकी उर्दू शायरी की प्रेरणा थी।

तमाम सावधानी को पीछे छोड़ते हुए उसने ज़ोर से फ़िल्म का यह डायलॉग बोला। 'आपके पाँव देखे, बहुत हसीन हैं, इन्हें ज़मीन पर मत रखिएगा– मैले हो जायेंगे।'

उसने उसकी आवाज़ सुनी और धीरे–से अपनी आँखें खोलीं। उसके बाद वह फिर से सो गयी।

वह जैसे आया था वैसे ही चला गया, अदृश्य आदमी की तरह। राजू श्रीवास्तव 'बेताब'।

रुद्राणी राणा। देहरादून। अप्रैल

देहरादून में अप्रैल का एक गर्म दिन था। सीलिंग फैन धीरे–धीरे चल रहा था। कमरे की सफ़ेदी झड़ रही थी और पंखे के डैनों पर धूल जमी हुई थी।

रुद्राणी राणा थकान के मारे उठ नहीं पा रही थीं। वह दीवान पर लेटकर छत को देख रही थी, धीरे–धीरे घूम रहे पंखे के ऊपर मकड़ी के जालों को। एक मधुमक्खी खिड़की के बाहर अलसा रही थी। दीवार के कोने से एक छिपकली उसको पथराई आँखों से देख रही थी।

बाथरूम में तिपाई पर बैठकर उसने ठण्डे पानी से स्नान किया था, उसके बाद अपने शरीर पर पाउडर छिड़क कर वह नीले रंग के दीवान पर लेट गयी थी। उसके काले रंग के काफ्तान के ऊपर शेर के पैरों के निशान थे। जब वह नहा रही थी तो उसको अपनी नयी किताब के लिए एक लाइन सूझी थी, वह उस लाइन को याद करने की कोशिश कर रही थी, लेकिन पंखे की आवाज़ के कारण उसको याद नहीं आ रहा था। उसको पंखे में अपनी माँ की तस्वीर दिखाई दे रही थी, पंखे की रफ़्तार के साथ उनके चेहरे के हाव–भाव बदल रहे थे, कभी मुस्कुराती हुई लगती थीं तो कभी उसके ऊपर त्योरियाँ चढ़ाकर देखती हुई।

'तुमको मर जाना चाहिए था तुम्हारे भाई को नहीं', उसकी माँ उससे कह रही थी। उसको वे शब्द लोरी की तरह से लग रहे थे। तुमको मर जाना चाहिए था तुम्हारे भाई को नहीं।

वह सब्र के साथ सुनती रही, अपनी माँ के जाने का इन्तज़ार करती रही। उसके सिर में अभी वह शब्द घूम रहे थे, शब्द फिसलते जा रहे थे।

उसने *नाइट फ़्लैशेज़* किताब को लिखना शुरू किया था, और उसको लिखते हुए तीन महीने हो गये थे। युआन टोरेस ने अनसबमिटेड उपन्यास की पाण्डुलिपि एक और पाठक को दी थी। अनिर्बन ने उसको लिखा था कि वह जल्दी ही उससे सम्पर्क करेगा, कुछ और बातें बतायेगा। उनको उपन्यास का एक नया शीर्षक देखना होगा क्योंकि *फेसेज़ बाई द विंडो* हाल में प्रकाशित किताबों के शीर्षकों जैसी ही थी।

नया उपन्यास उसने अपने पिता और अपने पूर्वजों की तलाश में लिखना शुरू किया था। वह मई में काठमांडू जाने के बारे में सोच रही थी, राणा वंश के बारे में जानने के लिए, उनकी यात्राओं के बारे में जानने के लिए।

रुद्राणी राणा जल्दी ही अमीर होने जा रही थी। बिल्डर के राजनीतिक सम्पर्क बहुत थे और जब से देहरादून उत्तराखंड की राजधानी बना था, वहाँ ज़मीन की क़ीमतें बहुत अकल्पनीय तरीक़े से बढ़ रही थीं। ज़मीन में उसका हिस्सा छोटा ही था लेकिन उससे उसको जो राशि मिलने वाली थी उससे अगर वह बहुत अमीर नहीं तो आराम से गुज़र–बसर करने लायक़ तो हो ही जाती।

उसके राणा पूर्वज। उनकी कहानी शुरू हुई थी 1846 में कोट के नरसंहार के बाद, जब जंगबहादुर राणा और उनके भाइयों ने नेपाली दरबार के चालीस सदस्यों की हत्या कर दी थी। बहुत समय पहले के बसनेत षड्यन्त्र से वह बहुत आकर्षित थी, और उसने बड़ी मेहनत से एक उपन्यास पर काम करना शुरू कर दिया जिसकी कथा पीढ़ियों में फैली हुई थी।

'अपने बारे में बहुत हो गया', उसने अपने आपसे कहा। 'अब समय आ गया है कि रुद्राणी राणा से आगे जाया जाये, उसके सभी रूपों से। अब समय आ गया है अपनी परम्परा की तलाश का, यह जानने का कि रुद्राणी राणा आयी कहाँ से थी।'

उसने नेपाल के राणा ख़ानदान के बारे में पढ़ना शुरू कर दिया। काठमांडू दरबार में राणा परिवार के प्रधानमन्त्रियों ने शाह वंश के राजाओं को कठपुतली बनाकर रख दिया था। नेट पर उस परिवार की वंशावली के बारे में उनकी पृष्ठभूमि के बारे में बहुत कुछ मिल जाता था। वह एफआरआई लाइब्रेरी में किताबों को पढ़ती थी, वहाँ एक बातूनी रिटायर लाइब्रेरियन थे जिनको बहुत पता था।

अपने बचपन के दिनों में, जवानी के दिनों में रुद्राणी के लिए एक तरह से अपने पिता या उनके परिवार के बारे में बात करने की भी मनाही थी। 'इसके अन्दर गन्दा ख़ून है', रुद्राणी ने सुना था एक बार उसकी माँ स्टेला मर्क को कह रही थी। 'इसकी रगों में गन्दा और पागल ख़ून है। इसके लिए सबसे अच्छा यही होगा कि इसको उस परिवार से दूर रखूँ, और मैंने रखा भी है।'

'शशश', स्टेला मर्क ने जवाब दिया। 'कहीं वह सुन न ले, ऐसे बात मत करो।' उसके बाद दोनों फुसफुसाकर बात करने लगीं, और रुद्राणी पैर दबाकर खुले दरवाज़े के सामने से निकल गयी, वह भरपूर कोशिश कर रही थी कि उसकी रगों में गन्दा ख़ून है, पागलपन का ख़ून है।

उसके स्कूल में राणा परिवार की कुछ और लड़कियाँ थीं, अब उससे सीनियर थीं। सब एक से एक सुन्दर थीं, सुन्दर नैन–नक़्श वाली और जिनकी आँखें बादामी थीं। ऐसी अफ़वाह थी कि उनके परिवार बहुत अमीर थे। सभी लड़कियों के साथ एक–एक नौकरानी रहती थी। उनकी आयाएँ, जो पारम्परिक नेपाली परिधानों और गहनों में। साथ में अंगरक्षक भी रहते थे। वे स्कूल के गेट के बाहर खड़े रहते थे, और स्कूल के बाद वे इनको कार में लेकर घर जाते थे।

हॉकी के मैदान में सिगरेट पीने के कारण राणा परिवार की लड़कियों को वेवर्ली गर्ल्स स्कूल से निकाल दिया गया था। लेकिन वे विजेता की तरह वापस आ गयी थीं, अपने अमीर और ताक़तवर पिताओं के बीच–बचाव के बाद।

अब जाकर, अपनी ज़िन्दगी बिताने के बाद रुद्राणी को जब अचानक विरासत की सम्पत्ति मिली तो उसको लगा कि अपने प्रसिद्ध उपनाम के बारे में पता लगाया जाये, अपनी परम्परा और विरासत के बारे में पता लगाया जाये। वह उत्साह, रोमांस, अतीत के दुःख के प्रभाव में आ गयी। राणा परिवार के अधिकारों के बारे में जिन्होंने अनेक शताब्दी तक नेपाल के ऊपर राज किया था, और उनके बीच की कड़वाहट उसकी कल्पना के ऊपर हावी थी। उसके पूर्वज देव शमशेर जंग बहादुर राणा का राजवंश में सबसे छोटा कार्यकाल रहा था। 1901 में उन्होंनें महज़ 144 दिनों के लिए शासन किया था, उसके बाद उनको उनके भाइयों ने अपदस्थ कर दिया था। उनको सुधारवादी माना जाता था, उनके आधुनिक विचारों और आदर्शों को उनके भाइयों ने ही अपदस्थ कर दिया था।

जब उनको भारत भेज दिया गया तो देव शमशेर जंग बहादुर को अंग्रेज़ी राज ने झरीपानी में ज़मीन दी, यह जगह देहरादून और मसूरी के बीच थी। उस बँगले का नाम था फेयरलॉन। वह वहाँ नेपाली शैली में बने एक शानदार महल में रहने लगे, उनके साथ उनके बारह बेटे और चार बेटियाँ भी थीं। इन सन्तानों में उसके पिता परशुराम राणा का जन्म हुआ था।

रुद्राणी देव शमशेर के जीवन और उनके समय में पूरी तरह से डूब गयी थी, जब थोड़े समय के लिए ही सही स्वर्ण युग की सम्भावना ने जन्म लिया था। जापान के शोगुनेट से प्रेरणा लेते हुए उसने मेईजी सुधारों का अनुसरण करने की कोशिश की। उन्होंने जापान से फूलों के बीजों को मँगवाया और उनको नेपाल के पहाड़ों और घाटियों में लगवाया।

निर्वासन में समय बिता रहे राणा ने अपने भाई को चिट्ठी लिखी कि वे उनको मरने के पहले कम–से–कम एक बार अपनी मातृभूमि में आने दें। लम्बे समय की ख़ामोशी के बाद उनको नेपाल के तत्कालीन प्रधानमन्त्री का सन्देश मिला : 'एक म्यान में दो तलवारें नहीं रह सकती हैं। इसलिए नेपाल में मेरे और आपके एक साथ रहने के लिए जगह नहीं है।'

उनका दिल इतना टूट गया था कि 1914 में उन्होंने 52 साल की उम्र में अपने आपको गोली मार ली। देव शमशेर की ज़िन्दगी के बारे में जब शोध कर रही थी तो उसको यह समझ में आया कि उसकी जीवनी के बारे में ठीक से लिखा नहीं गया था। मई 1901 में उन्होंने *गोरखपुत्र* साप्ताहिक की स्थापना की, जो आज भी नेपाल का राष्ट्रीय दैनिक बना हुआ है। उन्होंने सभी के लिए प्राथमिक शिक्षा व्यवस्था को प्रस्तावित किया और भ्रष्टाचार से लड़ाई का अभियान चलाया। उन्होंने दोपहर में समय की घोषणा के लिए तोप चलवाने की व्यवस्था की स्थापना भी की।

वह जितना ही शोध कर रही थी अपनी जड़ों को लेकर वह उतना ही सम्मोहित होती जा रही थी। भाई की ईर्ष्या के कारण उनको सत्ता से हटाया गया। वह शायद बहुत अधिक आदर्शवादी थे इसलिए अपने पीछे नहीं देख पाये, शोध के बाद वह इस नतीजे पर पहुँची।

'बहुत कम समय मिला। और एक मैं हूँ, प्राचीन गुफ़ाजीवी, अपने ही तक़लीफ़ों, छोटी–मोटी चोटों से सम्मोहित', उसने मन–ही–मन सोचा।

जिस तरह से 1950 में उसके पिता ने किया था।

उसको अपनी माँ की मौत के कई साल के बाद एक पिस्टल मिला था, जो उस ट्रंक में था जो उनके बिस्तर के नीचे पड़ा हुआ था। दो खुख़री भी उसमें मिली थीं, जिनके ऊपर पहले का दाग़ लगा हुआ था, वह दाग़ ख़ून का था या जंग लगी हुई थी यह कहना मुश्किल था।

रुद्राणी को अभी भी याद है कि जब वह बच्ची थी तो वह फेयरलॉन महल के ढहते दरवाज़े से होकर गुज़रती थी।

'उस तरफ़ देखना भी नहीं', उसकी माँ ने फुसफुसाते हुए उससे कहा था। 'उसी जगह से सारी ख़राबी शुरू हुई थी।'

अतीत के बारे में शोध करते हुए, उसको फिर से जीते हुए उसने अतीत के बहुत से प्रेतों से मुक्ति पा ली थी। उसको ऐसा महसूस हो रहा था कि पुरखों के इतिहास के माध्यम से उसके पिता आख़िरकार उसके पास लौट आये थे।

रुद्राणी ने संकल्प लिया कि जब उसकी किताब का पहला ड्राफ्ट पूरा हो जायेगा तो वह काठमांडू जायेगी। यह छोटा उपन्यास है, महज़ 40 हज़ार शब्दों का।

इस कहानी को पूरा करने में उसको चार महीने लगे थे। उसको मेहनत के कारण चक्कर आने लगे थे। देव शमशेर जंग बहादुर राणा की कहानी उसके पास जैसे किसी भटकती हुई रूह की तरह आयी थी। उसने पूरी किताब अपने हाथ से लिखी थी, अपनी साफ़ तिरछी हस्तलिपि में। उसको इस बात से बहुत रश्क हो रहा था कि कुछ भी काट–छाँट उसने नहीं की थी– न कोई झिझक, न सवालिया निशान, न ही कोई रिवीजन।

यह एक तरह का प्रायश्चित्त था, उसने मन–ही–मन कहा कहा। उसने किस तरह से अपनी ज़िन्दगी के क़रीब सात दशक अपने अतीत के बारे में बिना कुछ जाने ही बिता दिये? राणाओं के बारे में सब कुछ, उनके सत्रह भाइयों और उनके वंशजों की कहानी, जिनके बारे में माँ कुछ भी जानने नहीं देती थी।

नाइट फ़्लैशेज़ ने उसको उसके अन्दर से निकाल दिया, या एक और अर्थ में उसके अपने होने के भाव को फिर से स्थापित किया।

'शायद हम सब लोगों के अन्दर दो कहानियाँ छिपी हुई होती हैं', उसने सोचते हुए अपने आप से कहा। 'ज़िन्दगी की पहली कहानी

वह होती है जो हम जीते हैं, जो पटकथा हमने अपने लिए तैयार की, और दूसरी कहानी वह होती है जो हमारी ज़िन्दगी हो सकती थी। या शायद यह एक ही किताब थी, अध्याय–दर–अध्याय, अलग–अलग जिल्दों के बीच। एक ही कहानी जिसको अलग नज़रिये से फिर से सुनायी जाये।'

नयी किताब को पढ़ते हुए वह उत्साहित भी थी और बहुत थक भी गयी थी। वह स्वयं को एक नयी रौशनी में देखने लगी थी। देव शमशेर के जीवन की उलझनों को, उसके विरोधाभासों को, भाग्य के बदल जाने की कहानी, उसको अपनी ज़िन्दगी को समझने में भी मदद करने वाली थी। वह विचार और कर्म की अतिरंजना के माहौल में पैदा हुई थी जिसको उसकी माँ की आशंकाओं ने दबाने का प्रयास किया।

अब कहा जा सकता था कि रुद्राणी राणा ने अपने आपको पा लिया था, अपने अन्तर्मन की खोज कर ली थी तो वह इस बात से हैरान थी कि वह पहले किस तरह की इन्सान थी। वह किस तरह अपनी ही छाया में छिपी रहती थी?

वह पिता जिनको वह कभी नहीं जान पायी, जिसने उसके जन्मदिन के दिन आत्महत्या कर ली थी। उसने अपने पिता को फिर से पा लिया था, इतने सालों के बाद। वह दूसरा आदमी, जिसने उसको शर्मिन्दा किया, जिसने उसके मनोबल को तोड़ने की कोशिश की, वह आदमी जिसका नाम वह कभी नहीं लेगी। रूपर्ट मर्क, जिसको उसने प्यार किया था, जिसने उसको प्यार किया और धोखा दिया। उसकी माँ, उसकी अध्यापिका स्टेला मर्क, जिनमें दया और क्रूरता दोनों बराबर मात्रा में थी। रूपर्ट की माँ जिसने उसको रुद्राणी से शादी के लिए मना कर दिया। और अतीत का भूत, उसकी माँ, मेट्रन राणा, और उनके अनकहे अल्फ़ाज़, वे अल्फ़ाज़ जिन्होंने कभी उसका पीछा नहीं छोड़ा, जिनको रुद्राणी कभी भूल नहीं पायी।

'मरना तो तुमको चाहिए था, न कि तुम्हारे भाई को।'

और एक बार फिर से उसकी माँ, बदरंग सीलिंग फैन के घूमते डैनों की आवाज़ में खो गयी। उसको चक्कर आ रहा था। वह कहाँ थी, वह इस अनजाने से कमरे में क्यों थी, नीले दीवान पर पसरी हुई?

उसकी किताब की शुरुआती लाइनें। उसके दिमाग़ में चमकते हुए बादल की तरह कौंधीं। 'मेरा शरीर भुतहा मकान की तरह है।'

उसके बाद शरीर की मशीनरी बन्द होने लगी। पहले कँपकँपी, हड्डियों में कँपकँपाहट, उसके बाद वह अपने ही पसीने में नहा गयी। उसके बाद आँखों के सामने ऐसे लग रहा था जैसे तारे टूट रहे हों, जैसे अँधेरे आकाश में पुच्छल तारे।

उसके बाद अँधेरा और फिर ख़ामोशी। उसके बाद रौशनी। दूसरी तरफ़ उसकी माँ उसका इन्तज़ार कर रही थी।

लेकिन वह मरी नहीं थी। यह महज़ सपना था, या पूर्वाभास। वह दिन भर बाहर सोयी रही, और जब डूबते सूरज की परछाईं कमरे में उतराई तो वह नींद से जागी।

रुद्राणी को अच्छा महसूस हो रहा था। उसने शमशेर जंग बहादुर राणा के 144 दिनों के शासन को पीछे छोड़ दिया। फेयरलॉन के ढहते कगूरों को, माँ के बिस्तर के नीचे पड़े ट्रंक में जंग लगी खुख़री पर ख़ून के दाग़, वह खुख़री उसके पिता की निशानी थी– उसने इन चीज़ों को पीछे छोड़ दिया था, उनको शब्दों में लिख दिया था। कहानी की समान्तर दुनिया में रख दिया था।

उसके दिमाग़ में अभी भी अनसबमिटेड मँडरा रही थी, एक–एक शब्द उसी तरह से याद आ रहा था जिस तरह उसने पहली बार लिखा था। वह अभी भी भूत की तरह से मौजूद था, अपने बारे में सबसे अन्तरंग आत्मस्वीकार।

'मेरा शरीर एक भुतहा मकान की तरह है।'

उसको अपने कैनवस बैग और टाइप किये हुए पन्नों की याद आ रही थी। अब उसको कौन पढ़ रहा होगा? क्या वे उसको समझते

हुए और सम्मान के साथ देख रहे होंगे? क्या वे उसमें आये सन्दर्भों को समझ पाये होंगे, अजीबोगरीब चुटकुलों को। क्या अनदेखी सम्पादकीय आँखें उसका मज़ाक़ उड़ा रही थीं, उसके जीवन की किताब का?

उसका ध्यान अचानक इस बात पर गया कि उसको बहुत भूख लगी हुई थी। उसने पूरे दिन कुछ नहीं खाया था। गेस्ट हाउस में बस नाश्ता दिया जाता था, जो वह खा नहीं पायी थी। उसको या तो चलकर कैंटीन तक जाना होगा या चौकीदार से कहना होगा कि वह पास के ढाबे से उसके लिए नूडल्स या चिकेन करी ला दे।

रुद्राणी ने तय किया कि वह चाय का एक प्याला पियेगी और चाय की केतली के पास रखे मेरी बिस्कुट को खाकर सन्तोष कर लेगी। उसके बैग में एक सेब पड़ा हुआ था। उसने सेब को काटा। सेब का मौसम कब का जा चुका था लेकिन सेब अभी भी स्वादिष्ट थे। उसके जीभ पर कुछ चुभ रहा था, उसके सामने के दाँत का कैप गिर गया था। उसके दाँतों के बीच में गैप था। शायद वह नया दाँत बनवा ले। उसके पास पैसे थे।

रुद्राणी ने तय किया कि अगले दिन वह किसी होटल में रहने के लिए चली जायेगी, या मसूरी रोड पर बने किसी टूरिस्ट रिसोर्ट में। कंजूसी में जीने के उसके दिन अब पूरे हो गये थे। उसके पास अभी भी समय था। उसके पास अभी भी समय था, वह रोम, ग्रीस की प्राचीन दुनिया की सैर पर जा सकती थी। आर्टिचोक खा सकती थी। उसके पास यह देखने का समय था कि दुनिया उसकी प्रतिभा को पहचाने। उसकी मेधा को।

बाहर अँधेरा था। खिड़की से रात में खिलने वाले फूलों की भीनी ख़ुशबू आ रही थी। युकलिप्टस के पेड़ों के पीछे से गाड़ियों की आवाज़ें आ रही थीं, कारों और ट्रकों के हॉर्न की आवाज़। दूर से भोटिया कुत्तों के भौंकने की आवाज़ें आ रही थीं।

उसने टहलने जाने का फ़ैसला किया। उसने अपना बैग पीछे छोड़ दिया। वह अपनी छड़ी और टॉर्च लेकर बाहर सड़क की ओर निकल पड़ी।

बैंगनी आकाश में वह तारों को देख रही थी, उनको पहचान रही थी। डॉग स्टार, हमेशा उत्तर दिशा को दर्शाने वाला ध्रुव तारा।

और फिर सड़क जैसे कोई भूखा जानवर हो, जिसके ऊपर कार और ट्रक ऐसे दौड़ रहे थे जैसे शिकारी कुत्तों का झुण्ड हो। सड़क की दूसरी तरफ़ तिरछा चाँद, पेड़ों की शाखाओं के पीछे छिपा हुआ था। वह खड़ी रही, उसको समझ नहीं आ रहा था कि सड़क पार करे या नहीं, दायें जाये, या बायें जाये, या वापस गेस्ट हाउस जाने वाली सड़क पकड़ ले।

तेज़ी से आते एक ट्रक की चौंधियाने वाली रौशनी। एक मोटरसाइकिल उसकी दिशा में ऐसे बढ़ी आ रही थी मानो डेथस्टार हो। वह हवा में ऐसे उछल गयी जैसे कोई फुटबॉल हो, सड़क की दूसरी तरफ़ झाड़ियों में जाकर गिरी। उसकी छड़ी उड़कर दूसरी दिशा में गयी और एक स्कूटर के शीशे से जाकर टकरा गया, लेकिन उसको पता नहीं चला।

उसको सब कुछ धुँधला दिखाई दे रहा था, तिरछा चाँद आकाश में टँगा हुआ लग रहा था। उसकी खोपड़ी में अँधेरा ऐसे पसर रहा था मानो रात पसर रही हो।

और 'सारा अनुभव एक मेहराब की तरह है जिसके माध्यम से गुज़रती है वह सारी दुनिया जिसमें हमने सफ़र नहीं किया होता है जिसके हाशिए धुँधले पड़ रहे होते हैं–'

पुलिस को वह अगली सुबह मिली, एक बूढ़ी औरत जिसके शरीर पर कोई पहचान नहीं थी। गेस्ट हाउस ने दो दिन के बाद उसकी गुमशुदगी की रपट दर्ज करवायी। उसकी लाश मुर्दाघर में तब तक

पड़ी रही जब तक कि चौकीदार ने आगे बढ़कर उसको पहचान नहीं लिया।

वे उसके रिश्तेदार को नहीं ढूँढ़ पाये, लेकिन ज़मीन के काग़ज़ात से और क़ानूनी चिट्ठी पत्री से पुलिस उस वक़ील के पास पहुँच गयी जो उसके केस को देख रहा था। वक़ील ने पुलिस को बताया कि उस महिला ने अपनी वसीयत अनिर्बन एम के नाम किया था।

रुद्राणी के मरने की ख़बर का असर अनिर्बन एम के ऊपर इतना गहरा हुआ जिसकी उसने कल्पना भी नहीं की थी। यह इस बात का सबूत था कि आख़िर में सब कुछ कितनी फ़ालतू और भयावह होती हैं।

लेकिन किताब बची रह गयी थी, रुद्राणी के जीवट के प्रतीक के रूप में, उसके ज़िन्दादिली के प्रतीक के रूप में।

उसको इस बात पर भरोसा नहीं हो रहा था कि रुद्राणी ने अपनी वसीयत में सब कुछ उसके नाम कर दिया था, फ़ेस्टिवल में प्रेस टैरेस पर औचक मुलाक़ात ने उसको उससे कितने गहरे जोड़ दिया था। जिस दिन उसको रुद्राणी के निधन का समाचार मिला वह बार्सिलोना जाने वाला था, एक वर्कशॉप में हिस्सा लेने के लिए, उसके बाद युआन टोरेस के साथ एक सप्ताह तक घूमने फिरने की योजना थी। उसने अपना टिकट कैंसिल कर दिया, यात्रा को आगे के लिए टाल दिया। उसको लग रहा था कि रुद्राणी के निधन का मातम नहीं मनाना बहुत निर्मम हो जाता।

उसको शोक जताने की किसी रस्म का पता नहीं था, कोई नहीं था जिसको वह दिलासा दे सके, जिसके साथ वह यादों को साझा कर सके। रुद्राणी का चारकोल से बनाया गया एक स्केच उसने अपनी मेज़ पर सुनहरे फ्रेम में रखा हुआ था, उसके बगल में अनसबमिटेड की मूल पाण्डुलिपि, जो उसके कैनवस बैग में पड़ी हुई थी। वह फूलों की दुकान पर जा–जा कर बैंगनी रंग के फूल खोजता रहा लेकिन उसको फूल नहीं मिले, जो फूल मिले उनको उसने एक

गुलदान में सजाया और पास में एक मोमबत्ती जलाकर गायत्री मन्त्र का पाठ करने लगा।

'तमसो मा त्योतिर्गमय
मृत्योर्मामृतं गमय...'

उसके बाद उसने कोई संगीत बजाया। अपने लिए एक जाम बनाया और रोने लगा।

अनुरा। बैंगलोर। बाद में

अनुरा अपने नये उपन्यास पर काम कर रही थी। 'कैसे और कहाँ आप कहानी सुनाना बन्द करते हैं?' वह सोच रही थी। 'कैसे और कब अन्त का आभास हो जाता है?'

उसकी माँ ने उससे लिखना बन्द करने का वादा लिया था। 'बस अगले कुछ सालों तक अनुराधा, जब तक बोर्ड की परीक्षा ख़त्म हो जायेगी, और हम तुमको कॉलेज में डाल देंगे। ये साल तुम्हारी ज़िन्दगी के सबसे महत्त्वपूर्ण साल हैं। उसके बाद जो मन में आये लिखना, लेकिन अभी तुम्हारे लिए रट्टा लगाने का समय है। रटकर याद करने का। बाहर की दुनिया में बहुत प्रतिस्पर्धा है, बहुत क्रूर दुनिया है बाहर, और हम चाहते हैं कि हमारी बेटी इस दुनिया में विजेता की तरह रहे!'

अनुरा अपनी माँ को हिकारत की नज़र से देखती थी। उसके पापा अच्छे आदमी थे, लेकिन पूरी तरह से अपनी पत्नी के वश में थे। जो कहती थी वही करते। वे ऑर्गेनिक खाना खाते थे, वीकेंड में ध्यान लगाते थे, जिम जाते थे। उसकी माँ का मानना था कि परिवार एक इकाई की तरह होता था। तीन लोगों का उनका परिवार,

गोल्डन रिट्रीवर कुत्ते को साथ मिलाकर तब तक ख़ुश नहीं रह सकता था जब तक कि सब मिलजुल कर काम न करें।

उसने किताबों में अपना निजी कोना बनाया। पहले पढ़ना, और फिर लिखना। इस समय वह अपने तीसरे उपन्यास के ऊपर काम कर रही थी। उसका शीर्षक था *द रेवेंज ऑफ़ द रेपटाइल्स*।

उसकी माँ को उसके बारे में कुछ भी पता नहीं था। माँ–बाप को कहाँ पता चलता है। वैसे तो वह अपने माता–पिता की इकलौती सन्तान थी, उसकी माँ उसको हमेशा मेरी इकलौती बेटी कहती। इससे वह परेशान रहती थी, उसको बहुत बुरा लगता था।

'मेरी इकलौती बेटी ने एक किताब लिखी है', वह बातों–बातों में यूँही बताती रहती थीं। वह बहुत चटख रंग के लिपस्टिक लगाती थीं और उसके ऊपर उनकी मुस्कान भी चटख लगती थी। वह नाख़ून बढ़ाकर रखती थीं और अपनी बात कहते हुए नाख़ून से आसपास की किसी चीज़ को ठोकती रहती थीं– टेबल, गिलास, कुर्सी का हत्था।

'मेरी इकलौती लड़की ने दो किताबें लिखी हैं, उसकी दोनों किताबें प्रकाशित भी हुई हैं।' वह ऐसे बताती थीं मानो उसका कोई नाम नहीं हो, या उसका जन्म बेटी होने भर के लिए ही हुआ हो, या चार सदस्यों के परिवार का एक हिस्सा भर हो। वह अनुरा की किताबों के बारे में जिस तरह से बढ़–चढ़ कर बोलती थीं उससे ऐसे जताती थीं कि अपनी बेटी को लेखिका बनाने के पीछे उनकी ही प्रेरणा काम कर रही हो, उन्होंने अपनी बेटी को इस दिशा में आगे बढ़ाया।

यह सुनकर अनुरा का मन उल्टी करने का करता रहता था। वह परिवार में बहुत फँसी हुई महसूस करती थी, अलबत्ता उसको गोल्डन रिट्रीवर कुत्ते से बहुत प्यार था, जिसका नाम उन लोगों ने स्लर्पी रखा था। जिन दिनों वह हैरी पॉटर के जुनून में रहती थी उन दिनों उसको लगता था कि उसके माता–पिता जादूगर थे, और अपने सच्चे जादूगर की विरासत को उससे छिपा कर रखते थे। लेकिन जल्दी ही उसका सम्मोहन हैरी पॉटर से आगे बढ़कर जे के

रोलिंग में ही हो गया। यही उसकी नियति थी। अरबों की सम्पत्ति, इंग्लैंड की महारानी से भी अधिक अमीर, और अधिक प्रसिद्ध। यह शब्दों की ताक़त थी।

उसकी नयी किताब आर्टीफ़िशियल इंटेलिजेंस के बारे में थी और उसमें भविष्य की कहानी थी। उपन्यास लिखने का विचार उसको ट्रेन से जयपुर जाते हुए आया था। इस तरह से अनुमान को आधार बनाते हुए जादू और कल्पना से अलग था-- यह भविष्य की विधा थी, उसके अपने भविष्य की। उसने दुनिया भर के लिटरेरी एजेंट्स को गम्भीरता से इसके बारे में लिखना शुरू किया। बहुत कम जवाब आये। उसको जितनी चिट्ठियाँ आयीं उनको उसने एक फोल्डर में रख दिया जिसके ऊपर अंग्रेज़ी में लिखा था अनडेड। और उसके ऊपर भूत जैसी आकृति बना दी। गुप्त विद्याएँ इंटरनेट पर अभी भी जीवित थीं, और उससे हर वक़्त कुछ–न–कुछ सीखा जा सकता था।

'कल इन्तज़ार कर रहा है।' उसकी नयी किताब की शुरुआत इस तरह से हुई। उस किताब में आर्टीफ़िशियल इंटेलिजेंस से जुड़े एक शोधार्थी की कहानी थी, जो अवसाद में रहता था और जुनूनी था। वह नाग की फ़ोटोग्राफिक स्मृति के ऊपर काम कर रहा था। शोधार्थी थर्ड जेंडर का था और उसकी माँ साँप के काटने के कारण मर गयी थी। इसके कारण से कहानी आगे चलकर जटिल हो गयी थी और अनुरा अभी भी उसके विरोधाभासी धागों को सुलझाने में लगी हुई थी।

यह बदले की कहानी थी। कहानी में साँप की स्मृति आर्टीफ़िशियल इंटेलिजेंस में बदल जाती है और उसकी स्मृति में इन्सानों द्वारा उसके ऊपर किये गये अत्याचार की छवियाँ थीं।

हाथी की स्मृति भी फ़ोटोग्राफिक होती है। मादा हाथी को तो बहुत दिनों की स्मृतियाँ रहती हैं, और वे अपनी स्मृति के आधार पर अपने झुण्ड को दिशा दिखाती हैं।

अनुरा इसके ऊपर विचार कर रही थी कि अपनी कहानी में वह हाथी को शामिल कर ले, लेकिन उसको फिर यह लगा कि इससे कहानी का ढाँचा बिगड़ जाने का ख़तरा था।

'कहानी का एक ढाँचा होना चाहिए', उसने इस बात को अपने ट्विटर खाते से ट्वीट किया।

इस बीच उसको स्कूल प्रोजेक्ट के लिए एक लेख लिखना था– अब्राहम लिंकन और महात्मा गाँधी के ऊपर। उसने नेट के ऊपर इसके बारे में शोध किया और कुछ अच्छे वाक्य उसको सूझे। 'अब्राहम लिंकन और महात्मा गाँधी दोनों 19वीं और 20वीं सदी की दो बड़ी शख़्सियतें थीं, उनको एक–दूसरे के बरअक्स रखकर देखा जाना चाहिए।'

स्कूल की एकरसता से ऊब जाने पर वह बैठक में गाने सुनती थी। उसने लिंकन और गाँधी के बारे में सोचना बीच में ही छोड़ दिया और अपने पिता की पसन्दीदा आरामकुर्सी पर बैठकर गिटार बजाती रहती थी।

अनुरा ने अपनी हैरानी के साथ धोखा नहीं किया। उसने सवालिया ढंग से अपनी आँखें चढ़ाईं और एक मुस्कान के साथ अपनी सहमति का संकेत दिया।

जवाब में उसके पिता ने सन्तोष भरी मुस्कान बिखेरी। 'मैं स्कूल में गिटार बजाया करता था', उन्होंने हँसते हुए कहा। 'मैंने सोचा कि एक बार और बजा कर देखता हूँ।'

उसको अपने पिता के लिए ख़ुशी महसूस हो रही थी। बूढ़े लोग किसी और ही ग्रह के लगते थे या किसी और ही प्रजाति के। लेकिन इन्सान में विकास की सम्भावना हमेशा रहती है, या किसी भी तरह के विकास की। वह आगे या पीछे कहीं भी जा सकती थी।

उसने समय काटने के लिए मॉल जाने का फ़ैसला किया। उसको भीड़ में लोगों के बीच जाना अच्छा लगता था, इससे उसको और अकेलापन महसूस होता था, अधिक ख़ास महसूस होता था।

इसके अलावा वह अपने डैड के साथ बीटल्स के नॉस्टेल्जिया में खोना नहीं चाहती थी। माँ भी साथ में गाने का फ़ैसला करती। सबसे अच्छा बाहर निकल जाना ही लगा।

मॉल में सातवें माले पर किताब की एक नयी दुकान खुल गयी थी। वह किताब की दुकान से अधिक कॉफ़ी शॉप था। 'कॉफ़ी पीते हुए हमारी दुकान की किताबें उलटिए–पलटिए।' उस दुकान के पोस्टरों पर यही लिखा हुआ था। अनुरा को सबसे पसन्द था पुरानी किताबों का हिस्सा जहाँ से सीलन की गन्ध आती थी और गुप्त रहस्यों की। पुरानी किताबों के ढेर से उसको वी एस नायपॉल की हस्ताक्षर की हुई एक किताब मिल गयी थी। लेकिन किताब की इस नयी दुकान में कुछ रोमांचक था, जिसमें कॉफ़ी की गन्ध किताबों की गन्ध के साथ घुल–मिल कर आती थी।

दुकान के प्रवेश–द्वार पर शीशे के पीछे बेस्टसेलर किताबों को सजाकर रखा गया था। एक कवर बहुत अलग–सा दिखाई दे रहा था। वह पेंसिल और चारकोल से बनायी गयी एक ड्राइंग थी, जो एक बूढ़ी औरत की थी, उस औरत के नैन–नक्श अच्छे थे और हल्का–सा कूबड़ था। उसके ढीलेढाले जूड़े, और उसके बिखरे हुए शॉल को देखकर उसको कुछ याद आ गया। उसके सामने मेज़ पर दो बैग रखे हुए थे, एक बाटिक शैली का बैग और दूसरा बड़ा–सा बैग।

किताब का शीर्षक सुनहरे और बैंगनी स्याही से एम्बॉस किया गया था, अंग्रेज़ी के कैपिटल अक्षरों में। अनसबमिटेड नाम था। लेखिका का नाम था रुद्राणी राणा।

यह वही औरत थी जो ट्रेन में मिली थी। वह और फरहान लिट्रेचर फ़ेस्टिवल के लिए जा रहे थे।

उसने किताब माँगी और उसको इस तरह ध्यान से देखने लगी जिस तरह से किसी पुरातत्त्ववेत्ता को ख़ुदाई के दौरान अचानक कोई कलाकृति मिल गयी हो। वह उसको घुमा–फिराकर ध्यान से देखे जा रही थी।

वह हार्डबैक संस्करण था, क़ीमत थी 799 रुपये।

आवरण बनाया था अनिर्बन एम ने।

'बहुत शानदार और मौलिक लेखिका की महान कृति, जिनकी प्रतिभा का पता बहुत देर से चला।'

पीछे लेखिका का परिचय बहुत छोटा दिया गया था। 'रुद्राणी राणा का जन्म 1949 में देहरादून में हुआ था। लेखिका का निधन 2017 में हुआ। अनसबमिटेड का प्रकाशन बहुत प्रशंसित और लेखिका की मृत्यु के बाद प्रकाशित।

उस समय उसके पास पैसे कम थे। जब अगले महीने उसको पॉकेट मनी मिलेगा तो वह इस किताब को ख़रीदेगी।

परीक्षा पास आ रही थी और उसको अपनी किताब पर काम करना था। वह ध्यान हटा नहीं सकती थी। वह इस किताब को अगले महीने पढ़ेगी।

उसका दिमाग़ अपनी किताब पर लौट आया, जिस किताब को वह लिख रही थी। 'कल इन्तज़ार कर रहा है' उसने मन–ही–मन सोचा।

'रुद्राणी राणा' उसने ज़ोर से कह कर इस नाम के शब्दों पर विचार किया। यह लेखक के लिए अच्छा नाम था। ट्रेन वाली औरत का।

उसका दिमाग़ अपनी किताब की तरफ़ लौट आया, उस किताब की ओर जो वह लिख रही थी। 'कल इन्तज़ार कर रहा है' उसने सोचा।

अनिर्बन एम अपनी नोटबुक को फाड़ रहा था। उसको कुछ हो गया था। उसके ऊपर जैसे भूत सवार हो गया था। क्या यह गुस्सा था? जुनून? नहीं यह निरर्थकता का बोध था।

हर अलमारी में, हर कमरे में, सभी के जीवन में, फ़ालतू की चीज़ें होती हैं, बिना उपयोग की गयी चीज़ें और भावनाएँ जिनके बारे

में हमें यह पता नहीं होता है कि क्या किया जाये? उसके स्टूडियो के कोने–कोने में काग़ज़ों के ढेर थे। दुनिया के हर कलाकार की अपनी तरह की अव्यवस्था होती है, चीज़ों को बेतरतीब रखने का अपना सलीक़ा होता है जिसकी कुंजी उसकी स्मृति में होती है। केवल उसी को यह पता होता है कि किस जगह पर कौन–सी चीज़ रखी हुई थी और क्यों। कभी–कभी किसी चीज़ के मिल जाने से हैरानी होती थी लेकिन उसके ऊपर इन बातों का प्रभाव नहीं पड़ता था।

उसने काग़ज़ों को पहले फाड़कर कमरे के बीचोंबीच फ़र्श पर रख दिया। फिर उनको अमूर्त चित्रों जैसा आकार देने लगा। वह सन्तोष के साथ अपने काम को देख रहा था कि उसका गुस्सा फिर से भड़क उठा। वह काग़ज़ों के ढेर के ऊपर कूदने लगा। उसके बाद वह उन काग़ज़ों के छोटे–छोटे टुकड़े करने लगा। उसके बनाये हुए ड्राइंग के टुकड़े उसके आसपास बिखरे हुए थे। उसने उन टुकड़ों को फिर से समेटना शुरू कर दिया।

उसने पंखा चला दिया और रेगुलेटर के साथ खेलने लगा। उसने उसकी स्पीड को 1, 2, 3, 4 पर कर दिया। फिर पाँच पर। काग़ज़ उड़ने लगे और फिर कमरे के एक अलग–अलग कोने में बिखरने लगे, कुर्सियों के नीचे छिप गये, मेज़ के नीचे, बुकशेल्फ के नीचे।

अब उसको चैन महसूस हो रहा था, अब वह ज़िन्दगी का सामना करने के लिए, काम, डेडलाइन और अपने भाई चिन्तन बनर्जी के साथ लंच के लिए फिर से तैयार था। चिन्तन एक आर्थिक अख़बार का सम्पादक हो गया था और उसने दोस्ती का हाथ बढ़ाया था।

चिन्तन ने अनिर्बन को एक साप्ताहिक स्तम्भ देने की पेशकश की। जिसमें शब्दों और चित्रों का मेल होना था। उसको यह अच्छा नहीं लगा कि उसको इस तरह से बनाया जाये, लेकिन उसने दार्शनिक अन्दाज़ में अपने आपको यह समझाया कि बाज़ार का यही चरित्र होता है।

युआन टोरेस उसके जीवन से खिसकता जा रहा था। उसने एक आध्यात्मिक कोर्स के लिए नेपाल में शरण ले रखी थी। अनिर्बन भी उसके साथ जाना चाहता था, लेकिन उसको युआन ने जवाब में कुछ गोलमोल लिख दिया। 'बहुत अधिक जुनून है, बहुत अधिक अपनापन, और हम लोगों के बीच दूरी भी बहुत अधिक है। यह चुम्बकीय आकर्षण बहुत–सी चीज़ों को उलझा रहा है। इसलिए इस समय बेहतर यही होगा कि मैं वहाँ अकेला ही जाऊँ।'

बहुत–सी चीज़ों से उसका क्या मतलब था? युआन के बारे में सोचकर वह फिर से बेचैन हो गया। वह फाड़ने के लिए और कागज़ तलाश करने लगा, फाड़ने के लिए और अधिक स्मृतियों की तलाश करने लगा। उसकी निगाह जयपुर के नोटबुक पर पड़ी, जिसको स्पाइरल बाउंड किया गया था। वह उसके पन्ने पलटने लगा, बेचैनी के साथ उसकी स्मृतियों को देख रहा था।

एक खिचड़ी बालों वाली महिला उसको सवालिया निगाहों से देख रही थी। वह कौन थी? उसने सामने वाले पेज पर अपने नोट्स देखे। ज़ोया मनकोटिया। वह उसको अच्छे से याद थी। उसने फेसेज ऑफ़ फ़ेस्टिवल सीरीज़ में उसका स्केच बनाया था– उसको उसका अस्वाभाविक चेहरा याद था।

ज़ोया ने उसको गुमनाम चिट्ठी दिखायी, जो बैंगनी रंग के लिफ़ाफ़े में रखी हुई थी और जिसके ऊपर बिल्ली का चित्र बना हुआ था। उसने भेजने वाले को पहचान लिया था, वह समझ गया था कि यह रुद्राणी राणा थी, वह उसके दर्द, उसकी पीड़ा को समझ रहा था। उन शुरुआती दिनों में भी उसने उसका साथ दिया था, उसके राज़ अपने तक ही रखे थे, अपने दिल में उसका पक्ष लिया था।

वह पन्ने पलटे जा रहा था, जबकि वह जानता था कि लंच के लिए देर हो रही थी। गायत्री गाँधी। उसका चेहरा ऐसा था जिससे कुछ पता नहीं चलता था। सुन्दर, चौकस, वह कोई भी हो सकती थी। उसको वह अच्छी लगी थी, उसका साथ उसको अच्छा लगा था।

वह उसको ईमेल करके उसका हालचाल पूछेगा। और फिर युआन का स्केच। उसके नोटबुक में बहुत सारे चेहरे थे, उसके सामने फटे–चिटे हाल में पड़े थे। उसका भाई चिन्तन बनर्जी। चिन्तन उसका इन्तज़ार कर रहा होगा। लंच पर जाने का समय हो गया था।

उसने रुद्राणी राणा का चित्र बनाया था, बल्कि फ़ेस्टिवल में प्रेस टैरेस पर उसने पहला चित्र उसी का बनाया था। उसको वह मिल नहीं रहा था, तब उसको याद आया कि उसने उसको अनसबमिटेड के कवर के लिए निकाल लिया था।

किताब। कैनवस बैग। इन चीज़ों से उसकी याद आती थी। उसने उस कैनवस बैग में उसकी याद में प्रकाशित उपन्यास की पाँच प्रतियाँ रखी थीं। वह ऐसे तमाम लोगों के लिए श्रद्धां जलि के रूप में थी जिनको अपनी कहानी सुनाने के लिए संघर्ष करना पड़ता है। काश वह अपनी किताब देखने के लिए जीवित रही होती, अपने छपे हुए शब्दों को।

समय की नश्वरता को युवा नहीं समझ पाते। वह इंटरनेट पर नेपाल का टिकट देखने लगा। चिन्तन इस बात को समझ लेगा कि लंच कुछ देर से भी किया जा सकता है।

□□

आभार

अपने सह–निदेशक विलियम डेलरिंपल का, संजय रॉय का, शिउली सेठी, शरूपा दत्ता, कार्तिका गुप्ता का। आदि माँ का, लेखकों, प्रकाशकों तथा कथा–कहानी के तमाम खोजियों का। लिन नेस्बिट, जिन्होंने इस तरह की किताब लिखने का विचार मेरी तरफ़ उछाला। मानसी सुब्रमनियम, गुंजन अहलावत, शान्तनु रॉय चौधरी तथा पेंगुइन रैंडम हाउस के मेरे सभी मित्रगणों का। बेताब की कविता का स्पेनिश भाषा में अनुवाद के लिए ओलगा मेरीनो का। नीता गुप्ता, ऐश्वर्या गुप्ता और तमाम शुरुआती पाठकों का जिन्होंने उत्साह बढ़ाया। हम सब एक–दूसरे की कहानियाँ हैं।

अनुवादक परिचय

पुष्पेश पन्त

कुमाऊँ की पहाड़ियों में एक गाँवनुमा क़स्बे में 1946 में जन्म। प्राथमिक शिक्षा घर पर फिर नैनीताल और दिल्ली में। इतिहास, अन्तरराष्ट्रीय सम्बन्धों तथा क़ानून में स्नातकोत्तर उपाधियाँ। आयुर्वेद का स्वयं अध्ययन। चार दशक तक दिल्ली व जवाहरलाल नेहरू विश्वविद्यालय में अध्यापन और शोध। स्तम्भ–लेखन, टेलीविज़न डॉक्यूमेंटरी निर्माण। पाककला में विशेष दिलचस्पी। एक उपन्यास, कुछ कहानियाँ लिखी हैं। हाल में कथा साहित्य के कई अनुवाद।

प्रभात रंजन

प्रकाशित कृतियाँ : तीन कहानी संग्रह प्रकाशित, *जादुई यथार्थ का जादूगर मार्केज़* (गाब्रियल गार्सिया मार्केज़ के जीवन और लेखन पर एकाग्र हिन्दी में पहली पुस्तक), *कोठागोई* (मुज़फ़्फ़रपुर की तवायफ़ संस्कृति पर एकाग्र पुस्तक विशेष चर्चित)।

पुरस्कार/सम्मान : *जानकी पुल* कहानी के लिए 'सहारा समय कथा सम्मान'; *जानकी पुल* कहानी संग्रह के लिए 'प्रेमचन्द कथा सम्मान'; कृष्ण बलदेव फ़ेलोशिप; 'एबीपी न्यूज़ सर्वश्रेष्ठ ब्लॉगर सम्मान'; *कोठागोई* पुस्तक के लिए जयपुर लिटरेचर फ़ेस्टिवल में द्वारका प्रसाद अग्रवाल युवा लेखक पुरस्कार।

Jankipul.com नामक प्रसिद्ध वेबसाइट के मॉडरेटर।

सम्पर्क : prabhatranja@gmail.com